迈向善治

浙江法治建设与改革专题研究

褚国建　等著

ZHEJIANG UNIVERSITY PRESS
浙江大学出版社

目　　录

第一章　坚持党的领导,总揽法治建设改革全局 ……………… 1

第一节　社会主义革命与建设时期的浙江省法制建设………… 3

第二节　改革开放与社会主义现代化建设时期的浙江省法治建设

　　　　与改革 ……………………………………………… 10

第三节　新时代以来的浙江省法治建设与改革 …………… 19

第二章　坚持高质量立法,推动浙江省经济社会发展 ………… 37

第一节　浙江省人大地方立法发展阶段 …………………… 39

第二节　浙江省人大地方立法主要成绩 …………………… 48

第三节　浙江省人大地方立法的改革创新 ………………… 59

第三章　坚持依法行政,推进浙江省政府法治建设 …………… 69

第一节　浙江省政府法治建设发展脉络 …………………… 71

第二节　坚持党的领导,推进政府职能转变 ……………… 76

第三节　保障人民合法权益,规范行政权力运行………… 89

第四章　坚持以人民为中心,提供普惠精准公共法律服务 ………… 101
　　第一节　浙江省司法行政工作发展的历史脉络 …………… 103
　　第二节　浙江省司法行政建设改革的历史成就 …………… 111
　　第三节　浙江省公共法律服务体系建设的变迁 …………… 127

第五章　坚持公正司法,推进人民法院建设与改革 ………… 133
　　第一节　浙江省法院的历史沿革 ………………………… 135
　　第二节　浙江省法院审判工作的历史成就 ……………… 137
　　第三节　浙江省法院重大改革创新 ……………………… 151

第六章　坚持公正司法,推进人民检察院建设与改革 ……… 165
　　第一节　浙江省检察工作发展的历史脉络 ……………… 168
　　第二节　浙江省检察工作的历史成就 …………………… 177
　　第三节　浙江省检察工作的改革创新 …………………… 188

第七章　坚持用制度管权,加强权力运行监督 ……………… 201
　　第一节　浙江省权力运行监督机制的历史沿革 ………… 204
　　第二节　浙江省权力运行监督工作的历史成就 ………… 209
　　第三节　浙江省权力运行监督机制的重大改革 ………… 227

第八章　坚持创新社会治理,维护社会稳定和谐 …………… 237
　　第一节　浙江省社会治理工作的历史回顾 ……………… 239
　　第二节　浙江省社会治理工作的基本理念 ……………… 256
　　第三节　浙江省社会治理工作的历史经验 ……………… 264

参考文献 ……………………………………………………… 272

后　记 ………………………………………………………… 275

第一章

坚持党的领导,
总揽法治建设改革全局

新中国成立以来，历届中共浙江省委认真贯彻党中央关于民主法治建设的重大决策部署，始终坚持党对法治工作的领导，坚持从人民群众根本利益出发，紧紧围绕党和国家事业全局、紧密结合浙江省情实际，不断推进具有浙江特色的地方法治建设与改革，保障浙江省经济政治社会文化各项工作有序开展，护航浙江省发展改革稳定大局，推动各项事业行稳致远。

第一节　社会主义革命与建设时期的浙江省法制建设

一、社会主义革命时期的民主法治建设

（一）建立人民民主政权，奠定社会主义法制基础

1949 年 5 月 3 日，中国人民解放军解放浙江省会杭州。5 月 6 日，新的中共浙江省委成立，召开第一次省委会议，确定了解放初期的主要工作任务：实行军事管制，建立新的社会秩序；迅速分配干部，接管城市，肃清匪特，建立人民民主政权；恢复和发展生产。5 月 7 日，中国人民解放军华东军区杭州市军事管制委员会成立，此后，随着全省各地的解放，省委

在全省各主要城市成立了军管会,全面接管国民党党政军机构、官僚资本企业及财政、文教等机构。

从 1949 年 5 月 25 日,杭州市人民政府成立,至 7 月底,在中共浙江省委的直接领导下,全省城镇、农村彻底摧毁了国民党政权,废除了保甲制度,旧的反动法权体系迅速被瓦解,在中国共产党领导下的县、区、乡各级人民政权得到建立。在此基础上,7 月 29 日,浙江省人民政府正式成立,同时军管会暂不取消。8 月 18 日,浙江省人民政府在杭州举行公开成立大会。至此,全省县及县以上的人民政权都已建立起来。各级人民政权建立后,执行党的各项政策,维护社会秩序,恢复生产,协助各级人民武装,肃清土匪特务武装,为社会主义法制建设提供了相对稳定的社会环境。

从 1954 年 5 月到 7 月,全省大部分地区先后召开了首届人民代表大会。1954 年 8 月 13 日,浙江省第一届人民代表大会第一次会议在杭州隆重开幕。浙江省各级人民代表大会的首次召开,宣告人民代表大会制度在全省的建立,标志着浙江省的政权建设和社会主义法制建设进入了一个新的阶段,为持续推进浙江省社会主义法制建设的实践探索创造了条件。

(二)恢复社会秩序,巩固人民民主政权

为安定社会秩序、巩固新生的人民政权,党和人民政府领导全国人民开展了镇压反革命运动。1950 年 7 月 23 日,政务院和最高人民法院发布《关于镇压反革命活动的指示》。10 月 1 日,中共中央下达了《关于镇压反革命活动的指示》。遵照中共中央的指示,结合浙江实际情况,1950 年 9 月 13 日,中共浙江省委发出《关于镇压反革命分子破坏秋收土改加强保卫工作的指示》。10 月 30 日,省委又发出《关于贯彻执行中央坚决镇压反革命分子的指示》,要求各级党委在坚决镇压匪特活动,严厉制裁破坏分子的同时,既要纠正乱捕乱杀的"左"的偏向,又要纠正片面宽大的右的偏向。并

在全省各地都成立了清理积案委员会、裁判委员会和人民法庭,结合土改运动,依法制裁土匪、特务及不法地主,镇反运动在全省普遍开展。

1951年2月,中央人民政府颁布《中华人民共和国惩治反革命条例》,使镇反斗争有了法律武器和量刑标准。针对在帝国主义操纵下借宗教外衣掩护反共反人民的反动道会门,省委确定"坚决惩办操纵发动道会门的反革命分子,登记一般道首和办道人员,教育道徒退道"的工作方针,同时对单纯的迷信组织一律暂不动,对宗教团体则按照《共同纲领》加以保护。

(三)进行土地制度改革和社会主义改造,确立社会主义经济制度

全省农村在"剿匪反霸减租"的基础上,在党的领导下,从1950年初开始进行土地制度的改革,至1952年春季,全省99.5%的地区完成了土地改革,摧毁了封建势力在农村的长期统治,消灭了地主阶级的封建土地所有制,实现了农民土地所有制,极大解放了农村的生产力,摧毁了封建文化在农村的经济土壤,为之后的农业社会主义改造和新中国的工业化开辟了道路,同时也为社会主义法制文化、法律制度在农村生根发芽创造了条件。

1953年10月23日,省委召开了为期10天的第四次党代表会议,传达、学习党在过渡时期的总路线。作为党在过渡时期总路线的重要内容,在中共中央的政策指引下,社会改造的主要问题被省委摆上日程。省委开始有计划地推进社会主义改造和社会主义建设。1956年2月,浙江省初级农业合作社入社农户达到394.7万户,占全省总农户的80.01%。至此,浙江省基本上实现了社会主义的农业合作化;1956年底,全省除某些边远山区外,基本上实现了手工业合作化;从1954年开始,浙江省资本主义工商业改造进入了公私合营阶段,到1956年底,全省资本主义工商业的社会主义改造基本完成。社会主义改造的基本完成,标志着社会主

义制度在浙江全省建立起来,实现了新民主主义社会向社会主义社会的转变,使浙江省的社会主义法制建设拥有了相应的经济条件和制度基础。

(四)宣传贯彻国家法律,推进社会主义司法改革

大力宣传贯彻《婚姻法》。1950 年 5 月 1 日,中央人民政府实施《中华人民共和国婚姻法》(以下简称《婚姻法》),这是新中国的第一部法律,是几千年来中国社会家庭生活的一个伟大变革,也是中国人民反封建斗争在一个方面的深入。中共浙江省委、省政府对宣传贯彻《婚姻法》十分重视,多次作出指示、决议,进行了大量的思想和组织工作,以确保《婚姻法》的贯彻执行。

在宣传贯彻《婚姻法》的过程中,浙江省委、省政府结合改革旧司法制度,改造执法机关和执法人员的旧思想观念和工作作风,为贯彻执行《婚姻法》提供了组织和制度保证,尤其是为妇女提供了法律保护。《婚姻法》的宣传、贯彻和执行,有效地推动了妇女的解放,也体现了社会文明、法制的进步。

开展禁娼、禁毒、禁赌运动。浙江解放后,旧社会遗留下来的卖淫嫖娼、贩毒、吸毒、聚众赌博等丑恶现象,严重扰乱了社会秩序,败坏了社会风气。为整顿社会秩序,净化社会环境,浙江省委、省政府结合社会民主改革,开展了禁娼、禁毒、禁赌工作。1950 年 6 月 29 日,省政府发布《严禁鸦片烟毒令》,就禁烟禁毒工作作出部署。此外,杭州解放后,市人民政府在 1949 年 6 月发布的《关于旅馆业管理规则》中命令禁止聚赌,违者视情节轻重处罚。1950 年 5 月,市公安局制定了《取缔赌博暂行办法》,加大了禁赌力度。在省委的坚强领导下,全省经过一段时间的努力,这一旧社会遗留下来的陋习逐渐匿迹。

进行社会主义司法改革。浙江解放以后,全省各级人民司法机关在土地改革、镇压反革命和"三反""五反"等运动中,起了"镇压反动、保障民主"的积极作用,在处理人民内部矛盾的各项工作中,有效地保护了人民

的合法权益,打击了违法分子。但是,全省各级司法机关中组织不纯、思想作风不纯的现象也很严重。为了改造和整顿司法机关,全省各级人民法院在中共中央、华东局和中共浙江省委的领导下,于1952年7月开始进行有计划、有步骤、有领导的"反旧法观点、旧司法作风"并整顿法院组织的司法改革运动。9月4日,中共浙江省委批转了浙江省人民政府政法党组《关于全省司法改革运动的初步方案》。司法改革从"反旧法观点、旧司法作风"入手,根据中共中央关于思想改造与组织整顿相结合的方针,全省各级人民法院清除了一批反革命分子、贪赃枉法分子、坏分子和不适宜做法院工作的人,调进了一批干部。在党的领导下进行的这场司法改革,是彻底改革旧司法制度,进一步确立人民司法制度的斗争,它为人民法院的进一步建设打下了基础,为从司法方面建立健全社会主义法制,保障人民民主政权建设创造了良好条件。

此外,1953年12月27日至1954年3月14日,毛泽东同志在杭州主持起草了第一部《中华人民共和国宪法(草案)》。1954年9月20日,第一届全国人民代表大会第一次会议通过并公布了《中华人民共和国宪法》。作为中华人民共和国首部宪法的起草地,浙江省在我国法制史上留下了不可磨灭的印记,为浙江省法治建设赋予了善谋新篇的历史传统和勇立潮头的使命担当,为后来在改革开放和社会主义现代化建设新时期全省法治建设始终走在全国前列发挥积极作用。

二、社会主义建设时期的浙江省法制建设

(一)创新总结"枫桥经验",成为全国在新形势下社会治安综合治理的新样板

1963年11月20日,毛泽东同志对《诸暨县枫桥区社会主义教育运动中开展对敌斗争的经验》作出批示,高度评价"枫桥经验",要求中央

批转各地仿效。此后,1964年1月14日和1965年1月16日,中共中央两次发文推广"枫桥经验"。"枫桥经验"是在社会主义建设时期,改造残余敌人、维护社会安定的一面正确旗帜,是浙江省委领导下人民群众在实践中创造出的有益经验。它的正确性主要体现在四个方面:一是充分相信和依靠群众,正确贯彻了党的群众路线。二是实事求是,区别对待,充分体现了党的正确政策。三是摆事实,讲道理,说理斗争贯彻了党重证据,不轻信口供;坦白从宽,抗拒从严,立功受奖等斗争政策。四是"一个不杀,大部不捉",群众监督,就地改造。"枫桥经验"扎根群众,符合国情、省情和区情,其基本精神具有普遍而深远的意义。

在当时,"枫桥经验"取得了两方面成效。一方面,加强了基层人民民主专政,有力地打击了少数敌人的破坏活动,促进了多数"四类分子"的劳动改造,保证了生产和各项工作的顺利发展;另一方面,提高了广大干部、群众的社会主义觉悟,掀起了办好集体经济、搞好农业生产的新高潮。此后,"枫桥经验"在实践中不断丰富和完善,从过去监督改造"四类分子"为主,转移到了改造违法犯罪人员上来,在维护农村社会稳定和社会治安秩序中不断焕发出新的现实价值。

(二)受"左"的错误倾向影响,社会主义法制建设陷入低谷

毛泽东同志于1957年2月在最高国务会议上,发表《关于正确处理人民内部矛盾的问题》的讲话。3月,在全国宣传工作会议上,毛泽东又做了重要讲话。4月底,中共中央发出《关于整风运动的指示》,决定在全党开展一次以正确处理人民内部矛盾为主体,反对官僚主义、宗派主义和主观主义为内容的整风运动。毛泽东同志的讲话和中央关于整风运动的决定,在浙江省广大干部和知识分子中引起强烈反响。然而,之后全国反右派斗争严重扩大化,浙江省也不例外。反右的扩大化,损害了社会主义

民主,"左"的错误倾向开始滋长起来,否定了前一个阶段社会主义法制建设初步探索中获得的一些成果,使浙江省法制建设受到了一定程度的挫折。之后,"大跃进"和农村人民公社化运动,更使得原来就存在的"高指标、瞎指挥、浮夸风"以及后来的"共产风"等"左"的错误严重泛滥,社会主义法制亦受到重大冲击,"阶级斗争"实际上已经成了处理一切关系的准则。之后,"文化大革命"的全面发动将这种反常局面,进一步推到了更加极端的地步。

(三)1966—1976年浙江省法制建设遭受重大挫折

1966年5月16日,中共中央政治局扩大会议通过了毛泽东在杭州主持制定的,全面发动"文化大革命"的《中国共产党中央委员会通知》(简称"五一六通知")。浙江省"文化大革命"随之正式开始,1966年6月上旬,中共浙江省委决定成立"浙江省文化革命小组"。起初,中共浙江省委在号召开展"文化大革命"的同时,也曾试图把运动控制在一定范围内,强调要求加强党对运动的领导。但是,随着运动的开展,全省部分地区和单位开始混乱。中共浙江省委对浙江的局势越来越无法控制,各级党委已经从运动初期的组织领导者变成被批斗的对象。

到1967年1月底,省级机关和全省各级党政大权已被造反派夺取。全省政法机关的造反派也掀起了夺权运动,各级政法部门受到严重冲击,各地的人民法院、派出所、法庭、人民调解委员会大多被彻底"砸烂",政法工作陷于瘫痪,人民生命、财产失去了保障。社会主义民主法制受到了严重践踏,法律法规形同虚设,全省各级党委政府及政法机关全面陷入瘫痪。失去了中国共产党对法制工作的正确领导,浙江省的法制建设彻底陷入长达十年的低谷。

1970年11月5日,中共浙江核心小组向中央上报《关于当前我省整党建党情况和今后意见的报告》。整党建党工作在全省逐步开展,各级党组织相继恢复。1972年9月13日,中共浙江省委发文恢复各级法院和调解委员会;10月29日,中共浙江省委决定撤销省革委会人民保卫组,恢复省公安局;1972年底,中共浙江省委得到了调整和充实,省委办公室、组织部、宣传部重新建立,开始纠正砸烂公检法的错误和调整司法政策。1973年1月25日,中共浙江省委批转了《关于清理拘捕人犯情况和今后意见的报告》,提出纠正执法中存在的"以拘代捕""以拘代侦""以拘代惩"和"扣押""隔离""收容"等变相拘捕做法的五条意见。在中共中央的指示要求和省委的领导下,浙江省党的领导有所加强,政法工作一定程度上得到了恢复。

"文化大革命"使浙江省的法制建设遭到了新中国建立以来最严重的挫折和损失,它留给我们的教训是极为深刻的。

第二节　改革开放与社会主义现代化建设时期的浙江省法治建设与改革

党的十一届三中全会实现了党和国家事业的"拨乱反正",重新确立了正确的思想、政治和组织路线,为新时期社会主义法制建设奠定了最为重要的政治基础。改革开放以来,浙江省委认真贯彻落实党中央决策部署,高度重视社会主义民主和法制建设,加强省委对全省法治工作的领导,坚定法治建设的正确方向,积极推进全省法治建设改革各项工作,尤其是1996年作出了"依法治省"的战略决策,2006年在省委书记习近平同志领导下决定建设"法治浙江"。作为改革开放和市场经济的先发地区,浙江省法治改革和创新意识强劲,涌现大量的法治创新案例,浙江省法治建设走在全国前列。

一、开启浙江省法治建设改革的新篇章

(一)坚持社会主义法制原则,加强各级党委对法制工作的领导

粉碎"四人帮"后,中共浙江省委重建各级党组织,恢复国家政治生活的正常秩序,维护各级政权机关正常运转。1976年6月至1978年12月,省委多次就彻底摧毁"四人帮"在浙江省的帮派体系作了部署,着力恢复党的正确路线和方针政策,通过群众性的揭发批判,分清大是大非,生产秩序、工作秩序很快恢复正常,合理的规章制度得以重新建立和健全,为浙江省社会主义现代化建设和法制体系的恢复和发展创造了有利条件。

1978年6月10日,《浙江日报》转载了5月11日《光明日报》刊登的《实践是检验真理的唯一标准》一文。10月5日至12日,省委宣传部召开全省理论与实践问题理论讨论会,省委第一书记铁瑛作了题为《实践是检验真理的唯一标准问题》的报告。此后,浙江在省委领导下展开了真理标准大讨论。1978年12月,中共中央召开了十一届三中全会,全会正式了提出"有法可依,有法必依,执法必严,违法必究"的法制建设方针。1979年1月4日至22日,中共浙江省委召开六届二次全会扩大会议,传达贯彻党的十一届三中全会精神,讨论如何把党的工作重点转移到社会主义现代化建设上来。铁瑛代表省委宣布:全省"揭批查"的群众运动已经结束,各级党组织应及时地、果断地把工作重点转到现代化建设上来。在这一历史背景下,中共浙江省委加强了对全省各项工作的全面领导,管党治党工作更加坚强有力,各级党政机关的法制意识不断增强,全省的法制建设工作也开始逐步重新转入正轨。

1980年1月24日至2月4日,中共浙江省委召开工作会议,学习邓

小平《目前的形势和任务》的报告，传达全国计划会议精神，集中讨论1980年浙江省经济建设和党的建设的任务。在党的建设方面，提出要抓好四个教育，即"四化"教育、四项基本原则教育、艰苦奋斗教育和道德风尚教育。3月18日至24日，中共浙江省委举行六届四次全体会议，贯彻党的十一届五中全会精神，加强和改善党的领导，通过了《学习和执行〈关于党内政治生活的若干准则〉的决议》《关于切实加强党员教育的决议》《中共浙江省委关于改进工作制度的几项规定》等。6月，中共浙江省委举办党的建设理论读书班，学习《中国共产党章程》（修改草案）和《关于党内政治生活的若干准则》等文件，围绕"如何坚持和改善党的领导，保证'四化'建设顺利进行"主题展开深入讨论，进一步凝聚了省委加强法制的政治共识和实践自觉。

1981年，党的十一届六中全会发布《关于建国以来党的若干历史问题的决议》以后，全省人民对重大历史问题的认识更加一致，安定团结的局面得到了巩固和发展。中共浙江省委适时要求，全省各级党委要加强和改善对公检法部门的领导，坚决抵制资产阶级自由化思潮的干扰，遵循社会主义法制的原则，坚持社会主义法制建设的正确方向。按照宪法、法律、法令办事，学会使用法律武器，同各种犯罪分子进行坚决斗争，对犯罪活动给予坚决有力的打击，恢复和健全各种规章制度，保证全党工作重点顺利转移。

（二）恢复和整顿政法机关，加强和改进党对政法工作的领导

1977年4月，中共浙江省委决定建立省公安厅党委。7月5日，省委批转《关于加强全省公安队伍建设的意见》，要求认真整顿和清理公安队伍，加强各级领导班子建设，坚决执行党的路线，一切听从党中央指挥的革命化、战斗化的公安队伍。1978年春，召开全省第十七次公安工作会议，省委第一书记铁瑛等领导到会作了重要指示。会议强调全省公安机

关要做到第十七次全国公安会议提出的"八个一定要"①,具体分清了公安工作正确路线和错误路线的界限,特别指出了加强社会主义法制的重要性。

1978年3月,中共浙江省委着手重建检察机关。6月26日,省检察院对外办公,同时,省委批准省检察院党组《关于重新设置各级人民检察院有关问题的请示报告》,要求各级党委要认真抓紧落实。1979年3月,省委批转《浙江省第十次检察工作会议纪要》,要求各级党委切实加强对检察工作的领导,认真抓好检察机关的建设,尽快配备足够数量的干部和必要的骨干力量。1980年11月,省委批转省检察院党组《关于加强和稳定检察干部队伍的报告》,要求各级党委重视检察机关的建设,切实加强检察工作,保证《刑法》《刑事诉讼法》的实施。督促组织、人事部门抓紧调配落实检察干部,推进检察干部的专业化建设。

1978年9月20日,中共浙江省委下发《关于成立省委政法小组的通知》,决定成立中共浙江省委政法小组,协助省委管理省高级人民法院、省人民检察院、省公安局、省民政局,并明确了省委政法小组的工作任务。1981年1月29日,省委召开工作会议,省委书记李丰平在会议讲话中要求,全省县级以上都要成立政法委员会,在党委领导下,协调公安、检察、法院三个机关的工作。公安、检察、法院要统一认识、统一步调,既要互相制约,又要互相配合,按照各自的职能,遵循法律程序,严格依法办事。5月2日,省委下发《关于成立中共浙江省委政法委员会的通知》,决定成立中共浙江省委政法委员会。

1981年8月28日,中共浙江省委印发《地、市委政法书记座谈会纪要》,对抓好全省政法队伍建设提出了具体要求。纪要指出,公安、检察、

---

① "八个一定要"是指:一定要分清敌我,把专政矛头对准一小撮敌人;一定要贯彻在党委领导下通过群众肃反的路线;一定要加强公安专业工作;一定要执行党的对敌斗争政策;一定要重证据、重调查研究,严禁"逼供信";一定要加强社会主义法制;一定要坚持任人唯贤的干部路线;一定要恢复和发扬公安机关的好传统、好作风。

法院机关在"文化大革命"中被彻底砸烂,恢复和新建政法机关会有不少困难,各级党委要关心支持,切实抓好政法队伍的思想、组织和业务建设。要加强法律知识学习,使广大干警学会正确运用法律武器同犯罪分子作斗争。各级党委必须加强和改善对政法工作的领导,第一书记要亲自过问,分管政法书记要认真抓。政法委员会要按照中共中央规定的职责、任务,切实把政法工作抓起来,当好党委的参谋。

政法机关基本得到恢复和健全后,结合社会主义市场经济建设的需要,在中共浙江省委的领导下,政法机关的改革持续推进,党对政法工作的领导不断加强。到1987年,全省法院已有经济审判人员711人;从1988年开始,全省各级法院开始开展行政审判。同时,20世纪90年代以来,全省法院在法律规定的范围内,积极推进民事审判方式的改革,强化依法公开审判,不断提高民事审判水平。

1983年6月,中共浙江省委召开全省政法工作会议,传达贯彻中共中央《关于加强和改革公安工作的若干问题》等文件精神,提出公安工作要正确认识和处理依法惩办与教育改造的关系,加强公安法制建设和公安队伍正规化建设等。1996年4月,省委常委在听取第十九次全国公安会议精神和贯彻意见的汇报后,要求各级党委切实加强对公安工作的领导,充分发挥各级公安机关的职能作用,适应社会主义法制建设的需要。1998年2月,中共浙江省委召开全省政法工作会议,专门就改革和加强政法工作提出了具体要求。

通过在宪法和法律范围内积极对政法机关进行整顿和改革,加强和改进中国共产党对政法工作的全面领导,包括全省法院、检察院、公安机关和司法行政机关等部门在内的政法系统适应社会主义市场经济需要的能力不断加强,法律监督、法律保障和法律服务的水平得到了进一步提高,为之后中共浙江省委作出"依法治省"的决策和进行"法治浙江"的建设提供了良好的组织保障。

二、贯彻依法治国方略，深入推进依法治省

1995 年 12 月 1 日，中共浙江省委九届五次全会通过的《关于制定浙江省国民经济和社会发展"九五"计划和 2010 年远景目标的建议》，明确提出了加强民主法制建设，维护社会政治稳定的目标。1996 年上半年，中共浙江省委为贯彻落实中共中央提出的"依法治国、建设社会主义法治国家"的重要方针，组织有关部门开展调查研究和准备工作，提出了初步的意见。8 月 12 日，在省委九届七次全会上郑重提出了"依法治省"的方针。强调要认真贯彻中共中央"依法治国、建设社会主义法治国家"的方针，结合浙江实际，研究提出和制定依法治省的意见，加强部门、行业、基层依法治理工作。

1996 年 9 月 4 日，中共浙江省委召开全省法制建设工作电视电话会议，部署依法治省工作。会议提出，依法治省就是全省人民要在中国共产党的领导下，依照宪法和法律的规定来管理全省的政治、经济、文化等社会事务，逐步实现全省政治生活、经济生活和社会生活的规范化。从浙江实际出发，大力加强立法、执法、普法和法律监督工作，做到有法可依、有法必依、执法必严、违法必究，使各项工作逐步走上法制化的轨道，切实保障人民群众的根本利益和依法管理国家及各项社会事务的民主权利，为加快浙江改革开放和社会主义现代化建设提供强有力的法律服务和法制保障。同年 11 月 2 日，浙江省八届人大常委会第三十二次会议通过的《关于实行依法治省的决议》标志着全省依法治省进入实质性发展阶段，有力推进了全省立法、知法、守法、执法、法律监督和法律保障等工作。

在 1997 年 12 月下旬召开的中共浙江省委九届十二次全会上，省委要求认真贯彻依法治国方针，制定依法治省实施意见，积极推进依法治省进程。1998 年 12 月下旬，在中共浙江省第十次代表大会上，省委书记张德江在报告中对推进依法治省，加强社会主义民主法制建设作出了部署。

提出贯彻依法治国基本方略,大力加强社会主义民主法制建设,是浙江省实现现代化的重要目标。要把坚持党的领导、发扬人民民主和严格依法办事统一起来,有步骤地推进依法治省,把全省经济、社会、文化等各项事业的活动和管理逐步纳入法治的轨道。

三、"法治浙江"建设的战略决策与深入实施

(一)"法治浙江"建设的战略决策

2000 年,省委作出了《关于进一步推进依法治省的决定》,省委对进一步抓好依法治省的贯彻落实提出了更高的要求,使浙江省的法治建设更加深入地贯穿于全省改革和发展的各项工作当中。2005 年,在省委书记习近平同志的提议下,浙江省委将建设"法治浙江"作为年度重点调研课题,并由习近平同志亲自主持,专门成立了由省委分管领导牵头的建设"法治浙江"工作筹备小组,开展了深入系统的调查研究。2006 年 2 月 5 日,省委召开理论中心组学习会,专题学习和研究有关法治建设的理论和实践问题,谋划和厘清"法治浙江"建设的思路。会上,习近平同志就谋划和推进"法治浙江"建设发表了重要讲话。他指出,法治为党的执政提供基本方式,为发展社会主义民主政治提供制度之源,为落实科学发展观提供制度支持,为构建社会主义和谐社会提供基本保障,为参与经济全球化提供必要条件。他强调,要从现实推进的角度把握建设"法治浙江"的方向,提出建设"法治浙江""最根本的就是坚持把党的领导、人民当家作主和依法治国有机统一起来",指明了党的领导、人民当家作主和依法治国这三者之间的有机关系,确立了"法治浙江"建设的基本实践框架。

此外,习近平同志还高度重视基层法治建设。他多次强调,基层民主法治建设是推进"法治浙江"建设的重要组成部分,加强基层依法治理工作,是完善党在基层执政方式的重要举措,是建设基层民主政治的重要保

障，是构建社会主义和谐社会的重要基础，是建设社会主义新农村的重要条件；要求在用法治理念加强基层依法治理过程中，"加强普法教育，提高全民法治观念""扩大基层民主，发展民主政治""加强社会治安综合治理，促进社会和谐稳定"，要以务实的作风推进基层依法治理工作；强调推进基层依法治理工作，要在党委、政府的统一领导下有步骤、有秩序地进行。

2006 年 4 月 26 日，习近平同志在省委十一届十次全体（扩大）会议的报告中，对"法治浙江"建设的各项工作进行了全面的部署，明确了建设"法治浙江"的重大意义，要求坚持以社会主义法治理念指导"法治浙江"建设，扎实推进"法治浙江"建设的各项工作。并从"提高依法执政水平，巩固党的执政地位""推进社会主义民主的制度化、规范化、程序化，保障人民当家作主""加强地方立法，完善地方性法律法规体系""全面实行依法行政，推进法治政府建设""坚持司法公正，维护社会公平正义""深入开展普法教育，着力提高全民法律意识和法律素质""建立健全监督体系，规范公共权力运作""加强推进科学发展的法制建设，促进经济社会全面协调可持续发展""加强社会建设和管理的法制建设，促进社会和谐稳定""坚持法治与德治并举，在全社会树立社会主义荣辱观"等十个重要方面对"法治浙江"建设进行了安排部署。

此次全会还审议通过了《关于建设"法治浙江"的决定》（以下简称《决定》），《决定》指明了建设"法治浙江"的总体要求、基本原则和主要任务，提出了加强组织领导、健全工作机制、明确工作抓手、营造良好氛围有序推进"法治浙江"建设的具体要求。《决定》对建设"法治浙江"的总体要求是，高举邓小平理论和"三个代表"重要思想伟大旗帜，全面落实科学发展观，致力于构建社会主义和谐社会，牢固树立社会主义法治理念，坚持社会主义法治正确方向，以依法治国为核心内容，以执法为民为本质要求，以公平正义为价值追求，以服务大局为重要使命，以党的领导为根本保证，在浙江全面建设小康社会和社会主义现代化建设进程中，通过扎实有效的工作，不断提高经济、政治、文化和社会各个领域的法治化水平，社会主义民主更加完善,社会主义法制更加完备,依法治国基本方略得到全面落实,人民的政治、经济和文化权益得到切实尊重和保障的法治社会,使我省法治建设工作整体上走在全国前列。省委十一届十次全会实现了从"依法治省"到建设"法治浙江"的跨越,并系统科学地回答了为什么要建设"法治浙江"、建设什么样的"法治浙江"、怎样建设"法治浙江"等重大问题。

为贯彻省委十一届十次全会精神,扎实推进"法治浙江"建设,2006年5月,省人大常委会通过《浙江省人民代表大会常务委员会关于建设"法治浙江"的决议》;6月,省政府出台了《浙江省人民政府关于推进法治政府建设的意见》(浙政发〔2006〕34号)。省政协自2005年开始持续为推进"法治浙江"建设献策建言。省委则专门成立了建设"法治浙江"领导小组及其办公室,举办了各市、县(市、区)政法委书记社会主义法治理念教育培训班,全面部署了"五五"普法规划实施工作,制定出台了关于加强和改进政法工作的意见,全面贯彻落实"法治浙江"建设的各项工作。习近平同志对"法治浙江"建设更是高度重视,2006年12月18日,他在省委召开建设"法治浙江"工作领导小组的第一次会议上强调,各级党委要从党依法执政的角度,切实加强对法治建设工作的领导,把建设"法治浙江"摆上重要日程,定期听取汇报,研究部署重要工作,协助解决有关问题。党政"一把手"是本地区、本部门法治建设工作的第一责任人,要切实增强责任感和紧迫感,积极谋划,率先垂范,学会运用法治的手段,通过法治的途径,凭借法治的保障,统筹做好各项工作。

至此,在习近平同志的正确领导下,法治工作逐步融入全省政治、经济、文化、社会和生态建设方方面面的事业之中,浙江省的法治建设正式进入全新的发展阶段。

(二)"法治浙江"建设始终走在前列

为确保在党的领导下浙江省的法治建设始终走在全国前列,在习近平同志关于"法治浙江"建设的重要精神指引下，立足习近平同志开创的"法治浙江"建设事业的实践基础，第十二届中共浙江省委在 2007—2012 年这五年间，把固本强基作为法治建设的关键环节重点推进，扎实推动执法、司法、普法等各项工作向基层延伸。先后多次召开"法治浙江"领导小组会议，专门对"法治浙江"建设作出安排部署，浙江省委书记赵洪祝多次参加会议并就"法治浙江"建设发表讲话，着力推动全省各个领域的法治化水平的提高。与此同时，省委、省政府、省委办公厅等部门围绕"法治浙江"建设工作，先后出台了《浙江省人民政府关于加强市县政府依法行政的意见》（浙政发〔2009〕18 号）、《2009 年建设"法治浙江"工作要点》（浙委办〔2009〕23 号）、《关于开展创建法治县（市、区）工作示范单位活动的实施办法（试行）》（浙委〔2010〕22 号）、《关于加强"法治浙江"基层基础建设的意见》（浙委〔2011〕85 号）、《浙江省创建法治市、县（市、区）工作先进单位考评细则（试行）》（浙委办〔2012〕36 号）等一系列政策文件及制度规定，为"法治浙江"建设始终走在全国前列提供了有力的政策和制度保障。

第三节　新时代以来的浙江省法治建设与改革

2012 年 11 月 8 日，中国共产党第十八次全国代表大会的召开，标志着中国特色社会主义进入了新时代。新时代以来，省委紧紧围绕中共中央建设中国特色社会主义法治体系，全面推进依法治国的战略决策，立足浙江实际，沿着习近平同志开创的"法治浙江"道路砥砺前行，全面深化"法治浙江"建设，不断赋予浙江省现代化总体布局新的时代内涵，不断提炼"法治浙江"建设新的工作重点和载体抓手，续写了"法治浙江"建设新的篇章，推动法治建设继续走在前列。

一、党的十八大以来浙江省的法治建设与改革

(一)全面深化"法治浙江"建设

党的十八大以来,浙江省委以高度的政治责任感和使命感,深入学习贯彻习近平总书记系列重要讲话精神,全面贯彻党的十八大和十八届三中、四中、五中全会精神,深入实施"八八战略",全面深化"法治浙江"建设,为干好"一三五"、实现"四翻番",建设"两富""两美"浙江提供了有力的保障,为深入推进"四个全面"战略布局在浙江省的生动实践打下了坚实的基础。

1.深入学习贯彻习近平总书记系列重要讲话精神。形势愈复杂、任务愈艰巨就愈是要求我们重视学习,加强党员干部的理论武装和党性教育。省委高度重视学习工作,坚持全面学、深入学、持久学,强调要把学习领会习近平总书记系列重要讲话精神与浙江实际紧密结合起来,做到武装头脑、指导实践、推动工作、改进作风。党的十八大以来,省委通过举办理论中心组学习、专题报告会、专题研修班、理论研讨会等多种形式,深入学习贯彻习近平总书记系列重要讲话精神,尤其是调研浙江省期间的重要讲话,在全省党员干部当中掀起了深入学习习近平总书记系列重要讲话精神的新高潮。仅省管干部层面,省委就分别在 2013 年下半年和 2014 年上半年,举办了全省县级以上领导干部深入学习习近平总书记系列重要讲话精神和学习贯彻"四个全面"战略布局两期专题研讨班。

省委高度重视学习贯彻习近平总书记关于全面依法治国的重要论述和中共中央关于全面推进依法治国的重要举措,紧紧抓住领导干部这一关键少数,强调学以致用,着力提高党员干部法治思维和依法办事能力。省委书记夏宝龙同志多次强调,我们要深入学习贯彻习近平总书记系列重要讲话精神,坚定不移深入实施"八八战略"和建设"平安浙江""法治浙

江"等重大决策部署,坚定不移推进全面深化改革,推动浙江经济持续健康发展与社会和谐稳定,以干在实处的成效落实走在前列的要求。党的十八大以来,省委高度重视干部法治学习教育,2015年上半年,省委、省政府举办"法治政府建设"专题研讨班,对全省90个县(市、区)政府分管领导进行了集中培训;省政府常务会议坚持会前学法,在政府常务会议开始前,都要请法学专家讲解一部法律。党的十八届四中全会以后,省委宣传部、省委党校编辑出版了《依法治国热问》《全面推进依法治国干部读本》等读物,第一时间将总书记关于全面依法治国的重要论述、中央关于全面依法治国的决策部署进教材、进讲台、进头脑。

2.研究部署全面深化"法治浙江"建设系列重要举措。党的十八大以来,省委认真贯彻落实中共中央关于全面依法治国的决策部署,并结合浙江实际,研究部署全面深化"法治浙江"建设的重要举措。2013年11月,省委十三届四次全会审议通过《中共浙江省委关于认真学习贯彻党的十八届三中全会精神全面深化改革再创体制机制新优势的决定》,提出要"着眼于促进社会公平正义,完善建设法治浙江和平安浙江体制机制,加快推进社会主义民主政治制度化、规范化、程序化,提高全社会法治化水平"。2014年5月,省委十三届五次全会深入学习贯彻党的十八大、十八届三中全会和习近平总书记关于建设"美丽中国"和"人民对美好生活的向往,就是我们的奋斗目标"等系列重要讲话精神,围绕干好"一三五"、实现"四翻番"目标,认真总结我省生态文明建设的实践,研究部署建设美丽浙江、创造美好生活工作,审议通过《中共浙江省委关于建设美丽浙江创造美好生活的决定》。2014年12月,省委十三届六次全会作出了《中共浙江省委关于全面深化法治浙江建设的决定》,提出要认真贯彻落实党的十八大和十八届三中、四中全会精神,高举中国特色社会主义伟大旗帜,以马克思列宁主义、毛泽东思想、邓小平理论、"三个代表"重要思想、科学发展观为指导,深入贯彻习近平总书记系列重要讲话精神,坚持党的领导、人民当家作主、依法治国有机统一,坚定不移走中国特色社会主义法治道路,坚持依法治国、依法执政、依法行政共同推进,坚持法治国家、法治政府、法治社会一体建设,实现科学立法、严格执法、公正司法、全民守法,促进治理体系和治理能力现代化,为深入实施"八八战略",干好"一三五"、实现"四翻番",建设物质富裕、精神富有的现代化浙江和建设美丽浙江、创造美好生活提供有力法治保障。2015年6月,省委十三届七次全会深入学习习近平在浙江考察时的重要讲话精神,对贯彻落实习近平重要讲话精神进行研究部署,审议通过《中共浙江省委关于全面加强基层党组织和基层政权建设的决定》,提出要引领推动"四个全面"战略布局在基层落实,充分发挥基层党组织在全面深化"法治浙江"建设中的重要作用,教育引导基层党员干部带头尊法学法守法用法,推动基层工作依法开展、基层事务依法办理、基层问题依法解决。这些决策和部署为全面深化"法治浙江"建设指明了政治方向,提供了实践遵循。

3.狠抓"法治浙江"工作领域的各项目标任务落实。"一分部署,九分落实",省委高度重视中央和浙江省关于全面依法治国各项举措部署的落实工作,强调要以"踏石留印,抓铁有痕"的精神推进"法治浙江"建设。省委书记夏宝龙还专门结合学习习近平总书记系列重要讲话精神,将做好各项工作的方法指南,系统地总结提炼为"工作十法",即"十个指头弹钢琴"的统筹兼顾法、"伤其十指不如断其一指"的重点突破法、"从最坏处准备,向最好处努力"的底线思维法、"具体问题具体分析"的因地制宜法、"解剖麻雀、以点带面"的典型引路法、"一锤一锤钉钉子"的一抓到底法、"蹄疾步稳、急而不躁"的循序渐进法、"跟着群众跳火坑"的群众工作法、"抓具体、具体抓"的亲力亲为法、"干着指挥、带头冲锋"的以上率下法。这为全省落实全面深化"法治浙江"建设各项目标任务提出了方法指引。

围绕贯彻落实党的十八届四中全会精神和省委十三届六次全会的部署,省委制定出台了《省委十三届六次全会〈决定〉重要工作任务分工方案》和《省委十三届六次全会重要工作任务实施规划(2015—2020年)》,梳理了188项重要工作任务,进一步明确了责任单位、改革目标路径、工作抓手、成果形式和时间进度。党的十八大以来，省委"法治浙江"建设领导小组召开了第十二、十三、十四、十五次工作会议和省委全面深化"法治浙江"建设工作交流会议，在会上研究审议年度工作要点、听取年度工作总结、进行法治工作交流和考核评比表彰，党委牵头抓总的特色更加鲜明，人大、政府、政协分口负责，各部门分工实施，全社会共同参与的法治建设工作格局更加充实，进一步发挥考核这一指挥部的积极作用，推动我省法治工作上了一个新的台阶。

（二）党的十八大以来浙江省法治建设改革的主要进展

党的十八大以来，在省委的正确领导下，在各部门和全省上下的共同努力下，全面深化"法治浙江"建设取得了令人满意的成绩，法治工作各个部门精心谋划、精细作业，法治建设各个领域创新不断、亮点频出，法治改革各项试点有条不紊、循序推进，推动我省认真落实全面依法治国继续走在了全国前列。

1. 省委坚持依法执政，领导立法、保证执法、支持司法、带头守法的能力进一步提高。党的十八大以来，省委坚持党委总揽全局、协调各方，支持人大、政府、政协、审判机关、检察机关依法依章程履行职能、开展工作。深入实施省委关于进一步加强人大工作和建设、充分发挥人大作用的意见，制定出台加强县乡人大工作和建设的若干意见，坚持党委研究重大立法事项、重要法规规章草案制度，省委常委会对《浙江省审计条例》《浙江省地方立法条例》修正案、《浙江省农村集体资产管理条例》《浙江省劳动争议调解仲裁条例》和《浙江省人民代表大会选举产生或表决通过的国家工作人员宪法宣誓办法》《浙江省人民代表大会常务委员会任命的国家工作人员宪法宣誓办法》等重要法规进行了专门研究；支持政府加快转变职能，全面推进依法行政，努力打造"审批事项最少、办事效率最高、投资环境最优"的省份。深入推进协商民主广泛多层制度化发展，研究制定关于加强社会主义协商民主建设的实施意见。支持审判机关、检察机关履行宪法法律赋予的职责,规范司法行为,促进公正司法,积极稳妥推进我省司法体制改革试点工作,制定司法体制改革试点方案,促进四方面重点改革工作有序开展。召开省委统战工作会议,出台《省委统一战线工作实施细则(试行)》。召开省委党的群团工作会议,出台《关于加强和改进党的群团工作的实施意见》。深入推进我省地方党内法规制度体系建设,加强备案审查工作。2013 年 7 月,省委制定下发了《中国共产党浙江省委员会党内法规制定细则》和《中国共产党浙江省委员会党内法规和规范性文件备案细则》。2014 年,分两次对新中国成立以来到 2012 年 6 月期间制定的党内法规和规范性文件进行了清理。在党内法规制度建设和备案审查上,仅 2015 年就制定了《浙江省推进领导干部能上能下实施细则(试行)》等 11 件党内法规。共向中央报备党内法规和规范性文件 47 件,共审查规范性文件近 400 件,其中纠正 15 件,提醒 19 件。

2.各政权机关依法履职,科学立法、严格执法、公正司法和全民守法的水平进一步提高。党的十八大以来,省委领导下的各政权机关依法履行法定职能,深入推进各项改革举措。省人大常委会更加注重贯彻中央决策部署,落实新修改的《立法法》和中央 18 号文件,落实赋予 9 个设区的市立法权行使工作并加强联系指导,全力配合省委出台 21 号文件,乘势推动县乡人大工作和建设深入发展。更加注重发挥人大的立法主导作用,坚持党对立法工作的领导,发挥常委会组成人员的主体作用,重视政府及有关方面的作用,强化人大对立法工作的组织协调,增加专门委员会直接起草法规草案的比重。更加注重以问题为导向,推进科学立法、民主立法,保证制定的法规有效管用,把推动转型升级、维护公共安全、保障改善民生、促进社会和谐作为立法重点,制定修订了专利、旅游、审计、绿色建筑、农村集体资产管理、水上交通安全、劳动人事争议调解仲裁等地方性法规;更加注重发挥代表主体作用,扎实推进"两联系、一发挥"建设。

省政府以深化"四张清单一张网"("四张清单"即政府权力清单、企业投资负面清单、政府责任清单、省级部门专项资金管理清单,"一张网"则是浙江政务服务网)改革为抓手,加快转变政府职能,不断深化法治政府建设,全面推进依法行政。2014 年 6 月 25 日,浙江政务服务网正式开通,浙江在全国率先完整晒出省政府部门"权力清单""责任清单"和省市县三级政府部门"权力清单"。相继制定出台《浙江省人民政府关于深化行政执法体制改革全面推进综合执法的意见》《浙江省人民政府关于深入推进依法行政加快建设法治政府的实施意见》《浙江省行政处罚裁量基准办法》《浙江省重大行政决策程序规定》等重要文件,法治政府建设向行政执法纵深和改革决策前沿不断深入。

省政协认真贯彻落实中央和省委关于加强协商民主建设的文件精神,深入开展专题协商、对口协商、界别协商、提案办理协商"四大协商",不断提高人民政协协商民主制度化、规范化、程序化水平,更好地协调关系、汇聚力量、建言献策、服务大局,研究制定《提案办理协商办法》等制度。

省政法委扎实推进执法司法规范化建设,制定出台了"防止冤假错案 33 项制度"等制度,研究推进"网格化管理、组团式服务"与"平安建设信息系统"两网融合工作。

省法院充分发挥审判职能作用,积极推进以审判为中心的诉讼制度改革,结合我省实际推进司法体制改革试点,大力推进浙江法院"互联网＋审判"改革,进一步完善开放、动态、透明、便民的阳光司法机制。2013 年发布全国首个"阳光司法"指数测评报告。省检察院强化法律监督,规范检察行为,积极稳妥推进检察改革,确保公正司法,提高司法公信力,坚持运用法治思维和法治方式,服务保障经济社会发展。

全省各级党委和政府支持群众用法、乐见群众用法,司法行政机关创新普法思路,推进社会普法教育机制和阵地建设,着力构建社会大普法工作格局,推动"谁执法谁普法""谁主管谁普法"的普法责任制落实,发挥群团组织资源,分层分类建立社会化法治宣传教育队伍,促进全民法治素质不断提升。

3.各级领导干部依法治理,法治思维和依法办事能力进一步提高。党的十八大以来,省委创造性地提出要把"三改一拆""五水共治""四换三名""四边三化""一打三整治"等重点工作作为"法治浙江"建设的大平台、试验田、试金石和活教材,要求把重点工作纳入深化"法治浙江"建设的总体框架中去谋划、摆布和推进,通过研究和解决其中的立法、执法、司法、普法等各个方面的问题,为"法治浙江"建设提供理论和实践探索,不断提高各级党员干部运用法治思维和法治方式深化改革、推动发展、化解矛盾、维护稳定的能力。与此同时,省委积极领导创新基层社会治理体系,积极开展"创新基层社会治理推进年"等活动,深化以法治、德治、自治"三治融合"为主要内容的基层社会治理体系创新。完善基层群众自治机制,坚持依法制规、依规治村、以德促治,推动全面制定修订和实施村规民约、社区公约,发挥好社会规范的积极作用。省委还大力推进法治社会建设,夯实"法治浙江"的基础。积极引导群众依法维护合法权益,完善多元纠纷解决机制。重视"覆盖城乡、惠及全民"的公共法律服务体系建设,健全公共法律服务系统化制度体系,制定实施公共法律服务体系县乡村三级实体平台建设的指导意见,加强基层法律服务所规范化建设的若干规定等,构建实体平台和网络平台对接互通、有机融合的公共法律服务机制,推动法治资源和法律服务重心下移。

二、党的十九大以来浙江省法治建设与改革

(一)努力建设更高水平的"法治浙江"

1.明确全面深化"法治浙江"建设是浙江落实中央"四个全面"战略布局的重要举措,提出努力建设更高水平的"法治浙江"。党的十八大以来,以习近平同志为核心的党中央高度重视法治建设,开创性地把全面依法治国纳入"四个全面"战略布局。党的十八届四中全会提出了建设中国特

色社会主义法治体系、建设社会主义法治国家的总目标。2017 年 6 月，中国共产党浙江省第十四次代表大会的报告紧紧围绕党中央的决策部署，将"法治浙江"建设纳入坚持"八八战略"推进富强浙江、文化浙江、平安浙江、美丽浙江、清廉浙江建设的大局中进行谋划。提出全省要在提升各领域法治化水平上更进一步、更快一步，努力建设"法治浙江"。着力加强民主法治建设。坚持党的领导、人民当家作主、依法治国有机统一，扩大社会主义民主，厉行社会主义法治，不断提高"法治浙江"建设水平。2017 年 10 月，党的十九大进一步明确，全面依法治国是中国特色社会主义的本质要求和重要保障。必须把党的领导贯彻落实到依法治国全过程和各方面，坚定不移走中国特色社会主义法治道路。坚持党的领导、人民当家作主、依法治国有机统一，并对深化全面依法治国的实践提出具体要求。

　　为贯彻落实党的十九大精神，2017 年 11 月，省委召开十四届二次全会，正式提出要建设更高水平的"法治浙江"。统筹推进科学立法、严格执法、公正司法、全民守法，努力在建设中国特色社会主义法治体系中走在前列。并对更好发挥省委建设"法治浙江"工作领导小组作用，推进科学立法、民主立法、依法立法，扎实抓好地方法规规章立改废释各项工作，深化法治政府建设，全面落实中央深化司法体制综合配套改革任务，推进社会主义法治文化建设作出相应部署。2017 年 7 月，省委十四届三次全体（扩大）会议召开，审议通过《中共浙江省委关于推进清廉浙江建设的决定》，将坚持依法治理纳入清廉浙江的基本原则，同时也将"法治浙江"建设纳入全面从严治党的战略布局。2018 年 10 月，省委十四届四次全体会议对深化党和国家机构改革的重要论述作出部署，强调浙江省机构改革要突出法治化、标准化、数字化。严格按方案规定完善机构职能，依法履行职责，依法管理机构和编制，确保在法治下推进改革、在改革中完善和强化法治，再次凸显"法治浙江"建设在全面深化改革进程中的重要意义。

2019 年 4 月,省委十四届五次全体(扩大)会议对"坚决打赢防范化解重大风险攻坚战"作出部署,明确提出要善于运用法治思维和法治方式,努力实现对风险的发生诱因与事前防范、风险的事中演进与有效控制、风险的化解与事后治理等进行全方位管理、全过程监控,强调"法治浙江"建设在防范化解重大风险中发挥基础性作用。2019 年 12 月,省委十四届六次全体(扩大)会议对"高水平推进省域治理现代化"作出部署,特别指出要完善社会矛盾纠纷多元预防调处化解综合机制,推动社会治理触角向每个角落延伸,不断夯实"平安浙江"和"法治浙江"建设根基。要打好法治牌,建设更高水平的"法治浙江",着力解决影响严格规范公正文明执法的深层次问题,推动全省进一步形成办事依法、遇事找法、解决问题用法、化解矛盾靠法的良好氛围,把浙江省法治建设的先行优势转化为领跑态势。打造市场化、法治化、国际化的一流营商环境。

2.明确提出要使法治成为浙江核心竞争力的重要组成部分,将"四个更好结合"作为深化"法治浙江"建设的重要抓手。2017 年 6 月,省委书记车俊在全省依法执政专题研讨班上提出,要不断把依法执政的要求贯彻落实到"法治浙江"建设的全过程和各方面,全面提高依法执政能力和水平,为推进全省各项事业发展提供有力保障。明确指出推进依法执政是深入贯彻落实"法治浙江"建设重大决策的自觉行动,是推进"两个高水平"建设的重要保障。要注重改革和法治两轮驱动,认真梳理总结在依法执政实践中来自群众的新鲜经验,以法规制度的形式规定固化下来,同时要以改革为动力规范和推进依法执政,突出强调"法治"在保障全省各项事业发展中的重要作用。

2017 年 11 月,省委十四届二次全会首次正式提出要"把法治建设的先行优势转化为领跑态势"。2018 年 2 月,在省委建设"法治浙江"工作领导小组会议上,省委主要负责人又明确提出深入推进新时代"法治浙江"建设,"努力使法治成为浙江核心竞争力的重要组成部分"的目标要求。强调要进一步丰富法治实践,聚焦省委中心工作,及时推进重点领域立法,真正运用法治思维和法治方式深化改革、推动发展、化解矛盾、维护稳定。总的来讲,就是要坚持全面依法治国基本方略,一以贯之地落实好习近平总书记关于"法治浙江"建设的重要论述和系统部署,在"法治浙江"建设中展现新作为,努力把浙江省法治建设的先行优势转化为领跑态势,使法治成为浙江核心竞争力的重要组成部分。

为了更好地实现上述目标,2019年3月,省委全面依法治省委员会召开第一次会议,省委主要负责人对于深化"法治浙江"建设提出了"四个更好结合":一是把提高政治站位与增强法治意识更好地结合起来;二是把推动高质量发展与建设高水平法治更好地结合起来;三是把完善法治体系与优化法治环境更好地结合起来;四是把加强统筹协调与分工负责推进更好地结合起来。"四个更好地结合"的提出,为使法治真正成为浙江核心竞争力的重要组成部分,有力推动新时代"法治浙江"建设谱好新篇走在前列,提供了重要的战略抓手。

3.明确要努力建设展示发展社会主义民主政治、走中国特色社会主义法治道路的重要窗口,为努力建设法治中国示范区奠定基础。2019年3月,省委全面依法治省委员会第一次会议上,省委主要领导首次提出"锚定建设法治中国示范区的目标",为高水平的"法治浙江"建设标注了未来的愿景和目标。2020年春天,习近平同志到浙江考察调研并发表重要讲话,赋予浙江"努力成为新时代全面展示中国特色社会主义制度优越性的重要窗口"的新目标、新定位。同年6月,省委十四届七次全体会议召开,通过了《关于深入学习贯彻习近平总书记考察浙江重要讲话精神努力建设新时代全面展示中国特色社会主义制度优越性重要窗口的决议》,正式作出"努力建设展示发展社会主义民主政治、走中国特色社会主义法治道路的重要窗口"的决定,进一步将"法治浙江"建设摆在了一个新的政治高度。决议对"法治浙江"建设提出了新的更系统的要求,提出"要在更高层次推进浙江经济、政治、文化、社会、生态的法治化,大力加强重点领域立法,深入推进法治政府建设,深化司法体制综合配套改革和政法领域各项改革,深入推进诉源治理,大力推进智慧法院建设,改革和优化人民法庭布局,持续推进刑事检察、民事检察、行政检察、公益诉讼检察,全面提升执法司法规范化水平,健全公共法律服务体系,积极构建社会大普法工作格局,努力使法治真正成为浙江核心竞争力的重要组成部分"。上述要求不仅继承了省委十四次代表大会以来历次全会精神,同时还在新的历史节点上提出了下一阶段"法治浙江"建设的主要目标任务,为全面推进法治中国示范区建设奠定了扎实的思想政治基础。

(二)努力建设法治中国示范区

1. 深入学习贯彻习近平同志重要指示精神,明确建设"法治中国示范区"新目标。为深入学习贯彻习近平同志考察浙江重要讲话精神,省委十四届七次全会作出了"努力建设展示发展社会主义民主政治、走中国特色社会主义法治道路的重要窗口"的决定。2020年11月,省委书记袁家军同志在省委十四届八次全体(扩大)会议的报告中,正式提出了"努力建设法治中国示范区"的总体目标,强调"法治是治国理政的基本方式,是最优的营商环境,是最核心的软实力";号召全省党员干部群众要认真学习贯彻习近平法治思想,各级党委政府和相关职能部门要把法治政府建设作为重点任务和主体工程,创新推进科学立法、严格执法、公正司法、全民守法,努力建造、打造一批有辨识度、有影响力的法治建设成果。全会通过的《关于制定浙江省国民经济和社会发展第十四个五年规划和二〇三五年远景目标的建议》明确将"建设法治中国示范区"列入浙江省二〇三五年远景目标,同时提出了"社会主义民主法治更加健全""各领域法治化水平全面提升""党建统领的自治、法治、德治、智治融合,基层治理体系基本形成"的总体要求。建议同时提出,要让"法治"成为浙江最优环境,营造市场化、法治化、国际化的一流营商环境,要以综合执法改革为突破口提升依法行政水平,高水平推进科学立法、全面深化司法体制综合配套改革、法治政府建设、覆盖城乡的公共法律服务体系建设等。2020年12

月,省委印发的《法治浙江建设规划(2021—2025 年)》进一步明确"建设法治浙江是建设社会主义法治国家在浙江的具体实践和先行探索",将"法治浙江"建设摆在"充分展示新时代中国特色社会主义制度的优越性"的政治高度进行了系统部署,再次明确到 2035 年,要"建成法治政府、法治社会,建成与省域治理现代化、高水平整体智治体系相适应的法治浙江,建成法治中国示范区"。

2.坚持以习近平法治思想为引领,夯实新阶段"法治浙江"建设的思想理论基础。理念是实践的先导,在科学的理念引导下才能使"法治浙江"建设始终走在正确的实践道路上。2020 年 9 月,袁家军同志任省委书记伊始,就明确提出以忠实践行"八八战略",奋力打造"重要窗口"为核心的施政纲领,将"利民为本、法治为基、整体智治、高效协同"四大理念作为在新发展阶段浙江省忠实践行"八八战略"、奋力打造"重要窗口"的核心理念。其中,"法治为基"就是要不断提高运用法治思维和法治方式深化改革、推动发展、化解矛盾、维护稳定、应对风险的能力,努力实现各项事务治理的制度化、规范化、程序化,确保各项工作在法治的轨道上有序运行。浙江省各级党委和政府认真贯彻落实省委最新要求,注重将"利民为本、法治为基、整体智治、高效协同"理念贯彻落实到"法治浙江"建设的全过程、各领域,创新法治工作抓手载体,加快形成一批有辨识度有影响力的标志性成果。

2020 年 12 月,省委召开全面依法治省委员会第三次会议,提出笃学践行习近平法治思想,必须切实做到"四个深刻认识":一是要深刻认识习近平法治思想的理论贡献、历史贡献、实践贡献;二是要深刻认识习近平法治思想是内涵丰富、论述深刻、逻辑严密、系统完备的科学思想体系;三是要深刻认识浙江省是习近平法治思想重要萌发地和法治中国建设重要实践地;四是要深刻认识新发展阶段浙江有责任也有条件勇当笃学践行习近平法治思想的排头兵。"四个深刻认识"归结到一点,就是要始终坚持以习近平法治思想为指导,锚定法治中国示范区建设目标,拉高工作标杆,深化法治化改革,努力打造全面展示新时代中国特色社会主义法治优越性的"重要窗口"。

同时,《法治浙江建设规划(2021—2025年)》提出了"法治浙江"建设实践中必须遵守的五项原则,即推进法治中国示范区建设,必须坚持党的绝对领导、坚持以人民为中心、坚持服务保障大局、坚持系统整体推进、坚持数字化改革驱动的原则。

上述"四大理念""四个深刻认识""五项原则"形成一个环环相扣、层层递进的法治理论体系,为进入新阶段之后的"法治浙江"建设奠定了扎实的思想理论基础。

3.拉高标杆、精准发力,推动法治中国示范区建设实现"六个率先突破""五个示范"。2020年11月,省委召开常委会会议,省委书记袁家军在会上明确提出"法治浙江"建设要率先在六个方面实现突破,即加快综合执法改革、打造一流法治化营商环境、推进基层治理法治化、构建依法治网体系、构建规范高效的司法监督体系、以数字化牵引法治建设。2020年12月,省委印发的《法治浙江建设规划(2021—2025年)》对"六个率先突破"又作了进一步的细化:要在综合行政执法上率先突破,全面建设法治政府;率先构建综合行政执法体系,率先构建一流法治化营商环境;要在加强全民普法、基层治理法治化上率先突破,加快建设法治社会,率先构建基层治理法治化体系;要在构建省域依法治网体系上率先突破,全面推进网络空间法治化;要在构建规范高效的司法监督体系上率先突破,加强权力运行的制约和监督;要在以数字化牵引法治化上率先突破,建设智慧型法治省份。同时,《法治浙江建设规划(2021—2025年)》还量化了具体工作指标,主要分为三大类,包括13个100%指标、24个限定比例和数量指标、8个趋势性指标,将6个率先的要求转化为推动工作落实的硬约束。

2020年12月,在省委全面依法治省委员会第三次会议上,省委书记袁家军同志还对到2035年,浙江省建成法治政府、法治社会,建成与省域治理现代化、高水平整体智治体系相适应的"法治浙江",建成法治中国示范区,提出了五点具体目标:一是要在笃学践行习近平法治思想上争当示范;二是要在依法推进省域治理现代化上争当示范;三是要在提升法治建设质量和效益上争当示范;四是要在建设群众满意的法治社会上争当示范;五是在展示社会主义法治优越性上争当示范。

上述"六个率先突破"和"五个示范",明确了浙江省推进法治中国示范区建设的时间表和任务书,为浙江省下一阶段的法治工作指明了努力方向、揭示了光明前景。

(三)"法治浙江"建设又上台阶

党的十九大以来,省委认真贯彻落实习近平法治思想和重要指示精神,锐意进取,奋力创新,推动"法治浙江"建设结出了丰硕的成果。具体而言,在推进高质量立规立法方面,截至 2020 年底,全省现有省委党内法规 222 件、地方性法规 160 件、政府规章 134 件,其中民营经济发展促进条例等 20 多部地方立法开创全国第一。在"法治浙江"建设方面,全省通过深入推进政府职能转变、创新推进"大综合一体化"行政执法改革、依法规范政府决策行为等,不断提升依法行政水平。目前,浙江省省市两级已清理、取消证明事项 198 项,成为全国保留地方设定证明事项最少的省份。浙江省共有三个市县和两个项目成功入选全国第一批法治政府建设示范地区(项目)。在公正司法方面,不断深化推进司法体制改革,完善司法权运行机制,健全执法司法制约监督机制,全国首创成果不断涌现,设立全国首家互联网法院、全国率先实现数字卷宗协同办案全覆盖等创举,引起全国瞩目。同时,我省深入开展诉源治理,推动案件数量和结构持续优化。据统计,2019 年全省法院诉讼案件数比上年下降 4.61%,2020 年再下降 7.2%,在全国率先实现诉讼案件数下降。在法治社会和基层治理方面,坚持和发展新时代"枫桥经验",推广"县乡一体、条抓块统"基层治理模式,探索自治、法治、德治、智治有机融合,全面构建社会大普法格局,不断夯实法治建设基层基础。截至 2020 年 3 月,浙江省共建成民主法治村(社区)2.7 万个(国家级 210 个),实现市县乡村四级公共法律服务实体平台全覆盖。在增进人民满意度方面,近年来"法治浙江"建设综合满意度逐年提升,2020 年已达 92.25 分,"法治浙江"建设真正让人民群众感受到了满满的获得感。

三、浙江省法治建设改革的未来展望

面对新的形势、新的任务,全面深化"法治浙江"建设必须勇往直前,开拓进取,在百舸争流中更上一层楼。新时代以来,中国法治建设围绕建设中国特色社会主义法治体系这一总目标总抓手进入了法治改革、发展、创新的快车道,我们必须把握全国法治发展的基本趋势,大胆探索、有所作为。具体而言,需做好三个方面工作。

一是更加注重法律制度的体系整合。通过发挥立法引领作用、人大主导作用和代表主体作用,以更严格的质量要求、更鲜明的问题导向,推进重点领域立法,加强法规评估、备案和审查,目的是在"有法可依"问题基本解决以后,向立好法、用好法阶段挺进。在此,以完善法律规范的立改释废机制为核心,同时加强立法机关与法律实施机关、法学研究机构的反哺互动,实现现行法律制度体系的有效内部整合与外部衔接,使之在内容上更全面地覆盖基本社会关系,在效力上更周延地确保法律实施的一致融贯,在价值上更鲜明地反映中国特色的核心价值主张,是未来"法治浙江"建设必须回应好的发展挑战。

二是更加注重法治发展的结构均衡。党的十八届四中全会提出要"建设完备的法律规范体系、高效的法治实施体系、严密的法治监督体系、有力的法治保障体系,形成完善的党内法规体系,坚持依法治国、依法执政、依法行政共同推进,坚持法治国家、法治政府、法治社会一体建设,实现科学立法、严格执法、公正司法、全民守法,促进国家治理体系和治理能力现代化",这是落实中国共产党关于在治国理政上坚持依法执政和依法治国"两个基本方式"承诺主张的重大举措,关键把握好法治发展过程的结构均衡问题,尤其是必须在规范依据上解决好党规体系和国法体系的内容重叠、效力交叉问题;在主攻方向上解决好行政改革的"简政放权"和司法改革的"深入推进"之间的资源配置上的结构失衡问题,真正把司法体制改革落实为全面依法治国的"重头戏",构架起"把权力关进制度的笼子"的双保险机制;在主体环节上,既要抓住领导干部这一关键少数,提高其法治思维和依法办事能力,又要着力提升全民的法治素养,引导其合理维护自身权益、自觉履行法定义务,刺破经济社会发展新常态下的视觉盲区,夯实社会主义法治国家大厦的基础。

三是更加注重改革成果的制度转化。党的十八大以来,我们的改革方式由摸着石头过河向更加注重顶层设计和整体谋划转变,强调要发挥法治的引领、规范和保障作用,坚持所有重大改革于法有据,要在法治的轨道上推进改革。在此,必须创新思路,着力破解改革和法治的"破立关系",一方面要强调改革决策与立法配套的同步推进,解决好重大改革的事前有据,事中管控;另一方面则应当更进一步将工作着力点放在改革成果的制度转化上,及时有效地把改革的正面成效上升为制度,同时剔除改革推进过程中出现的负面因子,真正使改革创新成为推动中国特色社会主义制度更加成熟、更加定型的持久动力,用不断发展和完善的最新制度成果引领和推动持续向前的改革实践。

我们相信,全面深化"法治浙江"建设的未来应当在回应和解答好上述问题的过程中继续推进,我们期待,在全面依法治国的时代潮流中,浙江能够在省委的带领下认真落实全面依法治国,继续在法治建设上走在前列!

第二章

坚持高质量立法，
推动浙江省经济社会发展

　　民主法治，国之基石。依法治国，立法先行。地方立法是中国特色社会主义法律体系的重要组成部分，是社会主义民主政治建设的重要内容。我国地方立法与改革开放相伴相生。回顾立法历程，展示工作成就，总结成功经验，对于进一步加强和改进新时代地方立法工作，不断完善中国特色社会主义法治体系，推进社会治理体系和治理能力现代化，保障和引领全面深化改革，推动实现"两个一百年"奋斗目标具有重要意义。

第一节　浙江省人大地方立法发展阶段

　　地方立法是省级人大及其常委会的重要职权，但地方立法权并不是与省级人民代表大会同时产生的。1954年8月，根据中国人民政治协商会议通过的《关于召开全国人民代表大会和地方各级人民代表大会的决议》，浙江省第一届人民代表大会第一次会议在杭州召开，正式开启了我省人民代表大会的历史进程。1958年10月和1964年9月，分别召开了浙江省第二届人民代表大会第一次会议和浙江省第三届人民代表大会第一次会议。1977年12月，浙江省第五届人民代表大会第一次会议召开，省人大重新履行职权。这一期间，人大的职能主要是审议政府工作报告、审查批准国民经济和社会发展计划等，并无地方立法权，也没有设置省人民代表大会常务委员会。1979年7月1日，全国人大五届二次会议通过了《中华人民共和国地方各级人民代表大会和地方各级人民政府组织法》,首次赋予省级人大及其常委会地方立法权。1979 年 12 月,浙江省五届人大二次会议首次选举产生省人民代表大会常务委员会,并开始行使地方立法权。可见,地方立法与改革开放、社会主义现代化建设相伴相生。回顾这 40 多年的经历,根据不同时期的工作特点,我省人大地方立法大致可以分为以下四个历史阶段。

一、探索起步阶段(1979—1986 年)

新中国成立后,《中国人民政治协商会议共同纲领》和"五四宪法"确立了中央集中行使立法权的国家立法体制,规定全国人民代表大会是行使国家立法权的唯一机关,同时规定自治区、自治州、自治县的自治机关可以依照当地民族的政治、经济和文化的特点,制定自治条例和单行条例,报请全国人大常委会批准。这一立法体制有利于巩固中央统一领导,但没有赋予地方更多的独立性和主动性。毛泽东同志曾指出:"我们国家这样大,人口这样多,情况这样复杂,有中央和地方两个积极性,比只有一个积极性好得多。""我们的宪法规定,立法权集中在中央。但是在不违背中央方针的条件下,按照情况和工作需要,地方可以搞章程、条例、办法。"应该说,毛主席这一指示是符合我国国情和社会发展需要的,但由于"文化大革命"等历史原因,没有得到有效贯彻执行。

改革开放对民主法制建设提出了迫切需求。邓小平同志强调,"为了保障人民民主,必须加强法制。必须使民主制度化、法律化,使这种制度和法律不因领导人的改变而改变,不因领导人的看法和注意力改变而改变",并强调,"有的法规地方可以先试搞,然后经过总结提高,制定全国通行的法律"。1979 年《中华人民共和国地方各级人民代表大会和地方各级人民政府组织法》,首次规定省、自治区、直辖市人大及其常委会根据本行政区域的具体情况和实际需要,在和国家宪法、法律、政策、法令、政令不抵触的前提下,可以制定和颁布地方性法规,并报全国人大常委会和国务院备案。《地方组织法》的规定正式启动了地方立法的历史征程。1982年通过的《宪法》对此予以了确认。1979 年 12 月 19 日,浙江省五届人大常委会第一次会议首次行使地方立法权,通过了浙江省历史上第一件地方性法规——《浙江省县级以下各级人民代表大会代表选举试行细则》,正式拉开了浙江省地方立法的帷幕。

针对"法律很不完备,很多法律还没有制定出来"的现实,邓小平同志强调,"现在立法的工作量很大,人力很不够,因此法律条文开始可以粗一点,逐步完善","总之,有比没有好,快搞比慢搞好"。在上述立法方针指导下,浙江省人大及其常委会"摸着石头过河",在探索中推进地方立法,这一时期共制定省地方性法规 35 件,修改 2 件,对改革开放初期的浙江省经济社会发展起到了重要作用。这一时期的浙江省地方立法具有以下特点:一是立法数量比较少,年份之间的变动比较大。二是立法调整范围比较窄,基本集中在代表选举、计划生育、公共卫生管理和维护社会秩序等方面,主要是针对浙江省改革开放初期出现的新情况、新问题进行立法探索。三是立法技术不规范,立法程序比较简单,法规质量也不够高,处于探索状态。1984 年 10 月,党的十二届三中全会通过《关于经济体制改革的决定》,以城市为重点的经济体制改革全面展开。这为地方立法拓展了更为广阔的领域。

二、快速发展阶段(1987—1996 年)

1987 年,党的十三大确定了我国经济建设分三步走的战略部署,并提出"必须一手抓建设和改革,一手抓法制。法制建设必须贯穿于改革的全过程,必须保障建设和改革的秩序,使改革的成果得以巩固。应兴应革的事情,要尽可能用法律或制度的形式加以明确"。1992 年,邓小平同志南方谈话以后,党的十四大确立了建立社会主义市场经济体制的改革目标,要求"加强立法工作,特别是抓紧制定与完善保障改革开放、加强宏观经济管理、规范微观经济行为的法律和法规，这是建立社会主义市场经济体制的迫切要求"。1993年，党的十四届三中全会进一步强调"社会主义市场经济体制的建立和完善，必须有完备的法制来规范和保障。要高度重视法制建设，做到改革开放与法制建设的统一，学会运用法律手段管理经济"。并提出"加快经济立法……本世纪末初步建立适应社会主义市场经济的法律体系"的法制建设目标，要求抓紧制定与完善保障改革开放、加强宏观经济管理、规范微观经济行为的法律法规。全国人大八届一次会议也提出，要把经济立法放在最重要的位置。改革开放和社会主义现代化建设进入新的发展阶段。大力加强经济领域立法，是这一阶段地方立法的显著特点。

浙江省人大及其常委会坚决贯彻中央的决策部署，把经济立法摆在立法工作的中心位置，大力加强立法尤其是经济立法工作，制定了一大批浙江省经济社会发展急需的法规，立法步伐明显加快，这一时期共制定省地方性法规110件，修改34件，废止3件，批准杭州市、宁波市地方性法规和景宁畲族自治县自治条例77件。这一时期的浙江省地方立法具有以下特点：一是随着对社会主义市场经济的理解和认识不断加深，逐步树立符合建立社会主义市场经济要求的立法工作指导思想。二是立法数量明显增加。其中，1987—1992年，全省共制定和修改省地方性法规38件；1993—1997年，全省共制定和修改省地方性法规96件；而1997年，全省制定和修改的省地方性法规就达36件。三是立法工作基本上以经济立法为主，重点是制定规范市场经济主体和市场经济秩序、加强宏观调控和社会保障方面的法规。四是立法范围不断扩展，法规调整社会关系的层次逐渐深化，自主性立法明显增多，并积极开展先行性立法，制定了农业技术推广、技术市场管理等一批先行性法规。五是法规的修改和废止工作被提上省人大常委会议事日程，根据《行政处罚法》的要求组织开展了浙江省历史上第一次全面的法规清理工作。

三、协调推进阶段(1997—2011 年)

1997 年,党的十五大提出"依法治国,建设社会主义法治国家"的治国方略,并提出"加强立法工作,提高立法质量,到 2010 年形成中国特色社会主义法律体系"的立法工作目标和任务。2002 年,党的十六大把发展社会主义民主政治、建设社会主义政治文明确立为全面建设小康社会的重要目标。全国人大九届三次会议通过了《立法法》这部专门规范立法活动的法律。十届全国人大及其常委会确定了以形成中国特色社会主义法律体系为目标、以提高立法质量为重点的立法工作思路,抓紧制定在中国特色社会主义法律体系中起支架作用、现实生活迫切需要、立法条件比较成熟的法律。2007 年,党的十七大全面系统阐述了科学发展观的基本内涵,提出"全面落实依法治国基本方略,加快建设社会主义法治国家"和"坚持科学立法、民主立法,完善中国特色社会主义法律体系"的法治建设总要求。中央的一系列重大决策对地方立法既提出了新的要求,又提供了新的机遇。

浙江省人大及其常委会深入贯彻落实依法治国方略和科学发展观要求,以提高立法质量为重点,坚持科学立法、民主立法,在注重经济领域立法的同时,协调推进社会、文化、生态保护等各领域立法,这一时期共制定省地方性法规 114 件,修改 57 件,废止 5 件,批准杭州、宁波两市地方性法规和景宁畲族自治县自治条例和单行条例共 179 件。这一时期的浙江省地方立法具有以下特点:一是不断深化对立法质量的认识,地方立法实现了由重数量到重质量的重要转变。二是坚持经济立法与社会立法并重,在加强经济立法的同时,更加重视发展民主政治、保障公民权利、推进社会事业、健全社会保障、加强社会管理方面的立法,促进经济社会全面协调可持续发展,为浙江省经济社会发展提供全面的立法支持。三是坚持立、改、废相结合。正确处理法规的稳定和发展关系,根据形势变化,及时修改、废止与经济社会发展不相适应的法规,组织开展了两次全面的法规清理工作。四是坚持立法公开和立法民主,立法工作体制机制不断完善,立法工作机构和立法工作力量得到加强。2010年底,中国特色社会主义法律体系如期形成。地方性法规作为中国特色社会主义法律体系的重要组成部分,在社会主义法治建设中发挥着实施性、补充性、探索性的重要作用,为地方经济社会发展提供了坚实的法制保障。

四、保障引领全面深化改革阶段(2012年至今)

党的十八大报告指出,法治是治国理政的基本方式。党的十八届四中全会作出关于全面推进依法治国若干重大问题的决定,强调要实现立法和改革决策相衔接、相统一,做到重大改革于法有据、立法主动适应改革和经济社会发展需要。党的十九大确立了以习近平新时代中国特色社会主义思想为新时代改革发展的指导思想,并提出要推进科学立法、民主立法、依法立法,以良法促进发展、保障善治。这就要求地方立法准确把握做好新时代立法工作的基本要求,坚持党的领导、人民当家作主、依法治国有机统一,紧紧扣住贯彻落实党中央重大决策部署,紧紧扣住回应人民群众重大关切,紧紧扣住厉行法治、推进全面依法治国,不断迈出新步伐,取得新成就。

浙江省人大及其常委会深入学习贯彻习近平新时代中国特色社会主义思想,坚持党对立法工作的领导,围绕贯彻落实党中央和省委决策部署,坚持立法先行、立法为民,发挥立法的引领和推动作用,发挥人大及其常委会在立法工作中的主导作用,深入推进科学立法、民主立法、依法立法,不断提高立法质量,加快立法步伐,这一时期共制定省地方性法规88件,修改98件,废止11件,批准设区的市地方性法规和景宁畲族自治县自治条例和单行条例151件,为浙江省经济社会持续发展和两个"高水平"建设提供了有力的法治保障。这一时期的浙江省地方立法具有以下特点：一是坚持党对立法工作的领导，强调立法工作的政治属性，建立起较为完善的加强党领导立法工作的体制机制，确保地方立法沿着正确的政治方向前进。二是坚持立法围绕中心、服务大局，紧扣省委决策部署和全省工作大局，认真分析把握我省经济社会发展的趋势和特点，抓住重点，突破难点，找准切入点，做到立法决策与改革决策紧密结合，精心选择立法项目，始终以立法引领改革、推动改革，服务和保障浙江经济社会发展。三是加强促进经济转型升级、保障民生和生态环境保护等重点领域立法，以实现好、维护好、发展好最广大人民群众的根本利益作为立法工作的核心价值取向，更好发挥法治固根本、稳预期、利长远的保障作用。四是以提高立法质量为核心，贯彻落实中央和全国人大对地方的新要求新指示，坚持在实践中探索，在探索中提高，在不断总结经验基础上，注重立法工作机制的创新，形成了一整套适应浙江省立法发展需要的科学立法、民主立法、依法立法工作机制，推动形成党委领导、人大主导、政府依托、各方参与的立法工作格局。五是健全立法体制，所有设区市开始行使地方立法权，开创了地方立法的新局面。

纵观浙江省 40 多年地方立法发展历程，经历了一个由起步探索到快速发展，再到协调推进、服务全面深化改革的过程。这个发展历程，是一个立法体制机制不断完善，立法质量不断提升，立法能力不断增强的过程，也是一个与时代同步伐，与改革同频率，与实践同发展，与浙江省民主政治建设相适应，与浙江省经济社会发展相促进的过程。这一过程中，还呈现出三个显著变化。

一是立法主体不断扩大。1979 年《地方组织法》赋予了省级人大常委会地方立法权。"五四宪法"和"八二宪法"都赋予了民族自治地方立法权。我省景宁畲族自治县较早取得了民族自治立法权。1982 年《地方组织法》修改，规定省、自治区的人民政府所在地的市和经国务院批准的较大的市人大常委会，可以拟订本市需要的地方性法规草案，提请省、自治区的人大常委会审议制定。1986 年《地方组织法》修改，进一步规定省、自治区的人民政府所在地的市和经国务院批准的较大的市的人大及其常委会在不与上位法相抵触的前提下，可以制定地方性法规，报省、自治区人大常委会批准后施行。由此，浙江省杭州、宁波两市开始行使地方立法权。2015年全国人大十二届三次会议修改的《立法法》，赋予所有设区的市地方立法权，明确设区的市人大及其常委会在不与上位法相抵触的前提下，可以对城乡建设与管理、环境保护、历史文化保护等方面的事项制定地方性法规。我省所有11个设区的市都取得了地方立法权。与人大立法相匹配，相应的省、市政府都取得了规章立法权。我省地方立法主体越来越多，开启了以法治方式深化改革、推动发展的新征程。

二是立法理念不断更新。 改革开放初期，国家治理"无法可依"，各地注重加快立法进程，忽视了提高立法质量。立法的重心也是经济建设，立法工作没有全面铺开。随着改革开放和法治建设的推进，尤其是中国特色社会主义法律体系形成后，各个方面已经实现有法可依的背景下，地方立法理念逐步转变，注重在保持立法速度的同时，逐渐把立法质量作为立法工作的生命线，更加强调遵循和把握立法规律。立法的重心也从经济建设扩展到政治、社会、民生、环境保护等各方面，实现各领域协调推进、统筹发展。中国特色社会主义进入新时代后，地方立法面临新形势、新任务、新要求，必须不断顺应新时代、呼应人民群众新关切、紧跟中央新部署，从本地经济社会发展对立法保障的需求出发，围绕"五位一体"总体布局和"四个全面"战略布局，加强重点领域立法，为新时代党和国家事业发展、为地方各项事业发展作出新贡献。与此同时，地方立法的理念进一步更新，从注重立法质量转到了质量和效率并重，要求在保证立法质量的前提下，不断加快立法进度，为新时代的改革发展提供更加有力的法治保障。立法理念的更新还体现在具体的制度设计上，与市场经济发展和政府职能转变相适应，地方立法逐渐从注重对行政相对人的管理和市场行为的监督、强化部门职权转变到把保障公民权利作为立法调整和规范的核心，把管理作为保障权利的有效手段，更加注重正确处理公权与私权、权利与义务、权力与责任、管理与服务的关系，促进社会公平正义。

三是立法形式不断丰富。 改革开放之初，由于法制不健全，我省人大地方立法在探索中发展，围绕党中央的决策部署和我省经济社会实际情况，制定了一大批社会生活中急需的法规。随着新法的不断制定和法治建设的不断推进，加强对地方性法规的修改逐步成为立法工作的重要内容。从1985年开始，修改法规的数量开始增加，并在1997年首次超过制定法规的数量。法规修改分为两种：一种是对现有法规的全面修改，也称为修订，立法程序上等同于新制定法规；另一种是对现有法规部分条款的修改，一般以修改决定的形式进行，程序相对简单。2015年修改的《立法法》在总结实践经验基础上，还规定了集中打包修改的立法方式，即对多部法律中涉及同类事项的个别条款进行修改，可以一并提出法律案进行合并表决。这一规定进一步完善了法规修改机制，丰富了立法形态。可以预见，随着中国特色社会主义法律体系的不断完善，修改法规的任务将越来越重，并成为一种主要的立法形式。特别是中国特色社会主义进入新时代后，立法工作面临新形势、新任务、新目标，地方立法所调整的利益越来越深层次，所涉及的社会关系越来越复杂，在经济社会中的作用也越来越重要。与地方立法所承担的任务相适应，地方立法在立法形式上也将由之前主要制定新法和修改法律，发展到制定、修改、废止、授权、清理、决定等多种手段并用的新阶段。同时，中央还提出要做到立法与改革决策相衔接、相统一，更好地发挥立法的引领和推动作用，这就更加需要在立法形式上体现多样化，更广泛、更规范、更常态化地运用立、改、废、释、授、清等方式，以适应不同情况对立法工作的需求，不断提高立法的及时性、系统性、针对性、有效性。

第二节　浙江省人大地方立法主要成绩

40多年来,浙江省人大及其常委会在中共浙江省委的领导下,以马克思列宁主义、毛泽东思想、邓小平理论、"三个代表"重要思想、科学发展观和习近平新时代中国特色社会主义思想为指导,紧紧围绕中央和省委决策部署,紧密结合地方经济社会发展实际需要,积极履行立法职能,持续推进科学立法、民主立法、依法立法,不断完善立法工作机制,提高立法质量,取得了显著成果。截至2019年3月底,浙江省人大及其常委会共制定(修订)省地方性法规353件(现行有效203件),修改241件,废止112件,批准设区的市地方性法规465件、景宁畲族自治县自治条例4件,基本形成了比较完备的与国家法律体系相配套、与浙江省经济社会发展需要相适应、体现浙江特色的地方性法规制度。

一、围绕推动改革发展,高质量制定地方性法规

(一)立法围绕中心大局,保障改革和重大决策顺利推进

"凡属重大改革要于法有据。"2013年11月12日,习近平总书记在十八届三中全会的讲话中提出了新时期法治建设的新路径,这也成为浙江省人大开展立法工作的根本遵循。近年来,浙江省委先后作出了全面实施"四大国家战略""建设美丽浙江、创造美好生活",开展"三改一拆""五水共治""最多跑一次"改革、"两个高水平"建设等一系列重大决策。省人大常委会及时跟进,紧扣省委决策部署和全省工作大局,始终坚持以立法引领改革、推动改革,及时将关系浙江省改革发展和民生保障急需的

法规项目列入立法计划并制定出台，发挥好立法对经济社会发展的引领和推动作用。围绕重大国家战略，出台《温州市民间融资管理条例》《保障和促进义乌市国际贸易综合改革试点工作的决定》《中国（浙江）自由贸易试验区条例》。围绕保障 G20 峰会顺利召开，出台关于授权省及相关设区的市人民政府为保障 G20 筹备和举办工作规定临时性行政措施的决定。围绕"三改一拆"，出台违法建筑处置规定、国有土地上房屋征收与补偿条例。围绕"最多跑一次"改革，出台保障"最多跑一次"改革规定。围绕审批制度改革，根据国务院行政审批制度改革的决定，2013 年以来先后 22 次作出关于修改地方性法规的决定，共修改 64 件、废止 8 件，将 48 项行政审批事项和涉及资质的事项予以取消或者改为备案。到目前为止，省地方性法规设定的行政许可事项全部不超过 10 项，地方立法推进行政许可审批制度改革取得明显成效。

（二）立法服务经济转型升级，推动高质量发展

全省以促进经济社会持续健康发展为目标，将引领和保障地方经济建设作为立法重点。40 年来，共开展经济类立法 101 件，占省地方性法规总数的 28.6%，其中现行有效 56 件，占比 27.9%，经济立法居于核心地位。围绕保障和推进创新发展，出台高新技术促进条例、技术市场条例、信息化促进条例、促进科技成果转化条例、企业商号管理和保护规定、政府非税收入管理条例、科学技术进步条例、专利条例等法规。围绕城乡协调发展，出台城乡规划条例、土地利用总体规划条例、实施《中华人民共和国农村土地承包法》办法、历史文化名城名镇名村保护条例、海域使用管理条例等法规。围绕健全市场经济法制，出台个体工商户、经纪人、中小企业等市场主体法规，以及商品交易、反不正当竞争、财产拍卖、招标投标等法规。围绕乡村振兴，出台农民专业合作社条例、农村集体资产管理条例、农作物病虫害防治条例、农业机械化促进条例等法规。围绕扩大开放，连续制定宁波、温州、杭州、萧山等经济技术开发区条例，并出台保障

台湾同胞投资的法规。围绕有关专门经济领域,开展房地产和建筑业、盐业、统计、标准化、价格、交通、合同管理等方面立法。这些法规的制定和实施,对于加快转变经济发展方式,完善社会主义市场经济体制,发展各类生产要素市场,协调促进城乡一体发展,缩小区域差距,促进社会和谐发展发挥了积极作用,有力地保障和促进了浙江的改革开放和经济建设。

(三)立法注重民生保障,让人民群众有更多获得感

坚持立法为民,把人民对美好生活的向往作为立法工作的奋斗目标,统筹开展教育、就业、收入分配、社会保障、医疗卫生等民生领域立法。围绕保障公民平等享有受教育的权利,促进教育公平,出台实行九年义务制教育条例、中等职业技术教育条例、职工教育条例等法规,有效提升广大人民群众文化教育权益保障水平。围绕构建和谐劳动关系,出台劳动保护条例、劳动保障监察条例、集体合同条例、劳动人事争议调解仲裁条例等法规,加强对劳动者合法权益的保护。围绕文化浙江建设,出台公共文化服务保障条例、非物质文化遗产保护条例、历史文化名城保护条例、文物保护管理条例、文化市场管理条例、广播电视管理条例等法规,推动社会主义文化繁荣和发展。围绕保护人民群众生命财产安全,出台实施《中华人民共和国道路交通安全法》办法、实施《中华人民共和国食品安全法》办法、农产品质量安全规定、食品小作坊小餐饮店小食杂店和食品摊贩管理规定、消防条例、燃气管理条例、安全生产条例、防震减灾条例、气象灾害防御条例、水上交通安全管理条例、房屋使用安全管理条例等,全面落实安全管理措施,防范各类事故发生。围绕健全社会保障制度,出台职工失业保险条例、职工基本养老保险条例、工伤保险条例、社会救助条例、社会养老服务促进条例以及妇幼保健、医疗卫生等方面法规,维护社会公平,促进社会稳定发展。围绕特殊群体权益保护,出台并两次修订实施《中华人民共和国消费者权益保护法》办法,制定军人军属、华侨、老年人、少数民族、妇女、未成

年人、残疾人等权益保障条例，让各类群体共享改革发展成果。

（四）立法聚焦社会建设，推进社会治理体系和能力现代化

坚持用法治思维破解社会发展难题，用法治举措提升社会建设活力，深入推进社会领域立法。发挥好立法作为社会利益"平衡器"的功能，先后出台国有土地上房屋征收补偿条例、公共信用信息管理条例、社会治安综合治理、电网设施建设保护和供用电秩序维护条例、石油天然气管道建设和保护条例、计量监督管理条例、旅游条例等，并多次修改计划生育条例，为加强和创新社会治理提供坚实的制度基础。立法始终坚持以人为本，把保障权利作为立法调整和规范的核心，以实现好、维护好、发展好最广大人民群众的根本利益作为立法工作的核心价值取向，正确处理公权与私权、权利与义务、权力与责任、管理与服务的关系，制定城市管理相对集中的行政处罚权条例、房屋租赁管理条例、殡葬管理条例、消防管理条例、无线电管理条例、违法建筑处置条例、实施反恐怖主义法办法等管理类法规时，为权力定"规矩"，重点对执法行为规范和执法监督等作了规定，突出强调执法与教育、疏导、服务相结合，推动社会管理不断创新发展。

（五）立法加强民主政治建设，完善社会主义法治

将民主政治建设作为立法工作的重点，加强相关地方立法，推动社会主义民主法治在浙江省积极稳妥发展。围绕完善人民代表大会制度，相继出台各级人大常委会监督、人民代表大会议事规则、人大常委会议事规则、实施代表法办法、任免国家机关工作人员条例、县乡两级人民代表大会代表选举实施细则、代表法实施办法、讨论决定重大事项的规定、乡镇人大工作条例等法规，强化各级人大及其常委会立法权、监督权、人事任

免权和重大事项决定权。围绕保障和实现公民的正当政治权利,出台实施村委会组织法办法、村委会选举办法、实施《中华人民共和国集会游行示威法》办法、实施《中华人民共和国工会法》办法、企业民主管理条例等法规,夯实民主法治建设的基础。制定村委会选举办法时,根据近年来农村基层民主发展实际,将具有我省农村基层民主特色的自荐直选制度纳入选举办法,上升为法定选举方式,更加有力地保障村民的选举权利,推进农村基层民主政治发展。

(六)立法推进生态文明建设,护航绿水青山

全省深入贯彻"绿水青山就是金山银山"重要理念,以加快生态文明建设为目标,将保障和推进绿色发展作为立法重点,加快出台相关法规,通过完善环境保护制度机制,不断加大环境保护和污染治理的力度,推动"美丽浙江"建设。围绕治理水污染,出台钱塘江管理条例,保护浙江省的母亲河,发挥钱塘江水资源综合效益;出台鉴湖水域保护条例,保护绍兴黄酒唯一水源鉴湖水域不受污染;在全国率先出台专门规范河长制的地方性法规,使浙江省六万余名河长履职有章可循、有法可依;加强水资源保护,还出台了水文管理条例、饮用水水源保护条例、河道管理条例等法规。围绕治理大气污染,出台大气污染防治条例,对大气污染监督管理和防治措施、区域大气污染联合防治、重污染天气应对等作出规定;出台机动车排气污染防治条例对合理控制机动车保有量、鼓励使用清洁能源汽车、加强对黄标车和摩托车等车辆管理等作出规定。围绕贯彻绿色发展理念,出台绿色建筑条例,建立分类递进和分区递进的绿色建筑实施机制,明确绿色建筑激励政策,并规定全装修商品房交付制度。围绕土地资源保护,出台水土保持条例、土地整治条例,强化各方的水土保持责任,规范农用地整理、建设用地复垦活动,着力优化土地利用空间,提高耕地质量。围绕加强生态文明建设,还出台固体废物污染环境防治条例、资源综合利用促进条例、可再生能源开发利用促进条例、湿地保护条例、公益林

和森林公园条例，通过立法守护浙江的"绿水青山"，促进资源保护和生态人居环境的全面持续改善。

二、围绕提高立法质量，不断建立健全工作机制

科学立法、民主立法、依法立法是立法工作机制建设的目标和方向，也是中央和全国人大对立法工作的总要求。浙江省人大立法工作取得的成果，不仅仅体现在立法项目上，还体现在人大立法工作制度机制的完善发展上。40 年来，省人大及其常委会认真贯彻落实党中央和全国人大有关立法工作体制机制建设的要求，坚持在实践中探索，在探索中提高，注重总结经验，注重创新发展，逐渐形成了一整套适应浙江立法工作实际的制度机制，有力推动了立法质量的提高。

1.建立了完善的立法工作程序机制。健全法规立项工作机制，坚持法规立项公开征集制度、立法项目申报论证制度、法规建议项目逐项评估论证制度等，严格立项标准，确保选准、选好立法项目，把好选项关。建立法规草案提前介入工作机制，实行法规草案起草小组制度，构建"立法工作者、实际工作者、专家学者"三结合的起草模式，强化人大对法规起草进度和内容的把控力度，并逐步增加专门委员会组织起草法规的比重，提高法规草案起草工作质量。丰富立法调研方式方法，综合运用实地调研、召开座谈会、开展专题研讨、实施问卷调查等多种形式，不断强化调研深度，提高调研实效。探索常委会组成人员法规审议事先调研制度，建立常委会组成人员沟通会制度，对存在较大意见分歧的重要法规，在审议通过前向组成人员汇报法规修改情况并进一步听取常委会组成人员意见。健全常委会会议审议机制，增加隔次审议和"三审制"的运用，做好常委会组成人员审议意见的沟通和反馈。制定并多次修订《浙江省地方立法技术规范》，实现法规体例结构、条款表述、语言文字使用等方面的规范化、科学化，做到有几条规定几条，避免"大而全""小而全"，促进地方立法的转型

发展。

2. 深入推进立法公开机制。坚持开门立法,通过网络、报纸等媒体将所有法规草案向社会公开征求意见,编制年度立法计划时向社会公开征集立法建议项目,邀请公民旁听常委会会议审议法规草案,保证社会公众对立法工作的知情权、参与权、表达权和监督权。拓宽公众参与立法途径。省人大常委会于 2000 年《立法法》颁布后率先在全国举行立法听证会,就实施消费者权益保护法办法中重大问题听取相关利害关系人及社会各方面的意见,研究出台《浙江省地方立法听证会规则》,实现立法听证的制度化。2008 年在制定城市市容和环境卫生管理条例时,联合浙江在线等网站与网友进行在线交流,探索立法机关与社会公众的互动交流新机制。2011 年制定实施食品安全法办法时,首次举行立法公听会,将立法听证会议题公开、程序规范的特点和座谈会程序简便的特点相结合,使立法更有效地集中民意、汇聚民智。2014 年出台《立法基层联系点工作制度》,突出基层性的要求,从县级以下国家机关、基层自治组织以及其他符合条件的社会机构中选择确定若干立法基层联系点,依托联系点开展立法调研、征集群众意见,不断扩大人民群众对立法活动的有序参与。

3. 创新代表参与机制。人大代表是联系群众的桥梁和纽带,发挥代表在立法中的积极作用,是加强人大立法主导、提高立法科学化和民主化的重要举措。省人大常委会按照全国人大"加强人大常委会同人大代表的联系,充分发挥代表作用"的要求,于 2014 年在全国率先出台《关于省人大代表分专业有重点参与立法工作的若干规定》,代表可以根据自身关注点、职业专长等因素,主动选择重点参与的立法项目,并全程深度参与相关立法活动。这一制度有利于调动代表参与立法的主动性和积极性,更好地发挥代表的优势和作用,使代表更加深入、全面、有效地参与立法。该制度在实施过程中取得非常好的效果,得到全国人大充分肯定并予以推广。

4. 不断健全专家参与立法机制。省人大常委会注重发挥专家学者的优势，不断创新专家参与立法体制机制。1995 年，在全国率先建立与高等院校合作机制，联合浙江大学成立浙江法制研究所。2005 年，又在全国率先组建由法学、经济、政治、社会等领域 80 余名专家组成的地方立法专家库。2013 年开始，与浙江工业大学法学院、浙江财经大学法学院进行合作，委托开展设区市报批地方性法规的合法性审查。2014 年，组建由法学编辑、法律语言专家等组成的语言文字专家名录，实行法规草案审校工作机制，促进立法用语规范化。2018 年初，联合浙江大学共同推动设立全国首家实体化运行的浙江立法研究院，打造立法研究的高地和高端智库。2018 年 5 月，组建省人大常委会立法专家信息库、常委会立法专家咨询委员会，建立立法项目专家制度，实现了多层次、多渠道、多维度的立法专家参与。

5. 加强立法沟通协调。做好立法过程中的沟通、协调和配合，发挥立法工作整体合力。建立重要法规草案起草小组双组长制度，由省人大常委会联系相关专门委员会的副主任和省政府分管相关部门的副省长共同担任立法起草小组组长，共同推动法规起草过程中重要制度设计和重大问题的及时协调解决，保证法规草案按时提请常委会会议审议。出台《关于进一步加强省人大专门委员会和工作委员会立法沟通协调配合的若干意见》，就省人大常委会内部进一步完善立法计划编制、加强立法计划实施工作安排的沟通协商等提出要求。此外，常委会法工委与省政府立法工作机构联合制定《关于进一步加强立法沟通协调改进立法工作的若干意见》，就建立立法工作联席会议制度、法规重要问题修改协商制度等作出规定，保证立法工作有序、协调、高效运转。

6. 建立法规清理工作机制。法规清理是立法工作的重要组成部分，是维护法规内在和谐和国家法制统一的重要举措。省人大常委会先后开展行政处罚（1996—1997）、WTO 规则（2001—2002）、行政许可（2003—2004）、行政强制（2009、2011）等专项清理或全面清理工作，有力确保中国特色社会主义法律体系如期形成。在总结经验基础上,研究出台《浙江省地方性法规清理工作若干规定》,实现法规清理工作的制度化、规范化。近年来,先后部署开展全面深化改革涉及立法问题梳理工作、"最多跑一次改革"涉及法规梳理、生态环境保护方面法规规章规范性文件梳理等工作,及时清理不符合新时代改革发展需求的法规,推动相关法律法规立、改、废,确保重大改革于法有据。同时,积极做好法规配套规范性文件督促制定工作,出台《关于地方性法规配套规范性文件制定的工作程序》,对法规配套规范性文件的起草、修改、制定完成时间、报送备案和督促检查等作出明确规定,确保地方性法规的有效实施。

三、围绕深化法治建设,稳步推进设区的市立法

加强对设区市地方立法的审查和工作指导,是省人大常委会的重要工作任务,也是提高浙江省地方立法质量、深入推进"法治浙江"建设的重要方面。自从浙江省杭州、宁波两市获得"较大的市"立法权后,省人大常委会高度重视对市级人大立法工作的指导,并不断完善较大市报批法规的审查程序,强化合法性审查,维护社会主义法律体系的和谐统一。

《立法法》赋予所有设区市地方立法权后,省人大常委会积极谋划、全力推进,及时向省委请示汇报,明确温州等九个设区市开始行使地方立法权的相关要求,并于 2015 年 7 月和 9 月分别作出决定确定温州等九个市可以行使地方立法权,在全国较早实现所有设区市开始行使地方立法权。由于温州等九个新获得立法权的设区市立法刚起步,立法经验和能力不足,省人大常委会通过制定指导意见、组织上挂锻炼、举办培训班、提前介入法规草案研究等方式加强工作指导。先后出台《关于推进设区的市完善立法工作机制提高依法立法水平的指导意见》《设区的市地方性法规审查指导工作流程》《设区的市地方性法规合法性审查参考标准》,不断规范和加强对设区市立法工作的指导,推动设区市立法工作稳步发展。经过

各方共同努力，浙江省设区市立法质量和能力有了较大提升，制定了许多问题导向清晰、地方特色鲜明、回应关切及时的高质量法规，走在了全国前列。比如，《杭州市人民调解条例》是全国有立法权的城市中首部关于人民调解的地方性法规，《金华市农村生活垃圾分类管理条例》是全国首部专门规范农村生活垃圾分类管理的地方性法规，《湖州市生态文明先行示范区建设条例》是全国首部关于生态文明示范区建设的地方性法规，《舟山市国家级海洋特别保护区管理条例》是全国首部关于国家级海洋特别保护区管理的地方性法规等，较好地发挥了地方立法对经济社会发展的引领和推动作用。

四、围绕维护法制统一，认真做好备案审查工作

规范性文件备案审查是立法工作的重要组成部分和延伸，是维护国家法制统一的重要手段。加强规范性文件备案审查工作，对于推动立法工作发展，坚持和完善人民代表大会制度具有重要意义。浙江省人大常委会的备案审查工作，紧紧跟随中国特色社会主义法律体系建立完善的步伐，经历了依照《宪法》《地方组织法》开展监督，依照《立法法》开展监督和依照监督法开展监督的三个阶段，实现了备案审查工作从起步到全面发展。特别是党的十八大以来，省人大常委会认真贯彻落实中央和全国人大对备案审查工作的新要求，从"加强宪法实施和监督，推进合宪性审查工作，维护宪法权威"的高度，进一步认识备案审查工作的重要性，不断完善备案审查机制，坚持全面审查与有重点的主动审查相结合，探索专项审查新形式，建立备案审查专家组，坚决纠正不适当的规范性文件，实现了"有件必备、有备必审、有错必纠"。截至2018年底，省人大常委会共备案规范性文件847件，审查847件，要求制定机关说明情况10件，督促纠正10件。

浙江省人大常委会不断创新机制，先后出台《浙江省各级人民代表大

会常务委员会规范性文件备案审查规定》《关于加强规范性文件备案审查工作的意见》《浙江省人大常委会规范性文件备案审查工作程序》等,进一步明确了备案审查的法规依据、基本原则、方法步骤、工作流程等。着力推进备案审查工作信息化。2014年,开发建设集备案、审查功能于一体的规范性文件备案审查系统。2016年,率先在全国实现省、市、县三级人大备案审查系统全覆盖和联网,得到全国人大常委会充分肯定并推广。制定《专家参与规范性文件备案审查工作规则》,组建规范性文件备案审查专家组,进一步强化专家参与备案审查工作的力度。与省委、省政府建立法规、规章和规范性文件备案审查衔接联动机制。2018年1月,省十二届人大常委会第四十七次会议审议备案审查工作情况报告,并首次将报告印发浙江省第十三届人民代表大会,接受人民代表监督。

五、围绕提升立法能力,加强立法工作队伍建设

立法是政治性、专业性、理论性、实践性都很强的工作,需要相应素质的立法专业人才做保障。多年来,省人大常委会认真贯彻落实党中央和全国人大有关立法队伍建设的指示和要求,适应立法形势任务发展需要,大力加强立法队伍的正规化、专业化、职业化建设,努力打造一支门类齐全、结构合理、专业素质高的立法工作队伍。强化思想政治建设,采取多种形式学习党的历次中央全会精神,增强贯彻实施党的路线方针政策的自觉性,恪守以民为本、立法为民理念,确保立法工作的政治方向正确。加强组织建设,增加有法治工作经验的委员,不断优化常委会组成人员的知识结构和年龄结构。重视法制委员会和立法工作机构的能力建设,充实人员配备,提高组成人员及工作人员的业务素质和立法工作水平,培养了一支政治素质较高、法律素养较好、业务能力较强的立法工作队伍,为加强立法工作、提高立法质量提供了有力的组织保障。

第三节　浙江省人大地方立法的改革创新

回顾 40 多年来我省地方立法历程，浙江省人大及其常委会坚持解放思想、与时俱进，不断加强实践探索和改革创新，通过一项项具体的制度设计保障和推进浙江省改革开放不断向前推进、走在前列，形成了许多具有浙江特色的经验和亮点，为国家层面相关领域的深化改革和立法工作提供了浙江方案，为中国特色社会主义法治体系不断完善和经济社会持续发展作出了积极贡献。

一、坚持党的领导，确保正确方向

中国共产党的领导是中国特色社会主义最本质的特征，是中国特色社会主义制度的最大优势。坚持党的领导，是立法工作必须遵循的重大政治原则和不断取得新成绩的基本经验。习近平总书记高度重视党对立法工作的领导，在浙江省工作期间就指出：立法是国家重要的政治活动，人大是政治机关，坚持党对立法工作的领导是立法工作的一个政治原则，也是做好立法工作的根本保证；党委要善于把党的重大决策与地方立法结合起来，适时提出立法建议，及时研究立法中重大问题，发挥党委总揽全局、协调各方的核心领导作用。

浙江省人大常委会在浙江省委的领导下，认真贯彻落实习近平同志关于加强党领导立法的重要论述，贯彻落实党中央和省委有关加强党领导立法工作的相关要求，把党的领导、依法治国、保障人民当家作主有机统一于具体的立法实践中，把党的领导贯穿立法工作的全过程、各方面，形成具有浙江特色的党领导立法体制机制。坚持重大立法问题报请省委决定，不断改进和加强党对立法工作的领导。积极提出建议,在省委重要会议或者全会决定决议中,明确完善立法工作体制机制的要求,确立未来较长时期立法工作目标任务。编制立法调研项目库后报送省委,并提出改进立法工作的意见,以省委文件形式转发。认真贯彻省委有关立法工作的意见建议,每年立法计划通过后,提出建议列入省委常委会工作要点的重点立法项目并报送省委,由省委常委会会议讨论同意。发挥好省人大常委会党组的作用,加强对重要立法事项和立法中重大问题的审核把关。2003年和2013年,浙江省人大常委会和省政府联合召开全省立法工作会议,省委书记、省人大常委会主任习近平同志和夏宝龙同志到会讲话。2018年,浙江省委首次召开全省立法工作会议,省委书记、省人大常委会主任车俊同志到会讲话。加强党委对立法工作的领导,有利于发挥党委总揽全局、协调各方的作用,为立法工作指明方向、提供保障,是实现立法工作长远发展的基本经验。

二、坚持跟进改革,服务中心大局

改革意味着要打破束缚发展的各种陈规陋习,必然涉及对原来法律制度的调整以及对新出现的各种社会问题进行法律规制。某种程度上说,改革就是对旧法的扬弃、对新法的孕育。在整个改革过程中,我们都要高度重视运用法治思维和法治方式,发挥法治的引领和推动作用,在法治轨道上推进改革,着力处理好改革和法治的关系,确保凡属重大改革都要于法有据。浙江省人大常委会深刻认识新时代的大趋势大背景、新变化新要求,自觉把立法工作放在党和国家事业发展大局上来谋划、推进,不断增强敏锐性、找到结合点,处理好稳定性与变动性、前瞻性与阶段性的关系,及时将改革实践中的成熟经验上升为先行先试的制度规范,形成更多创制性立法成果,并为全国面上立法积累经验,不断通过立法凝聚社会共识,从制度上、法律上解决改革发展中带有根本性、全局性和长期性的问题，实现地方立法与改革开放相互促进、共同发展。

2017 年 7 月 28 日，浙江省十二届人大常委会第四十三次会议通过《浙江省河长制规定》。这是我国第一个省级层面河长制专项立法，标志着浙江省河长制工作有了全面的法律保障。我省是最早开展河长制的省份之一，2008 年开始试点，2013 年全面实施，在实践中摸索出来一套省、市、县、乡、村五级河长制体系，共有河长六万余名。作为保障和推进河长制这一改革举措的地方性法规，规定在贯彻中央全面推进河长制的基础上，以立法形式对实践中形成的联动治理协调配合、民间力量共同参与、监督机制压实责任等浙江特色的治水新政进行总结提升，并针对河长制实践中亟须法律保障的薄弱环节，比如河长的设置和职责、河长制工作机构职责、河长履职与部门执法的联动机制以及公众参与机制等作出规定，创设了具有浙江特色、符合浙江实际的河长制规范。这部既秉承了中央关于全面推行河长制的意见精神，又彰显出浙江省在生态文明建设和河湖管治上的地方特色，是一部汇集民智，反映民意，切合浙江省实际，体现以人为本、生态为先、永续发展理念的法规。

2018 年 11 月 30 日，浙江省十三届人大常委会第七次会议审议通过《浙江省保障"最多跑一次"改革规定》。这是全国"放管服"改革领域第一部综合性地方性法规，实现了"最多跑一次"改革从实践探索向法律制度的转化，得到全国人大常委会主要领导的肯定，引起全国的广泛关注。规定立足改革痛点难点问题，将我省两年来改革实践中行之有效的行政许可告知承诺，商事登记相关便利制度，区域评估、标准地、施工图设计文件联审，竣工综合测绘，亩均效益评价等经验做法在立法层面予以固化提升，并重点对"一件事"的界定、"一个窗口"的法律地位、信息孤岛、涉审中介机构服务、容缺受理机制等作出规定，还创设了容错免责条款，对容错免责的具体条件予以明确，从而"为担当者担当、为改革者撑腰"，为保障基层改革创新提供法律支撑。这部法规是以立法引领和推动改革、实现立法和改革同频共振的生动体现，为浙江省进一步深化"最多跑一次"改革、再创体制机制优势提供了有力的法治保障,也为全国"放管服"改革提供了浙江方案。

三、坚持立法为民,实现良法善治

法律是治国之重器,良法是善治之前提,善治是法治之目标。如果立法先天不足,存在质量问题,执法、司法、守法就不可避免地会出问题,甚至引起不良后果。地方立法作为中国特色社会主义法治体系的重要组成部分,也应以良法善治为基本方向,紧紧抓住立法质量这个关键,立良善之法、管用之法。浙江省人大及其常委会坚持以人民为中心的发展理念,深入了解客观实际,科学分析立法需求,抓住人民群众普遍关心的热点难点问题开展立法,不断满足人民对幸福美好生活的期盼,确保立法符合宪法精神、体现人民意志、反映公平正义等价值追求、符合社会发展规律、解决具体问题,实现以良法促进发展、保障善治。

1999 年 7 月 30 日,浙江省九届人大常委会第十四次会议审议通过《浙江省职工基本养老保险条例》,其后省九届、十一届人大常委会分别于 2002 年和 2008 年对条例作了修改。完善的社会保险制度是保持社会稳定、促进经济持续发展的基本保证,是社会和谐的"稳定器"、经济发展的"推进器"。职工基本养老保险制度则是社会保险制度中最为重要的一项制度。从 1997 年开始,国家要求基本养老保险制度逐步扩大到城镇所有企业及其职工,城镇个体劳动者也要逐步实行基本养老保险制度。在此背景下,省人大常委会认真贯彻中央有关改善民生、实现老有所养的精神,立足浙江实际,积极稳妥推进我省养老制度,1998 年立法时把职工基本养老保险覆盖面定位在城镇企业,并规定参加职工基本养老保险的人员,不管是居民还是农民,也不管是本省还是外省,都一视同仁予以对待,在参保资格、个人账户记账、保险待遇计发调整等各个方面没有任何差别规定,体现浙江省平等保护企业职工权益的开放思维。2002 年修改时授权省人民政府制定乡村企业及其职工的参保办法，2008年修改时进一步明确要求所有企业和民办非企业单位、国家机关及其职工都必须参加职工基本养老保险，并明确要求国家机关等单位对未纳入行政人员养老保险的合同制职工缴纳养老保险费，对弱势群体予以特别关爱，消除不和谐因素。通过立法的逐步推进，浙江省养老保险事业在发展时间进程、覆盖广泛程度、享受待遇、基金余额积累等方面在全国处于领先地位，体现了地方立法以人为本、促进社会和谐的思想宗旨。2015年1月25日，浙江省十二届人民代表大会第三次会议高票通过《浙江省社会养老服务促进条例》。这是全国第一个由省人代会通过的养老领域地方性法规，首次从法律角度对社会养老服务的含义作了界定，明确了社会养老服务工作中政府、社会、市场的职责，标志着浙江省社会养老服务工作进入了法制化轨道。两个条例相得益彰，共同构筑起契合浙江实践、满足人民需求、符合公平正义的养老法律制度体系。

2011年7月，浙江省第十一届人大常委会第二十六次会议审议通过了《浙江省实施〈中华人民共和国食品安全法〉办法》。这是《食品安全法》出台后全国范围内率先出台的综合性食品安全地方性法规。食品安全问题是社会关注的热点、难点，省人大常委会在立法中始终坚持"为民立法"的情怀和态度，将保障人民群众权益作为根本出发点，不回避矛盾、不绕开难题，在广泛深入听取民意基础上，切实回应人民群众的呼声和需要，针对现实中反映较为突出的分段监管体制下部分食品生产经营业态监管边界不清，食品生产加工小作坊、食品摊贩等安全隐患较多，餐饮具集中消毒服务机构缺乏监管机制等问题，确立了"行政监管、生产经营者自律、社会监督有机结合"的食品安全监管工作机制，并创新规定变质或超过保质期食品立即下架、及时销毁，不得退回供货商或者生产者，食品生产加工小作坊设立程序"先证后照"，餐饮具集中消毒服务经营者开业前卫生监督审核等，有力促进了全省食品安全管理，对更好地保障公众身体健康和生命安全、维护社会和谐稳定具有重要意义。实施办法的许多内容被

2015 年修改的《食品安全法》所吸收,是省人大常委会立良法、促善治,实现科学立法、民主立法、依法立法的生动实践。2016 年 12 月 23 日,浙江省十二届人大常委会第三十六次会议审议通过《浙江省食品小作坊小餐饮店小食杂店和食品摊贩管理规定》,规定对食品小作坊、小餐饮店、小食杂店和食品摊贩实施登记管理和负面清单管理,并明确其从事食品生产经营的要求,进一步筑牢了我省食品安全的法治防线。

四、坚持体现特色,确保管用实用

地方特色是地方立法的灵魂,也是地方立法的生命力。地方立法担负着双重职能,既要保障宪法和国家法律、法规在本行政区域内有效实施,又要推进本地区的经济社会发展。地方立法必须紧密结合经济社会发展实际需要,把提高立法质量放在更加突出的位置,加强自主性、先行性立法,提高立法的科学性、严谨性、针对性和可操作性,做到有特色和管用、好用。省人大常委会认真贯彻习近平同志指示要求,坚持问题导向,从实际出发、体现地方需求、突出地方特色,因地制宜确定立法项目、设定法规内容,切实提高立法的针对性和可操作性,增强立法的系统性和配套性,统筹立法的前瞻性和实践性,确保立出来的法规站得住、行得通、真管用。

2004 年 11 月 11 日,浙江省第十届人大常委会第十四次会议审议通过《浙江省农民专业合作社条例》,这是我国第一部农民专业合作社地方性法规。随着改革开放的推进,在坚持以家庭承包经营为基础的双层经营体制下,浙江省农村出现了以农民为主体、产品为纽带、服务为宗旨、民主决策为原则、农民增收为目标的多种形式的农民专业经济组织。这在当时是个新生事物,不仅法律上没有应有的"名分"、市场上没有准入资格,就连一些信贷、税费优惠、财政补助等基本权利也享受不到。为从制度上引导农民专业合作社健康发展,省人大常委会开展创制性立法,制定了这部农民专业合作社条例。条例立足于浙江实际,注重体现特色和制度创新,赋予合作社市场主体地位,规定合作社依照本条例规定登记取得法人资格,依法独立承担民事责任;确认了股份制的结构,规定单个社员或者社员联合认购的股金最多不得超过股金总额的 20%,并着重规范股权行使,规定社员(代表)大会表决一般应当实行一人一票,也可以按交易额与股金额结合实行一人多票等方式进行,从而确保农民的主体地位。广大农民通过自愿组建合作社参与市场竞争,克服了家庭承包经营责任制的不足,能够更好地应对市场风险,促进了农村经济发展和社会进步。条例在浙江农村产生了巨大而深远的影响,被称为浙江农村的"第二次革命",促进了传统农民向职业农民的转型,许多内容被其后的国家农民专业合作社法所吸收。

1995 年 12 月 26 日,浙江省八届人大常委会第二十五次会议通过《浙江省实施〈中华人民共和国消费者权益保护法〉实施办法》。2000 年 10 月 29 日,省九届人大常委会第二十三次会议对实施办法作了第一次修订。2017 年 3 月 30 日,省十二届人大常委会第三十九次会议对实施办法作了第二次修订。实施办法的两次修订,可以说是省人大常委会坚持问题导向,开展特色立法,提高法规的操作性、实践性的又一次典范。

第一次修订,省人大常委会立足加大消费者权益保护力度的原则,加强调研论证,加强制度创新,并就立法中争论比较激烈的问题召开了省人大历史上第一次立法听证会,充分听取各方意见,最终将实施办法调整范围扩大到医患关系、商品房以及供水、供电、供气等公用领域,并对消费争议小额仲裁、精神赔偿等作了可操作的规定。这些制度创新,受到广大消费者的支持和欢迎,引起社会各界广泛关注,被媒体称为我国"最保护消费者"的地方性法规,浙江省消费者被称为"最幸福的消费者",省人大法制委员会还因此被中央电视台授予首次"3·15"贡献奖。

第二次修订,省人大常委会深入贯彻科学立法、民主立法、精细立法的要求,立足我省经济社会发展和消费者权益保护的实际情况和需要,围绕消费领域的新情况、新问题,先后召开各类座谈会论证会近50次、外出调研座谈20余次、修改法规草案30多稿,最终对预付卡、网络购物、营利性培训、家用汽车、医疗美容、快递等与群众生活密切相关且消费投诉较多的领域作了专门规范,进一步明确了经营者的责任,促进提高商品和服务的质量。其中,有关经营者发放预付凭证的条件、最高限额、终止经营后的处理,消费者退换家用汽车的条件,二手汽车经销商的责任,全装修商品房的规定等许多内容在全国都是首创,获得了广泛好评,确保我省消费者权益保护工作继续走在前列。

五、坚持以人为本,完善社会治理

浙江省是我国改革开放的先发省份,各种新情况、新问题层出不穷,给社会治理带来了许多新课题、新挑战。地方立法作为一项重要的制度供给,在构建法治政府,健全社会治理体系过程中具有举足轻重的作用。省人大常委会在立法中注重以人为本理念,遵循法治思维,坚持依法治理,加强法治保障,把体现人民利益、反映人民愿望、维护人民权益、增进人民福祉落实到立法全过程和各方面,重点处理好权力与权利、权力与责任的关系,注意对行政权力的规范、制约和监督,科学合理协调利益关系、凝聚社会共识,确保行政机关依照法定的权限和程序正确行使权力,确保自然人、法人和其他组织的合法权利免受不当侵害,促进国家治理体系和能力的现代化,让人民群众有更多的获得感和幸福感。

2014年5月29日,浙江省人大常委会审议通过了《浙江省国有土地上房屋征收与补偿条例》。这是国务院《国有土地上房屋征收与补偿条例》实施以来出台的第一部关于国有土地上房屋征收与补偿的省地方性法规。省人大常委会在立法中坚持权力和权利相平衡,兼顾公平与效率,确立房屋征收与补偿应当遵循决策民主、程序正当、补偿公平、结果公开的原则,在注重保障政府征收程序顺利进行的同时,强调充分保护被拆迁人的合法权利，确保征收工作法治化、阳光化。条例明确了因旧城区改建需要征收房屋的，需经 90％以上被征收人同意，方可进行旧城区改建；规定了产权调换房屋的交付期限和延期交付的经济补偿责任；建立了最低补偿制度，对被征收房屋建筑面积小于最低补偿建筑面积且属于低收入住房困难家庭的被征收人，区分补偿方式给予相应的住房保障；规定了被征收人选择房屋产权调换的，用于产权调换房屋的建筑面积不小于最低补偿建筑面积；强调尊重被征收人的意愿和遵循公开、透明和公正的原则，选定房地产价格评估机构；完善了征收补偿方案的具体内容、征求公众意见的程序，完善了听证会的召开、听证参加人的产生和选定办法等内容。条例的出台，对于规范浙江省国有土地上房屋征收补偿行为，维护公共利益，保障被征收人的合法权益起到了积极作用。

2016 年 3 月 31 日，浙江省十二届人大常委会第二十八次会议对《浙江省流动人口居住登记条例》进行修订。流动人口为浙江省经济社会发展作出重要贡献，但流动人口总量过大、增长过快、文化程度偏低等问题突出，给浙江省产业结构调整和经济转型升级、社会治安与社会稳定以及人口资源环境可持续发展带来相当大的压力和挑战。完善和创新流动人口管理服务，是实现浙江省经济社会高质量发展的重要任务。条例修订充分研究吸纳各地各方面的意见，突出人性化、便民性的特点，改暂住登记为居住登记，创建居住证制度，规范居住登记行为，统一流动人口信息管理，明确持证人依法享受劳动就业，参加社会保险，缴存、提取和使用住房公积金，参与社会事务等权益，并强化政府主动服务职能，规定公安机关应当拓展流动人口信息申报采集方式，通过手机客户端、互联网等信息化手段，方便流动人口、有关单位和个人申报居住登记、变更登记和报送相关信息方便流动人口居住登记，不得收取费用，从而进一步加大流动人口权益保护，提升社会治理能力。

潮平两岸阔，风正一帆悬。中国特色社会主义进入新时代，地方立法也面临新形势、新任务、新挑战、新机遇。浙江省人大及其常委会将一如既往,在浙江省委的有力领导下,坚持以习近平新时代中国特色社会主义思想为指导,认真贯彻落实党的十九大、省第十四次党代会精神,围绕"五位一体"总体布局和"四个全面"战略布局,按照习近平同志提出的"秉持浙江精神,干在实处、走在前列、勇立潮头"的要求,立足省情,体现特色,突出重点,发挥人大立法主导作用,提高立法的针对性、及时性、系统性和可操作性,为浙江省奋力推进"两个高水平"建设提供有力的法治保障。

第三章

坚持依法行政，推进浙江省政府法治建设

自党的十一届三中全会确定以经济建设和改革开放作为国家的基本方针、路线以来，浙江省委、省政府认真贯彻实施依法治国基本方略，大力推进"法治浙江"建设，不断提高依法行政能力。各级政府认真贯彻落实中央和省委关于依法治国、依法执政、依法行政的决策部署，紧扣深入推进依法行政、加快建设法治政府这条主线，积极推进政府各项工作的法治化，有力提升了人民群众合法权益保障水平，促进了经济发展和社会和谐稳定。

第一节　浙江省政府法治建设发展脉络

法律得到有效实施和执行，对于施政治国具有至关重要的意义，只有政府带头守法，国家才能在法治的轨道上有序发展。习近平新时代中国特色社会主义思想是新时代法治政府建设的指导思想，习近平同志就依法行政与法治政府建设发表了一系列重要讲话，强调了依法行政与法治政府建设在全面依法治国战略中的重要性。认真学习贯彻习近平关于法治政府建设的讲话精神，浙江省历届省政府都重视依法行政，规范政府行为，着力推进行政管理体制改革和行政执法改革，法治政府建设成绩显著。

一、浙江省政府法治建设发展脉络

回顾新中国 70 多年历程,浙江省地方政府法治建设经历了三个发展阶段。

(一)社会主义革命与建设时期

1949 年到 1956 年是新中国法治建设的奠基与初创阶段。1949 年 5 月到 1956 年 12 月是我国基本完成社会主义改造时期。浙江省这一阶段的政府法治的发展,主要围绕社会主义推进和保障社会主义改造展开,包括依法消除旧社会旧制度的顽瘴痼疾,进行政府法治建设的初步探索。新中国成立初期,国家颁布了临时宪法性质的文件——《中国人民政治协商会议共同纲领》,通过了《中华人民共和国中央人民政府组织法》《中央人民政府政务院及所属各机关组织通则》《大行政区人民政府委员会组织通则》《省人民政府组织通则》《市人民政府组织通则》《县人民政府组织通则》《乡(行政村)人民政府组织通则》等,明确了各级行政机关的产生方式、组织机构和权限。1954 年 3 月 17 日,《中华人民共和国宪法》颁布。1954 年《宪法》规定地方各级人民政府是地方各级人民代表大会的执行机关,是地方各级国家行政机关,依照法律规定的权限管理本行政区域的行政工作。以 1954 年《宪法》为依据,浙江省构建起政府法治建设的目标。1956 年党的八大召开,"有法可依,有法必依"的法制观念得到认识。这一时期全国制定的法律有 730 件左右,浙江省的依法行政与政府法治建设有了初步的法律制度基础。1957 年到 1966 年,属于法治的徘徊期。法律在社会治理中的效力得不到彰显,党的政策、领导人的讲话是政府管理的主要依据。总体而言,社会主义革命与建设时期,是浙江省政府法治建设奠基与初步探索阶段。

(二)改革开放与社会主义现代化建设时期

改革开放以来,浙江省政府法治建设紧紧依托国家法治建设的进程。伴随着我国社会主义法律体系的基本形成,浙江省结合市场化发展、改革和推进的客观需要,严格遵循国家的法律制度,主要通过实施国家的法律制度和地方的具体政策来保障和引导市场化改革。

1990 年正式实施的《行政诉讼法》对法治政府建设起到了非常重要的推进作用。1996 年,浙江省委根据中央依法治国的基本方略,提出了"依法治省"的要求决定,并于 2000 年正式作出了《关于进一步推进依法治省工作的决定》,就民主制度建设、地方立法、依法行政、公正司法、法制宣传教育等领域作出了具体部署。2002 年党的十六大以后,浙江省委把法治建设作为实施"八八战略"和建设"平安浙江"的一项重要内容,摆到突出位置来抓,与之密切相关的政府立法、行政执法、法制监督等政府法治工作的进程不断深化。2004 年,国务院发布了《全面推进依法行政实施纲要》,明确了此后 10 年法治政府建设的指导思想、基本原则、主要任务和具体措施。2006 年 4 月,浙江省委作出了《关于建设法治浙江的决定》,该决定提出:认真贯彻国务院《全面推进依法行政实施纲要》,按照职权法定、依法行政、有效监督、高效便民的要求,加强法治政府建设,并提出三项具体任务为:深化行政体制改革,全面推进依法行政,建设一支政治合格、懂法守法、严格依法行政的公务员队伍。改革开放与社会主义现代化建设时期,浙江省政府法治建设走在全国前列。

(三)全面推进政府法治建设新时代

党的十八大以来,在以习近平同志为核心的党中央全面依法治国的新理念新思想指引下,浙江省全面深化"法治浙江"建设,全力打造法治中国的先行示范区,依法行政与法治政府建设取得显著成绩。党的十八届四中全会作出《关于全面推进依法治国若干重大问题的决定》,提出"深入推进依法行政,加快建设法治政府"的一系列要求。中共中央、国务院《法治政府建设实施纲要(2015—2020)》在此基础上进一步明确,法治政府建设的总体目标是"经过坚持不懈的努力,到 2020 年基本建成职能科学、权责法定、执法严明、公开公正、廉洁高效、守法诚信的法治政府"。党的十九大进一步提出更高的要求:从 2020 年到 2035 年,人民平等参与、平等发展权利得到充分保障,法治国家、法治政府、法治社会基本建成,各方面制度更加完善,国家治理体系和治理能力现代化基本实现。

二、浙江省政府法治建设的历史经验

改革开放 40 多年来,浙江省历届省委、省政府坚持一张蓝图绘到底,一任接着一任干,一以贯之地推进依法行政与法治政府建设,形成了一系列法治政府建设领域的浙江经验。

首先,政府法治建设紧紧抓住市场化改革的进程,通过与市场的良性互动,不断转变行政管理体制和政府职能。浙江省是全国市场经济先发地区,经济社会的率先发展对各级政府全面履行职能、提高行政效率、强化政府责任、加强自身建设提出了更高要求。

综观多年来全省的政府法治工作,都与经济的市场化改革密切相关。一是在政府立法上,更侧重于经济、劳动与社会保障、资源环境保护、社会管理等方面,为全省经济、社会发展提供制度保障。二是在政府与市场、政府与社会、政府与企业关系上,通过贯彻执行《行政许可法》和颁布实施《浙江省行政审批暂行规定》《浙江省政府投资项目管理办法》等制度规范,进一步规范行政许可行为。三是为更有力地促进县域经济发展,浙江省在义乌市开展了下放经济、社会管理权限的试点工作,收到了良好的效果。目前类似的赋权改革已拓宽到中心镇乡。

其次,政府法治工作着重通过制度安排和制度创新,突出重点,以点带面推进依法行政发展。近年来，全省先后通过行政审批制度改革、行政执法监督、行政执法责任制、相对集中行政处罚权试点等重大制度改革和创新来推进政府法治工作。各地根据实际情况，纷纷探索制度创新。如金华市公安局的行政自由裁量基准制度、温州的行政首长出庭应诉制度、温岭的公众直接参与政府投资项目决策制度、杭州的复议协调制度、宁波的规范性文件"二审制"和"季度公告制"、舟山的"三级联动"网上办理审批、象山的行政许可职能归并制度等。这些制度创新，为全省推进政府法治工作提供了良好的制度环境和氛围，也为全面和整体推进政府法治工作找到了突破口。

最后，政府法治工作推进与市场经济发展过程中相对人维权意识的提高互促互进。浙江省的市场发育较早，市场的健康、快速发展离不开政府公权力的规范、引导、调控和激励。市场经济本质上是权利经济，行政相对人在市场参与过程中，逐步增强了平等意识、维权意识和竞争意识，更加重视自己的权利救济和保护。一旦行政机关违法行政而侵犯其利益，相对人往往就会用法律手段来维护自己的权益，这种权利意识和维权意识，客观上迫使行政机关不断提高依法行政的能力和执法人员的法律素质。

改革开放40多年来，特别是党的十八大以来，浙江省认真学习贯彻落实习近平同志关于法治的系列重要论述，全面深化"法治浙江"建设，提出在全国率先基本建成法治政府的奋斗目标，浙江省法治政府建设持续走在全国前列。

第一，依法行政与法治政府建设必须紧紧围绕经济建设这个中心，主动融入当地党委和政府工作大局，与经济、社会保持协调发展。法治政府作为经济社会发展的促进力量和保障力量，必须根植于现实的经济发展水平和条件，要通过建立健全有效的制度规则，积极稳妥地运用制度规范解决各类问题和矛盾，坚持政府法治工作与经济社会发展相适应。

第二，依法行政与法治政府建设必须与政府职能转变和深化行政管理体制改革有机衔接。近年来,浙江省通过依法行政促进政府职能不断向经济调节、市场监管、社会管理和公共服务方向转变,更加关注民生和社会体系保障,同时也为行政管理体制改革和政府职能转变提供了创新空间。

第三,依法行政与法治政府建设必须要加强制度建设和制度创新。邓小平同志曾经说过:制度带有根本性、全局性、稳定性和长期性。近年来,杭州、象山等地实行的重大事项行政决策预公开制度是对健全行政决策机制方面富有建设性的大胆探索;温岭市泽国镇以协商民主为本质特征的民主恳谈会制度是富有开创性的民主决策机制。这些制度安排和创新,对推进政府法治工作,实现法治政府和"法治浙江"的目标意义深远。

第四,依法行政与法治政府建设必须坚持政府立法、行政执法、行政监督和预防化解行政争议并重原则,相互协调,整体推进。政府立法是政府法治工作的前提,行政执法是政府法治工作的关键,行政监督是政府法治工作的保障,预防和化解行政争议、保护人民群众合法权益是政府法治工作的根本目的,必须将上述四个环节统一起来,整体推进。

第五,依法行政与法治政府建设必须将加强政府法制机构建设和提高执法者的法律素质有机结合。经济体制改革的不断推进和利益格局的多元复杂并存、人民群众民主法治意识的不断增强与各种社会矛盾的凸显并存,这些都要求加强政府法制机构建设,要求不断提高执法者的法律素质,切实提高政府机关依法履职的能力和水平。

第二节 坚持党的领导,推进政府职能转变

加快建设法治政府,必须充分发挥各级党委的领导核心作用,坚持党的领导,人民当家作主,依法治国有机统一,把法治政府真正摆在全局工作的突出位置。历届浙江省委、省政府高度重视依法行政和法治政府建

设工作，坚持把党的领导作为根本保证，始终把加强党的领导作为推进法治政府建设的组织保障和行动指南，从全局和整体上统筹推进法治政府建设。

一、坚持党的领导是建设法治政府的根本保证

坚持党的领导是法治政府建设的核心和根本，是深入推进依法行政的坚强政治保证。坚持党的领导，是社会主义法治的根本要求，是全面推进依法治国的题中应有之义，要把党的领导贯彻到依法治国全过程和各方面。党在整个国家治理中处于总揽全局，协调各方的领导核心地位。

(一)党委总揽全局，明确工作目标

根据浙江省实际，省委在 2006 年 4 月召开的十一届十次全会上作出了建设"法治浙江"的决定，率先发出建设区域法治的动员令，其中对加强浙江省法治政府建设提出了明确要求。党的十八届四中全会作出全面推进依法治国若干重大问题的决定后，省委在第一时间召开会议，认真贯彻落实中央关于法治建设的最新部署和习近平同志关于法治建设的重大论断，在认真总结"法治浙江"建设的成就经验和深刻分析当前法治建设面临的形势任务的基础上，作出了关于全面深化"法治浙江"建设的重大决策部署。

(二)政府严格落实，细化任务措施

历届省政府按照中央和省委的决策部署，认真落实"法治浙江"建设的各项任务，成立了依法行政工作领导小组，确立了行政首长为依法行政第一责任人和依法行政情况定期报告等一系列制度，每年就推进依法行政和建设法治政府作出具体工作部署。2014 年 2 月，省政府专门召开全

省推进法治政府建设电视电话会议,提出要加快构建以法治为基础的现代政府治理体系。党的十八届四中全会和省委十三届六次会议后,省政府研究制定了《关于深入推进依法行政加快建设法治政府的实施意见》,提出到 2020 年率先基本建成法治政府的目标,明确了浙江省法治政府建设的 108 项重点工作任务。党中央、国务院印发《法治政府建设实施纲要(2015—2020 年)》后,省政府专题召开省全面推进依法行政工作领导小组会议,对浙江省已出台的各项任务措施进行再对照、再细化,并研究制定了《2016 年法治政府建设工作要点》。

(三)健全领导干部学法制度,加强法治政府建设考核评价

认真落实中办、国办印发的《党政主要负责人履行推进法治建设第一责任人职责规定》,省政府主要负责人认真履行推进法治政府建设第一责任人职责,并多次对建设法治政府、提高政府公信力提出明确要求。省政府带头建立法律学习专题会制度、组织法治政府建设专题讲座、健全政府法律顾问制度等,积极引导全省各级政府领导干部不断提高运用法治思维和法治方式的能力水平。各地、各部门结合工作实际,以党委(党组)理论学习中心组学习、常务会议学法、专题讲座、领导干部任前培训考试、公务员培训考试等形式开展学法活动。严格落实领导干部学法制度,实现公务员学法用法轮训、年度公务员法律知识考试等制度全覆盖。2017 年举办全省党政领导干部依法执政专题研讨班,省市县乡党政领导及省、市有关部门班子负责人近 8000 人参加培训。

二、依法加快转变政府职能

建设法治政府,科学确定并依法履行政府职能至关重要。习近平同志在十八届中央政治局第十五次集体学习时的讲话(2014 年 5 月 26 日)

中指出："该管的事一定要管好、管到位，该放的权一定要放足、放到位，坚决克服政府职能错位、越位、缺位现象。"加快转变政府职能是深化行政体制改革的核心内容，是撬动经济社会其他领域改革的重要路径，也是构建更加有限、有为、有效的现代政府治理体系的必要要求。改革开放40多年来，浙江省科学界定政府与市场社会的关系，以及国家权力与社会权利的关系，合理划定政府功能与市场功能的界限，推进机构、职能、权限、程序、责任法定化。

（一）围绕简政放权、放管结合，持续推进行政审批制度改革

全省大幅度减少行政审批事项。进入2000年以来，为了巩固行政审批制度改革成果，浙江省规范各级政府及其行政管理部门的行政审批行为，进一步加强对抽象行政行为和行政许可行为的监督检查，省政府又分别于2001年、2004年先后发布实施了《浙江省行政审批暂行规定》和《浙江省行政许可监督检查办法》等政府规章，从源头上加强了对行政行为的监督，防止和减少行政违法行为的发生。2012年以来，在全国率先开展新一轮行政审批制度改革，省、市、县三级联动全面清理审批事项，全省行政许可事项减少到554项（其中省本级实际执行事项减少到283项，委托市县执行89项；市级执行事项减少到256项；县级执行事项减少到234项；其他如国家级经济开发区管委会等主体执行事项减少到26项）。全面清理非行政许可审批事项，全省不再保留非行政许可审批事项权力类别。持续开展地方性法规涉及行政审批规定清理工作，省级地方性法规所设行政许可事项减少到12项，并印发全省行政许可事项目录。全面启动清理省级行政审批中介服务事项，已减少28项，限制适用范围四项，保留项目中绝大部分明确了提速和降低收费的目标要求。开展企业独立选址投资项目50天高效审批改革试点，推进企业"零地"技改项目不再审批的改革。为加强放管结合，着力推进事中事后监管，出台《关于深化审批

制度改革切实加强事中事后监管的意见》。制定发布全省行政许可事项目录,全省行政许可事项从 2016 年底的 516 项减少到 459 项。制定实施"区域能评、环评＋区块能耗、环境标准"改革指导意见,开展德清"标准地"改革试点。在全省范围内推行 20 个领域证照联办、12 个事项"多证合一、一照一码"改革。加快相对集中行政许可权试点。深入推进涉政中介机构改革,建立健全全省统一的网上中介超市。

(二)围绕职权法定、清权晒权,推行"四张清单一张网"改革

从 2013 年底开始,在全国率先开展"四张清单一张网"建设。在权力清单方面,推进权力清单"瘦身",清理后明确 57 个省级部门直接行使的权力 1973 项,推动权力清单向乡镇街道延伸,确定乡镇权力事项 167 项、街道权力事项 92 项;出台《浙江省人民政府部门权力清单管理办法》和《关于深化权力清单责任工作的意见》,建立健全权力清单动态调整机制、考核评价机制、监督检查机制以及与浙江政务服务网的衔接机制等,对省级部门暂予保留的行政权力进行"二轮清理"。在责任清单方面,推进责任清单"强身",出台《浙江省人民政府部门职责管理办法》,明确省级 43 家单位 543 项主要职责,市级主要职责 490 项左右,县级主要职责 550 项左右。在企业投资负面清单方面,推进清单管理方式创新,制订政府核准投资项目目录年本,列明企业不能投资的领域、产业和需要核准的投资项目,列明国家核准、省级核准和市、县(市、区)核准的权限范围,负面清单之外的项目,政府不得再审批。在财政专项资金管理清单方面,推进资金管理"升级",明确省级部门一般不再直接向企业分配和拨付资金,不再直接向企业收取行政事业费,改革后省级财政转移支付专项由 235 个整合为 54 个。在"一张网"方面,推进政府服务整合,开通全省政府政务服务网,通过权力事项集中进驻、网上服务集中提供、信息资源集中共享,实现省市县三级一体化建设与管理。

（三）以"最多跑一次"改革为抓手，深入推进"放管服"改革

推进"最多跑一次"改革，是践行以人民为中心发展思想的具体行动，是"四张清单一张网"改革的再深化再推进，是"放管服"改革的浙江探索、浙江实践。2016 年，浙江省委经济工作会议首次公开提出"最多跑一次"改革。2017 年，浙江省政府工作报告正式提出浙江实施"最多跑一次"改革。浙江省公布了《加快推进"最多跑一次"改革实施方案》《浙江省公共数据和电子政务管理办法》，对改革规范进行整体部署和实施，增创浙江省经济社会发展的体制机制新优势。2017 年 2 月底，全省各级各部门已经公布第一批"最多跑一次"事项 40961 项。2017 年 3 月底前，浙江省梳理完成企业和群众到政府部门办事"最多跑一次"事项，其中省级单位 958 项（省直单位 695 项，直属部门在浙单位 263 项），设区市本级平均 1002 项，县（市、区）平均 862 项。5 月，中央办公厅信息专刊印发浙江省"最多跑一次"改革经验做法，充分肯定浙江省"最多跑一次"改革。2017 年 9 月，国务院办公厅对浙江省"最多跑一次"经验做法给予通报表扬。2018 年 1 月 23 日，中央全面深化改革领导小组第二次会议召开，专门听取了浙江省"最多跑一次"改革调研报告，中央深改办建议向全国复制推广浙江经验。2018 年 1 月，中央全面深化改革领导小组审议了《浙江省"最多跑一次"改革调研报告》并予以肯定。2018 年 2 月 28 日，《中共中央关于深化党和国家机构改革的决定》指出：打破"信息孤岛"，统一明确各部门信息共享的种类、标准、范围、流程，加快推进部门政务信息联通共用。2018 年 2 月 28 日，浙江省省级办件量前 100 种高频事项已实现系统对接和数据共享，全面实现"最多跑一次"。打通"信息孤岛"、实现信息共享取得实质性突破。2018 年 3 月，"最多跑一次"被正式写入政府工作报告。

"最多跑一次"指的是，群众和企业到政府机关办理行政审批和政府

公共服务等涉民涉企事项,在申请材料齐全、符合法定要求时,能够少跑、最多跑一次甚至不跑,实现特定事项或环节一次性办成事。核心的做法,以行政审批为例:网上申报、网上预审、"一窗受理",并联审批、多级联动,邮寄送达,必要时上门服务。实施统一接件、一窗进出的服务新模式,变"群众跑腿"为"数据跑腿",让部门内部转、干部转代替群众转,切实提高群众的满意度和获得感。投资项目审批、商事登记、不动产交易登记、医保社保、公安服务、其他综合事务等板块,实行"前台综合受理、后台分类审批、综合窗口出件"的全新工作模式。

浙江省大力推进"最多跑一次"改革,深化"放管服"改革,全面梳理和规范各类办事事项,优化办事流程,推行"一窗受理、集成服务、一证通办"。积极推进事项网上办理、证照快递送达,省市县50%以上的事项开通了网上办理。深入开展减证便民专项行动,建成省市县投资项目在线审批监管平台2.0版。2017年底,省级"最多跑一次"事项达665项,设区市本级平均达755项,县(市、区)平均达656项,全省"最多跑一次"实现率达87.9%,办事群众满意率达94.7%。

(四)围绕理顺关系、权责一致,稳步推进综合执法体制改革

全省逐步探索相对集中行政处罚权工作,从2001年开始,依据《行政处罚法》的有关规定,经国务院批准相继在杭州、宁波、温州三市开展城市管理领域相对集中行政处罚权工作试点。2002年《国务院关于进一步推进相对集中行政处罚权工作的决定》(国发〔2002〕17号)下发后,省政府根据国务院决定的精神,积极稳妥地推进行政执法体制改革。从实践效果看,实施相对集中行政处罚权改革,明确了城市管理执法主体,整合了执法力量,精简了执法队伍,基本解决了城市管理领域中职责交叉、多头执法、重复处罚等现象。

在此基础上,浙江省法制办会同省编委办公室开展综合行政执法试

点工作。2006 年,根据国务院办公厅《转发中央编办关于清理整顿行政执法队伍实行综合行政执法试点工作意见的通知》(国办发〔2005〕56号),省政府批准在衢州市及两个区、义乌市开展了综合行政执法的试点。2008 年,在全国率先出台规范相对集中处罚权的第一个地方性法规《浙江省城市管理相对集中处罚权条例》。在 2009 年义乌市佛堂镇开展"大综合执法"试点的基础上,全省小城市和中心镇综合执法工作稳步推进。积极推进相对集中行政处罚权工作向城市管理以外的领域延伸。2013年,北仑开展"城乡一体化"综合执法试点,将原来分属 11 个行政执法机关,涉及殡葬、农林、食药监等逾 30 个行政执法领域的 531 项行政处罚事项,划转到该区城市管理行政执法局集中行使。嘉善县推行县域综合执法试点,将 22 个部门的行政处罚权限集中到县综合行政执法局行使。2015 年,省政府出台《关于深化行政执法体制改革全面推进综合行政执法的意见》和相关的实施意见,要求在全省各市、县(市、区)实现综合行政执法全覆盖,大力推进综合执法。浙江省在全国率先启动"大综合、一体化"行政执法改革,印发《关于加快推进大综合一体化行政执法改革的实施方案》,全面高效推进"大综合、一体化"行政执法改革。

推进行政执法体制改革,加强综合执法规范化建设。组织开展"基层治理四平台"建设,整合条块力量,下沉执法力量,形成了综治工作、市场监管、综合执法、便民服务四个功能性工作平台,大部分事项在乡镇层面解决。完善统一的政务咨询投诉举报平台,2017 年全省共接收各类咨询投诉举报事项 633.8 万件,办结率达 99.6%。

三、立足地方实际,大力加强政府立法与制度建设

政府立法和制度建设是依法行政的基础性工作。改革开放 40 多年来,浙江省立足本省经济社会发展实际,大力加强政府法治工作,依法有效开展政府立法及行政规范性文件制定及监督工作,浙江省依法行政规

范化体系建设走在全国前列。

(一)政府立法与制度建设发展历程

回顾改革开放以来浙江省政府地方立法的发展历程,可以党的十一届三中全会召开、《行政诉讼法》制定实施以及十六大召开为标志,大致可以分为三个阶段。

1.起步和恢复阶段(1978—1990 年)。1982 年全国人大审议通过《地方组织法(修正案)》赋予省级政府、省会市政府和较大的市政府有权制定规章,政府规章在国家立法体系中的地位得到确立。其间,全省共颁布127 件省政府规章,其中,经济管理类政府规章共 82 件,所占比例为65%,社会管理类政府规章共 22 件,所占比例为 17%,内容涉及经济管理、城镇建设、资源保护、工商登记、环境保护、农林水利、财税金融、计划生育、劳动人事等多个领域。

这一时期,制定的政府规章主要有以下几个特点:一是颁发形式为行政规范性文件,暂行办法与试行办法的比例高;二是以促进经济发展为中心,侧重于经济、商贸领域的管理,主要是加强经济建设,改革计划经济制度,规范对象较为单一,注重设定管理责任和明确义务;三是立法程序简单,社会公众参与不足,规章的公布与备案没有法定化。

2.发展和规范阶段(1991—2002 年)。随着改革开放的深入发展,地方政府在经济发展中发挥的作用越来越重要,行政权的扩张和行政管理功能转轨越来越突出。1990 年 10 月 1 日起施行的《行政诉讼法》,实质是通过行政诉讼制度实现司法对行政权的制约,以事后救济的方式维护行政管理相对人的权利,防止和限制行政权的扩张。

浙江省政府从 1990 年 5 月起改变了用行政规范性文件形式发布政府规章的做法,规定凡省政府发布的规章一律由省长签署,用省政府令的形式发布。据统计,1990—2002 年,省政府共制定规章 137 件,其中,经济管理类政府规章共 81 件,所占比例为 59%,社会管理类政府规章共41件，所占比例为30%。为完善政府行政管理体制的要求，出台了行政执法监督办法、行政复议实施办法、行政处罚听证程序实施办法、行政审批暂行规定、浙江省人民政府行政机构设置和编制管理办法等政府规章。为发展经济、完善市场经济管理，出台了外商投资企业登记管理办法、华侨和港澳同胞投资规定、外商投资企业和外国企业免征地方所得税的若干规定、取缔无照经营暂行办法、制止牟取暴利暂行办法等政府规章。

这一时期，制定的政府规章主要特点：一是规章制定趋向规范，明确了规章的制定程序和权限。二是明显强化了对行政相对人权利的保护，注重权责一致，同时强调责任与救济均衡，为浙江省经济的快速发展提供良好的法制环境。三是坚持立法决策与改革、发展、稳定的重大决策相结合，围绕中央和省委的发展战略部署，将中央和省委、省政府方针通过法定程序转化为法律规范。

3.提高和深化阶段（2003年至今）。以党的十六大召开为标志，这一时期，浙江省政府地方立法的基本特征是落实科学发展观，全面推进依法行政。2003年和2004年《行政许可法》和《全面推进依法行政实施纲要》分别获得通过，对地方政府法治工作起到了重要的推动作用。

新时期的地方立法工作围绕构建社会主义和谐社会目标，深入实施省委"八八战略"，建设"平安浙江"和"法治浙江"的要求，有了全面提高和深化。这一阶段，省政府共制定规章94件，其中，经济管理类政府规章共54件，所占比例为57%；社会管理类规章37件，所占比例为40%。如制定了新型墙体材料开发利用管理、散装水泥管理、突发公共卫生事件预防与应急、艾滋病性病防治、中小学校学生人身安全事故预防与处理、归正人员安置帮教工作、能源利用监测、城镇廉租住房保障、经济适用住房管理、企业信用信息征集和发布、建筑节能、节约用水办法等规章。制订了水资源管理、大气污染防治、海洋环境保护、固体废物污染环境防治、失业保险、劳动保障监察、安全生产、非物质文化遗产保护等条例草案。

（二）政府立法的发展特点

综观浙江省政府地方立法发展历程及其与改革开放的关系，主要遵循市场化和法治化两条主线，有以下几个明显的发展特点与趋势。

1.对政府与市场的关系处理方面，着重从立法上保障从主要靠行政权来维护行政管理秩序向主要靠市场机制来配置社会资源转变。

2.政府规章以经济管理类为重点，向经济管理类与社会管理类并重发展。社会管理类政府规章所占比例从第一阶段的 17％，上升到第二阶段的 30％和第三阶段的 40％。

3.从约束机制向制约与激励兼顾转变。政府规章在设定行政权时，从纯粹的命令、服务发展成为强制与激励并存，行政行为向多样化发展，行政指导、行政合同、促进措施得到了越来越广泛的运用。

4.立法在权利与权力的结构配置内容方面，从重权力、轻权利转变为权利与权力并重，权责一致、义务与救济对应原则得到进一步体现。在立法程序方面，从重实体、轻程序，重结果、轻过程的立法实践，向实体与程序、过程与结果并重转变。

（三）浙江省政府立法与制度建设的成绩

在市场改革的内生动力导引下，浙江省的地方立法工作始终围绕国家和省委、省政府在各个阶段的中心工作和重大决策部署，制定了一批高质量、有影响力的政府规章，充分体现了制度建设的保障和导向功能。

1.加强重点领域政府立法工作，促进经济社会协调发展。改革开放以来，浙江省政府地方立法围绕中央和省委的发展战略部署，坚持以经济立法为重点的同时，更加注重社会管理、环境资源保护方面的立法，把解决民生问题放在重要位置，切实解决广大人民群众最关心、最直接、最现实的利益问题。

浙江省践行"五大发展理念",围绕国家战略和"三改一拆""五水共治"等重点工作,研究制定了《温州民间融资管理条例》《浙江省违法建筑处置规定》《浙江省水污染防治条例》《浙江省人民政府关于下放行政审批事项推进舟山群岛新区建设发展的决定》《浙江省征地补偿和被征地农民基本生活保障办法》《浙江省医疗纠纷预防和处理办法》《浙江省投资预算管理办法》《浙江省重大行政决策程序规定》等关乎经济发展方式转变、民生保障、生态保护、社会管理和政府自身建设等方面的重要法规议案和规章,为解决经济社会发展中存在的一些深层次矛盾和问题提供了制度保障。

2.加强制度创新,不断完善政府立法工作机制。在坚持法制统一的前提下,注重制度创新。遵循国家法制统一是地方立法的根本前提。改革开放以来,浙江省市场体制先发优势使得经济社会发展走在全国前列,同时往往较其他省份早遇到新的矛盾和问题。因此,必然要求政府立法进行制度创新,充分发挥政府立法的探索作用,以解决地方的实际问题。例如,浙江省立足省情,在全国率先出台城乡一体的最低生活保障办法;为解决拖欠外来务工人员的工资问题,率先出台浙江省工资支付办法;为解决社会保险费的收支监督问题,率先出台了浙江省社会保险费征缴办法;为培育和规范社会中介,率先出台了浙江省社会中介机构管理办法等。这一系列制度创新既符合浙江实际,也为国家制度建设提供了有益的借鉴与参考。

制定《浙江省人民政府立法项目年度计划编制和实施工作规定》《浙江省人民政府规章解释工作规定》《地方性法规议案规章草案征求意见工作规定》《政府立法工作听证规则(试行)》《立法技术指导规范》《政府立法项目前评估规则》等。严格审核把关,在立法草案审核中,原则上不允许新设行政审批事项、不允许出现增加公民、法人和其他组织义务或者限制其权利的内容,从源头上严防部门利益法制化。改进立法工作方式。采取重大法规草案提前介入、草案重大问题修改协商等,加强与人大法工委和其他专门委员会的立法沟通协调;建立与省政协社法委开展立法民主协商机制,在《浙江省大气污染防治条例(修订)》和《浙江省餐厨废弃物管理办法》等起草审核过程中,开展立法协商;建立立法草案性别平等咨询评估机制,就《浙江省劳动人事争议处理条例》和《浙江省女职工保护办法(修订)》草案开展性别平等咨询评估。采取自我评估和委托第三方评估相结合等方式,对《浙江省能源利用监测管理办法》《浙江省环境污染监督管理办法》《浙江省社会消防组织管理办法》等进行立法后评估。积极拓展公众参与,每年通过省政府和省法制办门户网等渠道向社会公开征集立法项目建议和对立法草案的意见;对关系人民群众切身利益的草案,采取听证会、媒体恳谈会、座谈会、论证会等方式听取意见。成立省政府立法专家库,充分发挥专家咨询论证作用。制定《浙江省城镇生活垃圾分类管理办法》《浙江省电子商务条例》等法规案。

3.健全立法程序,提高政府规章质量。1996年省政府出台《浙江省人民政府制定地方性法规草案和规章办法》全面规范草案立项、起草、调研、征求意见、审查、审议、公布、备案等环节。《浙江省地方立法条例》出台后,地方立法的论证、听证制度得到进一步完善,公民、企业和其他组织参与政府地方立法的程度、范围和渠道不断扩大,有力保证了政府规章和地方性法规草案的质量。2017年,修订《浙江省人民政府地方性法规案和规章制定办法》,重要规章草案提请省委常委会审议。坚持开门立法,地方性法规草案和政府规章草案全部上网征求意见,重要立法草案采取座谈会、媒体恳谈会、论证会等方式听取意见。坚持立法协商、性别平等咨询评估等制度,提高政府立法质量,维护国家法制统一。

4.开展政府规章和行政规范性文件专项清理。为了保持政府规章与行政规范性文件的现实有效性,保持其与法律法规之间的协调性,改革开放以来,浙江省政府及时有效地清理了规章与行政规范性文件。1987年共废止省政府规章48件;行政处罚法实施后,共废止省政府规章2件,修改4件;2000年加入世贸组织后,共废止省政府规章14件;2004年行政许可法实施后,共废止省政府规章 9 件,修改 16 件;2007 年 5 月,共废止省政府规章 14 件,修改 3 件。

　　2010 年,按照确保形成有中国特色社会主义法律体系的要求,组织对规章和规范性文件进行全面清理,共清理现行有效规章 369 件,其中废止 30 件,重新修订 3 件,部分修改 51 件,适时加以全面修订 57 件;清理省政府及省政府办公厅下发的行政规范性文件 1811 件,其中继续有效 953 件,暂时保留 307 件,废止 369 件,宣布失效 182 件。2015 年,组织开展政府规章和行政规范性文件再清理,省本级和杭州、宁波共清理规章 400 件,废止 32 件,部分修改 49 件;清理历年来省政府及省政府办公厅下发的规范性文件 1540 件,继续有效 1356 件,宣布失效和废止 184 件,并建立了规范性文件数据库。除了上述集中清理之外,省政府每年对政府规章进行了全面修改,修改后以政府令的形式另行颁布或者提请省人大制定地方性法规。如 2017 年,全省共清理与"放管服"改革、"最多跑一次"改革、生态文明建设和环境保护等要求不相符的规章 78 件、行政规范性文件 5748 件,其中省政府规章"打包"修改 14 件、废止 5 件。

第三节　保障人民合法权益,规范行政权力运行

一、健全行政决策机制,推进科学、民主、依法决策

　　行政决策是政府行为的起点和枢纽。新中国成立以来,尤其是改革开放 40 多年来,浙江省政府围绕推进行政决策科学化、民主化和法治化,注重抓好顶层制度设计,注重从强化自身建设做起,形成了一套有利于科学民主决策的制度和工作机制。

第一,完善重大行政决策制度。省政府及时修订《政府工作规则》,要求各地、各部门完善规划修编调整、重大项目投资、土地等公共资源配置的议事规则和程序。各市政府修订完善了《政府工作规则》。加强重大行政决策程序制度规范,颁布《浙江省重大行政决策程序规定》,把公众参与、专家论证、风险评估、合法性审查、集体讨论决定确定为重大行政决策法定程序,建立健全重大行政决策跟踪反馈、评估和责任追究等机制。各地积极探索规范行政决策的有效方式方法,省市县三级全面推行重大民生决策民意调查机制,以公开信的方式征求为民办实事项目。

第二,全面推行政府法律顾问制度。浙江省制定《浙江省人民政府法律顾问工作规则》,成立省政府法律顾问组,聘请法律专家担任法律顾问,注重发挥法律顾问在政府立法、规范性文件合法性审查、重大案件处理以及其他政府法律事务方面的作用。出台《关于全面推行政府法律顾问制度的意见》。2015年底,全省省市县三级政府已全部聘请政府法律顾问,共计2352人;全省98.65%的乡镇街道聘请法律顾问。2017年底,省市县乡四级政府及主要部门已普遍建立法律顾问制度,全省共有政府法律顾问9000多人、公职律师近2000人。各地通过组织法律顾问参与法律事务审查、参与重大行政决策等形式,积极创新发挥法律顾问作用方式方法。

第三,加强行政机关合同管理。2013年,浙江省出台《关于规范行政机关合同管理工作的意见》,规范行政机关合同形式,实行事先合法性审查,建立档案、备案、报告和清理等制度。严格落实行政机关合同合法性审查工作,确保合同合法有效。2017年各级政府共审查各类合同5.2万件。

第四,加强行政规范性文件合法性审查和备案审查。从2008年起,由省法制办以合法性审查意见书的形式对省政府及办公厅拟发文件提出意见。成立行政规范性文件合法性审查专家组,建立了专家参与文件审查工作机制。加强规范性文件备案监督。2010年,省政府制定了《浙江省行政规范性文件管理办法》,全面推行行政规范性文件统一登记、统一编号、统一发布制度,完善行政规范性文件备案审查机制。2015 年,省市县三级共备案审查文件 6108 件,发现违法或不当文件 196 件,并及时予以纠正。加强规范性文件异议处理,对公民、法人或其他组织就规范性文件提出的异议,及时依法予以处理,积极回应社会关切。建立行政规范性文件合法性审查府院衔接机制。2015 年,省本级共办理公民要求审查文件合法性的异议申请 17 件。2017 年,省本级共对 245 件拟制发的行政规范性文件进行了合法性审查;组织审查备案文件 962 件,纠正问题文件 33 件。

二、坚持把行政执法规范化建设作为重要抓手,不断提升执法的公信力和执行力

执法事关国家政策和法律法规的贯彻落实,事关人民群众的切身权益,事关党委政府在人民群众心目中的形象。改革开放 40 多年来,浙江省政府一直把加强执法规范化建设作为推进依法行政的重要抓手,通盘考虑、整体设计,不断提高行政执法规范化水平。

第一,率先推行行政执法责任制。浙江省于 20 世纪 90 年代中期试行行政责任制,在 2005 年下发《关于进一步深化完善和全面推行行政执法责任制的实施意见》,2006 年初又制定下发了《关于行政执法责任制工作有关问题的指导意见》,要求各级政府和省级部门统一实施。2006 年以来,各地、各部门对行政执法主体资格、执法依据和执法职权进行了全面梳理,制定行政执法责任制实施方案并向社会公布;结合法律、法规、规章的立改废情况,适时调整公布行政执法主体、依据、流程。不少地方和部门制定执法指南、执法手册、执法流程图,印制行政执法行为规范手册,既便于行政执法人员具体适用,又方便了人民群众监督。制定《浙江省行政执法过错责任追究办法》,切实加强行政执法日常管理和考核,严格执

法责任制的落实,通过严格的责任追究倒逼依法行政、依法办事。

第二,规范行政执法行为。浙江省颁布《浙江省行政处罚裁量基准办法》,对行政处罚裁量基准的界定、制定和适用等方面问题予以明确。目前,省市县三级共 3389 个有行政处罚职能的执法部门全面开展并完成了规范行政处罚裁量权工作,各部门的行政处罚裁量权细化、量化标准均按要求向社会公布并报同级政府法制机构备案。《浙江省行政处罚结果信息网上公开暂行办法》颁布,行政处罚结果信息网上公布全面推行。2015年,全省各地、各部门在浙江省政务服务网上公开行政处罚结果信息590811 条,其中省级部门公开 338 条。加强行政执法程序规范,研究制定《浙江省行政程序规定》。注重改进执法方式。工商、质量技术监督等部门推行行政指导和说理性执法,落实教育与处罚相结合原则,通过行政提示、行政告诫、行政建议等提高行政执法效能。建立行政执法与刑事司法衔接工作机制,制定《加强全省行政执法与刑事司法衔接工作的实施意见》,建立行政执法与刑事司法衔接工作台账管理制度,加大对违法行为的惩处力度。全面推进行政执法公示、执法全过程记录、重大执法决定法制审核三项制度。完成宁波市重大执法决定法制审核制度试点工作。2017 年底,浙江政务服务网统一公告平台已公开行政审批等信息 5700多万条、行政处罚信息 160 多万条。全省已有 80% 的市、县(市、区)出台重大执法决定法制审核规程。省市县三级共有 3000 多个执法部门开展规范行政处罚裁量权工作。全省所有设区市和 90% 以上县(市、区)的综合执法人员配备执法记录仪。

第三,持续开展执法监督检查。全省每年选择若干执法重点领域,开展行政处罚案卷和行政许可案卷抽查评查,对发现的问题逐条进行点对点通报反馈,督促整改。在安全生产、环境保护、教育、劳动就业、食品安全等重点领域开展专项执法监督检查活动。组织省级有关部门对实施满一年的省政府规章施行情况进行自查、评查,完善有关工作制度和配套措施。

第四，严格执法人员资格管理制度，加强执法队伍建设。为了促进行政执法队伍建设，切实提高行政执法人员的执法能力和水平，根据《浙江省行政执法证件管理办法》，全省加强了对行政执法人员培训、资格、证件管理和持证上岗、亮证执法的监督检查。从 1997 年 10 月开始，全省按照统一部署、统一教材、分级培训、严格考试的原则，规定除法律、法规和国家部委规章以上规定的，并且由国家部委核发的行政执法证件继续有效外，全省其他各部门或市县政府自行规定和制作的行政执法证件一律无效，行政执法人员上岗执法必须统一使用由省政府制发的《浙江省行政执法证》或其他有效证件，自觉接受社会各界的监督。组织对全省各级行政机关执法人员进行综合法律知识培训和资格考试，迄今全省约 13 万余名行政执法人员通过培训考试，实行执证上岗。推行行政执法机关全员领证制度，全省取得《浙江省行政执法证》的行政执法人员共 14 万余人，持证率达 70% 以上。组织开展行政执法主体资格确认公告工作，全省确认公布行政执法主体 8674 个。加强执法辅助人员管理，明确执法辅助人员的适用岗位、职责权限等。

三、依法行政监督考核制度不断完善

监督考核是建设法治政府的有力指挥棒，改革开放 40 多年来，行政执法监督的制度不断完善。在法治政府建设的监督考核方面，浙江省走在全国前列。

(一)依法行政评议考核机制走在全国前列

2005 年 11 月，浙江省率先在全国建立了依法行政评议考核机制，制定了《浙江省依法行政工作考核办法(试行)》，将执行法律法规情况、行政决策、行政许可、行政处罚、化解行政争议和社会矛盾的防范机制建设、行政层级监督机制建设、行政执法责任制等，都纳入了依法行政的考评，基本上覆盖了行政行为的各个方面。2006 年开始依法行政工作考核,按照《浙江省人民政府关于贯彻落实全面推进依法行政实施纲要的意见》和《浙江省依法行政工作考核办法(试行)》的规定,全省全面推进依法行政工作领导小组办公室对 11 个设区的市政府和 47 个省级行政执法部门依法行政工作情况进行考核评价。各市政府也组织了对县(市、区)政府和本级政府所属部门的考评。通过依法行政考核评议,大大促进了各级政府和行政机关工作人员依法行政意识、观念的提高和各项工作的落实。

在依法行政工作考核的基础上,浙江省政府于 2013 年印发了《浙江省法治政府建设实施标准》。新的实施标准采取政府内部考评、专业机构评估、社会满意度测评三者相结合的方式,通过一系列具体指标对各市政府、各省直行政执法部门的依法行政工作和法治政府建设情况进行考核和评价,考评结果纳入政府目标责任制考核内容。2013 年 10 月 11 日,浙江省政府发布《浙江省法治政府建设实施标准》和《浙江省法治政府建设考核评价体系(试行)》,标准及考核评价是今后一个时期推进浙江省法治政府建设的重要抓手。

(二)行政执法监督的制度不断完善

1. 自觉接受监督。全省各级政府自觉接受人大法律监督、政协民主监督,认真执行向本级人大及其常委会报告工作制度、接受询问和质询制度,及时办理人大代表和政协委员的提案、议案。接受司法监督,尊重并自觉执行人民法院作出的生效判决和裁定,认真落实司法建议书。在全国率先出台行政机关负责人出庭应诉制度,全部开庭案件行政机关负责人出庭应诉率每年上升,经常性组织有关行政机关工作人员到法院旁听行政诉讼庭审。大多数设区的市出台了行政案件败诉责任追究制度。

2. 加强执法监督。为了促进行政执法机关和执法人员依法行政,保证法律、法规和规章的正确实施,1994 年 1 月 1 日省政府发布并实施了《浙江省行政执法监督办法》,以规章的形式规定了上级人民政府对下级人民政府、各级人民政府对所属行政执法机关和行政执法工作人员的行政执法活动，实施监督的范围、内容、程序和方式。制定出台《浙江省行政执法监督实施办法》，推广特邀行政执法监督员等制度。构建经济责任审计全覆盖平台，2017 年全年共审计全省各类单位近 2000 家。推进政府采购、政府和社会资本合作、招投标、招商引资、政府债务等重点领域的政务诚信建设。充分发挥举报箱、热线电话等作用，主动接受社会公众监督。

（三）全面推进政府信息公开

严格贯彻落实《政府信息公开条例》，颁布《浙江省政府信息公开暂行办法》，编制政府信息指南和目录，创建浙江政务服务网等政府信息公开平台，明确政府信息公开重点，完善政府信息主动发布机制，积极做好依申请公开工作，不断推进公共权力及其运行流程公开，自觉接受社会公众监督，方便人民群众的生产和生活。制定实施《浙江省全面推进政务公开工作实施细则》。细化政府信息公开目录，加大征地拆迁、保障性住房、食品药品、环境保护等重点领域信息主动公开力度。组织开展基层政务公开标准化、规范化试点。

四、完善矛盾纠纷行政争议多元化解机制，依法维护群众合法权益

（一）发挥行政复议制度作用，努力化解行政争议

改革开放以来，全省各级行政复议机关坚持"以人为本、复议为民"，紧紧围绕中央和省委、省政府的中心工作，认真履行行政复议职责，全省行政复议工作为保障人民群众合法权益、促进依法行政、维护社会和谐稳

定作出了应有的贡献。

1.积极受理行政复议申请,依法维护当事人救济权利。行政复议渠道是否畅通,是行政复议制度能否发挥作用的前提。总体来看,近年来,全省各级行政复议机关逐步重视对公民、法人或者其他组织的权利主张,不断提高履行行政复议法定职责的自觉性,凡符合条件的行政复议申请都能积极受理。通过行政复议的法律途径解决争议的观念,已经得到了人民群众的基本认可,行政复议工作取得了较好的社会效果。

(1)行政复议案件数量平稳上升。1990年《行政复议条例》实施后至1999年《行政复议法》实施前,全省各级行政复议机关受理行政复议案件达1.4万多件,每年平均1800件。1999年《行政复议法》实施至今,全省各级行政复议机关共受理了3万多件行政争议案件,每年均4000件左右。后9年的复议案件总量比前9年增长约114%。向省政府申请复议的案件更是有明显增加,据统计,2003—2007年的复议申请案件分别为46件、107件、109件、134件、202件,每年约有20%～50%的不同增长幅度。

(2)案件类型逐步扩大。行政争议的发生与特定时期社会运行状态和行政机关履行管理职能的范围、重心、方式等有关,一定程度上反映了经济社会发展的阶段性特征。近几年来,行政复议案件的类型在保持相对集中的同时,新类型的案件不断增加。案件集中领域主要是治安管理、社会保障管理、土地管理、城建管理等,但各类型的案件在全部案件中所占的份额也有所变化,以2001年和2006年为例,治安领域的案件从51%下降到33%,而与民生有关的土地管理(主要是土地审批、房屋拆迁等争议)案件从12%上升到22%,社会保障(主要是工伤认定等争议)领域的案件从3%上升24%。国有企业、集体企业改制不规范留下后遗症引发的争议,以及公司股权登记、职工养老保障、行政奖励、公务员考试等也是近几年新出现的案件类型。

2.行政复议坚持实行自我纠错,促进依法行政。行政复议制度建立以来，各级复议机关在行政复议程序中纠正了一大批违法或不当的具体行政行为，有效地促进了依法行政。以 2005 年和 2006 年行政复议案件审结情况统计，2005 年全省审结 2862 件复议案件，其中撤销 253 件，变更 37 件，确认违法 11 件，撤回申请 881 件；2006 年全省审结 2231 件复议案件，其中撤销 178 件，变更 34 件，确认违法 12 件，撤回申请 763 件。撤销、变更和确认违法的案件数基本上占了全部审结案件的 10%，这些都是因被复议具体行政行为存在明显违法、不当而在行政复议程序中得到了自我纠正，体现了行政监督的作用。同时，通过行政复议也向有关当事人作出证实和解释，使行政机关管理行为得到了当事人的认可和认同，平息了行政争议，有力地保障了行政机关依法行使职权。

省政府法制办自 2007 年 1 月起建立了信息专报制度，及时向省政府领导报告复议工作情况，并在全省进行了推广。《行政复议法实施条例》实施后，各级行政复议机关相继建立了行政复议意见书和建议书制度，就行政复议案件中发现存在的个案问题和普遍性问题，及时提出意见和建议，从而对推动依法行政、预防和化解行政争议起到了积极作用。

3. 切实化解行政争议，实现"案结事了"。近年来，各地区、各部门以增强行政复议解决行政争议的有效性为目标，积极探索行政复议工作新机制，对事实清楚、争议不大的复议案件，以简易程序处理，提高复议工作效率；案情复杂、事实不清、争议较大的复议案件，通过实地调查、公开听证的方式审理案件，切实提高案件办理质量；对于具体行政行为确实存在问题但如果撤销会带来负面影响的，以及群众提出的诉求超越行政复议范围的，行政复议机关不是采取直接纠正或拒之门外的简单处理方式，而是向当事人讲事实、摆道理，晓之以理、动之以情，通过调解、和解的方式，在合法、合理的范围内，尽量满足申请人的要求。以 2005 年为例，全省各级行政复议机关共审结 2862 件复议案件，其中经调解、和解撤回申请的案件就有 881 件，占全部审结案件的 30%，通过行政复议程序最终彻底解决行政争议。据统计，通过复议裁决、和解、说服劝解，80% 左右的行政争议通过行政复议得到妥善解决,切实保障了人民群众合法的利益诉求,密切了党和政府与人民群众的关系,为促进我省经济协调发展和社会和谐稳定作出了贡献。

4.切实加强行政复议工作,充分发挥行政复议在推进依法行政、建设"法治浙江"、构建和谐社会中的作用。随着改革的深入,行政争议的数量日益增多,特别是群体性行政争议较为突出,占行政争议的比例较大。同时,随着经济发展和社会进步,人民群众依法维权的意识日益提高,行政复议制度日益深入人心,人民群众对通过行政复议这一法定渠道维护自身合法权益充满信赖和期待。2006年9月,中共中央办公厅、国务院办公厅印发了《关于预防和化解行政争议健全行政争议解决机制的意见》(中办发〔2006〕27号),强调指出行政复议是解决行政争议的重要制度,要进一步充分发挥行政复议在解决行政争议、建设法治政府、构建和谐社会中的重要作用,努力把行政争议化解在基层、化解在初发阶段、化解在行政系统内部。2006年12月,国务院专门召开了全国行政复议工作座谈会,特别强调要大力加强基层行政复议能力建设。为贯彻中央的新要求,省政府积极采取措施,加强和改进行政复议工作,于2007年8月18日专门召开了全省行政复议工作会议,部署落实新形势下全面加强行政复议工作的措施。

5.深化行政复议体制改革。积极推进行政复议体制改革,整合地方行政复议职责,在义乌市设全国首个行政复议局;开展乡镇行政复议受理点试点,畅通行政复议渠道;全面推进行政复议决定书网上公开,建立行政复议案例库;出台行政复议责任追究办法。认真贯彻党中央、国务院有关改革行政复议体制的精神,制定《关于深化行政复议体制改革的意见》,推动全省各级政府集中行政复议职责。2017年底,近半数市县已开展行政复议体制改革,行政复议"一口对外"、属地办理更加便捷,公信力也更强。2019年6月,省市县三级行政复议局实现全覆盖并挂牌运行。改革后,全省新收行政复议案件年均10575件左右,比改革前增长66.5%。

2019 年以来，行政复议调撤率达 25％以上，八成以上行政复议案件实现"案结事了"，发挥了行政复议制度在化解矛盾、维护稳定中的作用。

（二）加强和改进行政应诉工作

支持法院依法受理行政案件，尊重并执行法院生效裁判，认真落实并及时反馈司法建议。2017 年，全省各级行政机关新收一审行政应诉案件 1 万多件，比上年增长 18.5％。加强行政应诉结果运用，将行政机关出庭应诉、败诉、履行生效判决等纳入法治政府建设考核评价。

（三）完善矛盾纠纷多元化解机制

建立行政复议、行政诉讼与信访相互衔接的行政争议协同化解工作机制，每年召开省政府和省法院预防和化解行政争议工作联席会议；继承和发扬"枫桥经验"，完善人民调解、行政调解、司法调解联动工作体系，完善矛盾纠纷调处化解机制；出台《关于加强行政调解工作的意见》，政府负总责、政府法制机构牵头，各职能部门和乡镇政府为主体的行政调解工作格局已初步形成。认真落实《浙江省行政调解办法》，推动市县公布行政调解职责清单。全省仲裁机构全年受理仲裁案件约 1.8 万件，标的额达 180 多亿元。继承发扬"枫桥经验"，推动行政调解、司法调解、人民调解和行政复议、诉讼、仲裁等有机衔接，构建矛盾纠纷多元化解机制。出台《浙江省信访事项复查复核办法》和《浙江省信访事项听证办法》，保障信访人的合法权益，引导信访人依法有序信访，促进行政机关依法履行职责；在全省建立统一的政务咨询投诉举报平台，以 12345 市长热线和浙江政务服务网为基础，形成统一接收、按责转办、限时办结、统一督办、评价反馈的业务闭环。

第四章

坚持以人民为中心，
提供普惠精准公共法律服务

第一节 浙江省司法行政工作发展的历史脉络

一、新中国成立初期浙江省司法行政机构及职权变迁

新中国成立初期,司法机关是人民政权的重要工具之一,它是在彻底打碎旧中国的司法机关后建立起来的。在"五四宪法"颁布之前,1949 年9 月 26 日通过的《中国人民政治协商会议共同纲领》发挥着临时宪法的作用,宣告废除国民党政府一切压迫人民的法律、法令和司法制度,制定保护人民的法律、法令,建立人民司法制度。1949 年 9 月 27 日,中国人民政治协商会议通过的《中央人民政府组织法》规定中央人民政府委员会包括政务院、最高人民法院、最高人民检察署和人民革命军事委员会。其中,政务院是中央人民政府,在政务院内部设立政治法律委员会、公安部、司法部、法制委员会等。当时的司法部是国家司法行政机关,负责全国的司法行政事宜。在革命根据地时期,人民司法采用的是司法行政与审判"分立制"原则。1949 年 11 月 1 日,在原华北人民政府司法部的基础上,中央人民政府司法部成立。1949 年 12 月 20 日,《中央人民政府司法部试行组织条例》颁布,该条例对中央司法部的任务和组织机构作了规定。在此之后,中央司法部的机构处于不断变动之中,但是由司法部负责法院

司法行政的业务司,即普通法院司,始终相对稳定。新中国成立之初,地方司法行政机关只设到大行政区级,即在东北人民政府和华东、中南、西北、西南四个大行政区(先称军政委员会,后改称行政委员会)中设立司法部。1950年7月26日至8月11日,中央司法部、最高人民法院、最高人民检察署、法制委员会联合召开了第一届全国司法工作会议。会议指出人民政权建立后人民司法工作的重要性,提出人民司法工作的任务是"镇压反动,保护人民;制裁犯罪,保护善良"。中央司法部部长史良作了工作报告,指出司法行政工作当前的主要任务是:(1)建立与健全各地的司法机构;(2)训练与培养、调配干部;(3)督导各地对犯人的管制与改造;(4)进行法制的宣传工作,教育国民忠于祖国,遵守法律,遵守劳动纪律,爱护公共财产和履行国民义务;(5)建立与推行新的人民律师工作与公证工作;(6)对各地司法行政之督导与检查;(7)其他有关司法行政工作事宜。会后,政务院总理周恩来主持第四十七次政务会议,会议听取和讨论了关于第一届全国司法工作会议的综合报告,并发布了《关于加强人民司法工作的指示》,指示指出:(1)为保卫人民民主革命的胜利,镇压反革命活动,巩固新社会秩序及保护人民合法权益,人民的司法工作如同人民军队和人民警察一样,是人民政权的重要工具之一;(2)为正确地从事人民司法工作的建设,首先必须划清新旧法律的原则界限;(3)人民司法工作的当前主要任务是镇压反动,保护人民;(4)为加强人民司法工作,必须配备一定数量的坚强干部作为骨干,必须教育他们重视司法工作,帮助他们提高政策水平;(5)今后司法经费,由国库开支;所有司法罚款、没收财产等收入,均应统一缴归国库。关于监所管理,目前一般宜归公安部门负责,兼受司法部门指导,由省以上人民政府依各地具体情况适当决定之。

1949年5月3日,浙江省省会杭州解放。7月29日,经中共中央批准,浙江省人民政府成立。浙江省政府成立时,工作机构设十厅二处,其中包括司法厅。在之后的浙江省政府政法机构设置的变动中,1950年,浙江省政府的工作机构撤销了司法厅,增设人民法院、人民检察署、人民监察委员会,此外设立公安队由公安厅管理。1950 年 11 月 30 日,根据司法部、公安部的《关于监狱、看守所和劳动改造机关移转归公安部门领导的指示》,浙江的监狱、看守所和劳动改造机关移转归公安部门领导。随着 1954 年我国第一部《宪法》的颁布,中央人民政府司法部改称中华人民共和国司法部,各大行政区司法部则伴随着大行政区的撤销而撤销,在各省、自治区、直辖市设置司法厅、局。1955 年 3 月,浙江省司法厅重新建立,司法厅的内部机构主要有:办公室(负责机关的文书、宣传、财务和行政等事务)、法院管理处、干部管理教育处、公证处、律师管理处。当时,地、县及相当于地、县的市不设司法行政机关。1956 年 12 月,司法部与最高人民法院联合下达《关于目前省、市、自治区高级人民法院和司法厅(局)分工合作的暂行规定(草案)》。省级司法厅(局)的职责是:(1)关于审判业务的思想建设和思想指导;(2)经省级人民政府批准,主管下一级人民法院的设置、编制、内部机构及其制度建设;(3)主持并组织对所属下级人民法院的全面检查工作;(4)干部工作;(5)律师工作、公证工作;(6)组织和指导下级司法机关和律师组织开展法制宣传;(7)研究和指导下级人民法院做好书记员、执行员、法警的管理工作,以及法院档案、赃物、证物的管理工作;(8)司法统计、法令编纂和财务等工作。该草案规定高级人民法院和司法厅(局)共同掌管的工作有:(1)全省、自治区、直辖市的司法工作计划;(2)全省、自治区、直辖市司法机关的工作以及司法工作如何为国家经济建设服务的部署;(3)召开全省、自治区、直辖市的司法工作会议(包括局部问题的专业会议);(4)共同编印内部业务指导性的刊物;(5)组织和处理有关本省、自治区、直辖市内的各种鉴定工作。

新中国成立初期,为完成人民民主革命,解放社会生产力,巩固人民民主政权,在全国范围内进行了各种社会改革,先后开展了土地改革、镇压反革命、"三反""五反"运动。中央司法部每次都及时发出指示,地方各级司法机关积极响应中央司法部的指示,边工作边建设,积极投入运动,抽调干部参加中共党委统一领导下的斗争,并从司法方面积极配合,以推动运动的顺利开展和保卫运动的胜利成果。新中国成立初期,司法行政机关负责主持地方各级人民法院的思想、组织建设、业务建设和物资装备等工作。司法行政工作围绕着法院的审判工作开展。司法行政机关和人民法院分别行使国家的司法管理职能和国家的审判职能,两者密切配合,构成了国家司法工作整体的两个方面。在两者的密切配合下,20世纪50年代我国的司法行政工作和审判工作取得了很大成绩。全国的社会治安状况良好,社会风气良好。

从1957年下半年开始,人民司法建设开始遭受挫折,反右派斗争严重扩大化。在1958年6月至8月,第四届全国司法工作会议召开,在这次会议上司法部领导成员遭到了错误的批判,随后,一些省、市司法厅(局)的领导成员也受到了错误批判,这对司法部部门本身的存在产生了一定的影响。在1959年4月28日召开的第二届全国人民代表大会第一次会议上,在"司法改革已经基本完成,各级人民法院已经健全,人民法院的干部已经充实和加强,司法部已无单独设立之必要"的理由下,司法部被撤销,原司法部的工作由最高人民法院管理。不久,各省、自治区、直辖市司法厅(局)也被撤销。从中央到地方,司法行政与审判的关系从"分立制"被改变为"合一制"。司法部被撤销后,在最高人民法院内设司法行政厅,地方各高级人民法院内设司法行政处。1959—1961年,最高人民法院的司法行政厅改为司法行政处,再改为司法行政组。省一级的高级人民法院的司法行政处被逐渐取消。1963年以后,因人民调解工作、公证工作开始有所恢复,最高人民法院司法行政组重新改为司法行政处,后因事务的发展又专设了司法行政厅。

二、浙江省司法行政机构的恢复及职权变迁

1978年12月,党的十一届三中全会认真总结了历史教训,提出全党

工作重点转移的同时,强调发展社会主义民主和加强社会主义法制,对社会主义法制建设从指导思想上进行了拨乱反正。党的十一届三中全会指出:为了保障人民民主,必须加强社会主义法制,使民主制度化、法律化,使这种制度和法律具有稳定性、连续性和极大的权威,做到有法可依,有法必依,执法必严,违法必究。1978年12月30日,中央对原司法部予以平反。1979年6月15日,中央政法领导小组向中央报送《关于恢复司法部机构的建议》,这个建议得到了中央批准。9月9日,中共中央发布《关于坚决保证刑法、刑事诉讼法切实实施的指示》,即中央〔1979〕64号文件,对中国30年来的社会主义法制建设的情况作了基本总结,其中要求迅速健全各级司法机构,努力建设一支坚强的司法工作队伍,以便各司其职,互相配合,互相制约,真正做到有法可依,有法必依,执法必严,违法必究。指示对司法行政工作也提出了要求:一是把培训司法干部的工作统一抓起来;二是广泛深入实地宣传法律,为正式实施《刑法》《刑事诉讼法》做好准备。1979年9月13日,第五届全国人大常委会第十一次会议决定:"为了适应社会主义法制建设的需要,加强司法行政工作,设立司法部,任命魏文伯为部长。"1980年元旦,司法部正式对外办公。1982年12月4日,第五届全国人民代表大会第五次会议通过《中华人民共和国宪法》,其中第八十九条规定,国务院有领导和管理民政、公安、司法行政和监察等工作的职权,在《宪法》中明确了司法行政工作的法律地位。1979年10月28日,中共中央、国务院发出《关于迅速建立地方司法行政机构的通知》,通知指出:加快建立司法行政机构的必要性及其职责,即为了健全我国社会主义法制加强司法行政工作,以保障四个现代化建设的顺利进行,依照《中华人民共和国人民法院组织法》第十七条"各级人民法院的司法行政工作由司法行政机关管理"的规定,人大常委会已经通过决定设立司法部。各地也需尽快建立相应的司法行政机关,负责管理本地区人民法院的设置、机构、编制;有关司法制度的建设,管理和培训司法干部。领导律师组织、公证机关的工作,组织开展法律宣传和法制教育活动;协同有关部门管理政法院校,培养各地司法专业人员,以及指导人民调解委员会等各项工作。当前,首先应把省、自治区、直辖市的司法厅(局)建立起来。1980 年 5 月,浙江省司法厅恢复建立。1980 年 7 月 21 日,国务院批转了司法部关于迅速建立省属市(地区)、县司法行政机构的请示报告,要求各省属市、地区(自治州、盟)应设立司法局(处),各县(旗)应设立司法局(科)。1980 年 10 月 23 日,浙江省发出《关于建立地、市、县司法行政机构的通知》,规定杭州、宁波、温州市设司法局,其他地区设司法处,各县设立司法局。

1980 年 7 月 30 日至 8 月 9 日,司法部在北京召开了全国司法行政工作座谈会。这是新中国成立以来第一次专门讨论司法行政工作的全国性会议,会议的议题是进一步学习贯彻中央〔1979〕64 号文件,着重讨论当前司法行政工作急需解决的问题:(1)对司法行政工作在建立健全我国社会主义法制中的重要地位和作用的认识问题;(2)新时期司法行政工作的任务和当前的工作部署问题;(3)司法行政机构的建设问题。

座谈会后,1980 年 9 月 30 日,在《司法部关于全国司法行政座谈会给国务院的报告》中提出了司法行政工作十个方面的工作业务,也是司法行政机关的职责:(1)了解掌握各个时期司法干部的思想情况,针对普遍存在的问题,开展思想政治工作;(2)管理法院的机构设置、人员编制,物资装备和司法统计;(3)加强审判工作制度的建立与健全;(4)协助同级党委管理司法干部;(5)建设各种政法院校,大力培养法律专业人才;(6)组织管理公证、律师工作;(7)组织开展法制宣传工作,组织出版法律书刊和著作;(8)研究、整理和编纂法规,协同科学研究单位,开展法律科学研究;(9)领导人民调解委员会和基层政权司法助理员的工作;(10)开展司法外事活动,发展国际友好往来,交流法学知识和司法经验。1980 年 12 月 12 日国务院批转了《司法部关于全国司法行政工作座谈会的报告》,指示各级政府要加强司法行政工作,着重抓好培训法院、检察院、司法行政、律师等干部和办好政法院校这两项基本建设,使司法行政工作在加强社会主义法制中发挥应有的作用，这次会议对推动新时期司法行政工作发挥了重要作用。

为改变党政机构臃肿、职责不清、工作效率低下的状况，1982 年 1 月，中央政治局召开会议，决定精简机构。2 月 22 日第五届全国人大常委会举行第二十二次会议，通过了《关于国务院机构改革问题的决议》。1982 年 8 月 6 日，《司法部、最高人民法院关于司法厅（局）主管的部分任务移交给高级人民法院主管的通知》要求：司法厅（局）主管的审批人民法庭的设置、变更、撤销和报批人民法院的设置、办公机构、人员编制，任免助理审判员以及管理人民法院的物资装备（如囚车、枪支、司法人员服装等）、司法业务费等有关司法行政工作事项，应抓紧时间向高级人民法院办理移交。1983 年 4 月，中央决定把劳动改造工作移交司法行政机关管理，负责领导和管理监狱劳动改造工作。

1982—1983 年，司法厅的职权调整为：（1）管理法制宣传教育工作。在党委统一领导下，协同党委宣传部、其他政法机关以及工会、共青团、妇联、法学会等人民团体和文化、教育、新闻等单位，向群众宣传宪法、法律。（2）省、自治区、直辖市司法厅（局）领导司法学校，并领导和管理各级政法管理干部院校通过各种形式培训法院、检察院和司法行政机关干部。（3）负责领导和管理监狱劳动改造工作。（4）领导和管理律师工作。律师工作机构是司法行政机关的事业单位，受司法行政机关的组织领导和业务监督。律师资格的取得需经省、自治区、直辖市司法厅（局）考核批准，法律顾问处（律师事务所）的设立，需经司法行政机关批准。（5）领导和管理公证工作。公证处是国家公证机关，受司法行政机关领导，公证处的设立需经司法行政机关批准。（6）指导和管理人民调解工作。人民调解委员会是群众性自治组织。司法行政机关管理人民调解委员会的组织和业务建设。县（区）司法局和基层人民政府领导的司法助理员具体管理并指导人民调解委员会开展民间纠纷调解工作。（7）领导和管理劳动教养工作。经省、自治区、直辖市和大、中城市人民政府设立的劳动教养管理委员会审查批准的劳动教养人员交"劳动教养管理所"实行劳动教养。

1986年10月8日,国家机构编制委员会第七次会议审议并原则批准了《司法部"三定"方案》,进一步明确了司法行政机关的性质、任务和机构设置,其要点是:司法行政机关是各级人民政府管理司法行政工作的职能部门,是国家的执法机关,是人民民主专政的工具,是中国司法体系的重要组成部分。司法行政机关的总任务是:在中共中央、国务院领导下,以中国共产党在社会主义初级阶段的基本路线为指导,坚持一个中心、两个基本点,通过开展司法行政各项业务,社会主义经济建设服务,为社会主义民主与法制建设服务,为国家的长治久安服务,为保护人民的民主权利服务,保障社会主义现代化建设事业的顺利进行。

2018年10月25日,根据《浙江省机构改革方案》,将浙江省司法厅、浙江省政府法制办公室的职责整合,重新组建浙江省司法厅,作为政府组成部门,不再保留省政府法制办公室。省委全面依法治省委员会(省委建设法治浙江委员会)办公室设在省司法厅。组建省综合行政执法指导办公室,作为省司法厅的部门管理机构。重新组建的浙江省司法厅基本形成了"一个统筹、四大职能"。"一个统筹"就是统筹协调全省法治工作;"四大职能",就是发挥好行政立法、行政执法、刑事执行、公共法律服务等四个方面职能作用。据此,浙江省司法厅具体职责有:承担依法治省重大问题的政策研究,提出深入推进"法治浙江"建设的中长期规划建议,负责有关督察工作;统筹规划立法工作、法治社会建设和推进法治政府建设;负责拟订公共法律服务体系建设规划并指导实施,指导监督律师、法律援助、司法鉴定、公证、仲裁和基层法律服务管理工作;负责国家统一法律职业资格考试管理工作;负责司法行政戒毒场所管理工作,指导管理社区矫正工作;负责并指导监督本系统装备等管理、保障工作,规划、协调、指导法治人才队伍建设,指导监督本系统队伍建设;管理省监狱管理局、省综合行政执法指导办公室;承担省委全面依法治省委员会(省委建设法治浙江委员会)办公室的工作。

改革开放以来，浙江省司法行政部门紧紧围绕省委、省政府的重大决策部署，围绕人民群众的法律服务需求，在应对金融危机、"五水共治"、"三改一拆"、创新驱动发展战略、"走出去"战略、浙商回归、服务小微企业、G20 国际峰会等各项工作中发挥司法行政职能优势，着力做好法律服务和法律保障工作。当前的"最多跑一次"又跑出浙江司法行政的加速度。2018 年是贯彻党的十九大精神的开局之年，是改革开放 40 周年，2019 年是新中国成立 70 周年，是决胜全面建成小康社会、实施"十三五"规划承上启下的关键阶段。浙江省司法行政系统认真学习贯彻习近平新时代中国特色社会主义思想，在省委、省政府和省委政法委的坚强领导下，秉持"干在实处永无止境，走在前列要谋新篇，勇立潮头方显担当"的精神，强化争当"排头兵"的意识，不断推进浙江省司法行政工作，为浙江省奋力推进"两个高水平"建设提供了有力法治保障和法律服务。

第二节　浙江省司法行政建设改革的历史成就

一、监狱劳改工作

浙江省的监狱劳改工作是与浙江省的解放同时开始的。1949 年 9 月，在改造旧监狱的基础上，浙江省成立了杭州市人民法院看守所。1950 年 1 月，浙江省首个劳动改造机构——杭州市人民政府公安局劳动教育院成立。1951 年 5 月，杭州市人民法院看守所移归杭州市公安局领导，并与市劳动教育院、市公安局预审看守所统一成立杭州市监狱。此前的 4 月，杭州市劳动教育院所属农场及罪犯一并划归省公安厅管理。至此，劳改工作的管理体制经历了新中国初期短暂的多方创办和多头领导后终于确定下来,随后一直保持 30 多年。

1983 年,中央决定将劳改工作由公安机关移交给司法行政部门管理,并决定从事劳改工作的干部仍是人民警察。1984 年 8 月,浙江省劳改机关整建制由公安厅移交给司法厅。1984 年,为便于对外开展工作,经浙江省委同意,"浙江省司法厅劳改局"改为"浙江省劳改局"。1985 年初,司法部、劳动人事部、财政部联合下文规定:各级劳改管理机构改为行政机构。1994 年《监狱法》颁布实施,浙江省劳改局相应更名为浙江省监狱管理局,浙江省所有的省市属劳动改造支队全部改名为监狱。浙江省监狱设置为三级,即分监区、监区和监狱。根据 2009 年的《中共中央办公厅、国务院办公厅关于印发浙江省人民政府机构改革方案的通知》,浙江省监狱管理局是省司法厅管理的主管监狱执行刑罚、改造罪犯和监狱企业工作的副厅级行政机构,主要职责有:(1)贯彻执行国家有关监狱管理工作的方针、政策、法律、法规;编制监狱系统的中长期发展规划和年度计划并监督实施。(2)负责全省监狱管理工作,监督管理全省监狱依法执行刑罚、改造罪犯工作。(3)研究规划全省监狱布局等重大事项;指导全省监狱工作的改革,指导全省现代化文明监狱创建工作。(4)制定监管工作规章制度,负责狱政管理、狱内侦查、罪犯调遣和监狱外事接待工作,指导处置监狱突发性事件。(5)指导对罪犯的思想教育、文化教育、技术教育,编发罪犯的报刊读物;指导罪犯改造质量评估工作。(6)指导罪犯生活卫生管理;指导监区疾病预防控制工作。(7)依法对罪犯实施劳动改造;领导和管理监狱企业;负责监狱安全生产,负责所属监狱及监狱企业国有资产、国土资源的具体监督管理工作,并承担国有资产保值增值责任。(8)负责省属监狱基本建设、信息化建设、财务管理、内部审计和警用装备工作。(9)负责省属监狱民警队伍建设、廉政建设和思想政治工作,做好离退休人员管理服务工作。(10)负责省属监狱职工管理和留场就业人员的教育管理工作。(11)指导监狱学会工作,管理省监狱中心医院。

1991 年开始，浙江监狱系统全面铺开对罪犯的分押、分管、分教工作。实行"横向分类，纵向处遇，分类教育"，同时对罪犯实行"三等五级"的分级管理。1996 年，浙江省第二监狱成为首个达到一级监管安全的监狱。1992 年开始，浙江省在全国监狱系统中率先提出了"尊重知识，尊重人才"的理念和政策应同样体现在罪犯中的知识分子和科技人才身上，脑力劳动同样可以改造犯人的观点。1992 年省局下发《关于开发犯人智力的意见》；1993 年省局授予 60 名罪犯技术革新奖，召开首届罪犯科技人员代表大会，成立育新科技协会，实行罪犯各类专业技术人员职务和技师聘任制；1998 年，省局在罪犯中评定工程技术职务。

1994 年《监狱法》颁布后，司法部提出创建现代化文明监狱，变重点突破为整体推进，更好地履行监狱刑罚执行的主体职能。1996 年，浙江省第一监狱被授予"部级现代化文明监狱"称号，成为全国第一批现代化文明监狱。1997 年省第二监狱，1999 年宁波市望春监狱、省少管所，2000 年省女子监狱、浙江省第六监狱被命名为部级现代化文明监狱。浙江省的现代化文明监狱创建工作取得良好成果，走在全国前列。

浙江省监狱工作始终坚持把维护监所安全稳定作为硬任务、第一责任，做好监所安全稳定各项工作。在重要时段的安保工作中，如 2008 年北京奥运会、2010 年世博会、2016 年 G20 峰会等，浙江省监狱系统"零事故"。为了进一步深化和拓展智能化现代化文明监狱创建工作内涵，2016 年浙江省提出"平安监狱""法治监狱""智慧监狱"三位一体建设。2018 年，浙江省监狱工作提出并实施构建浙江特色的监狱修心教育体系。

二、社区矫正、安置帮教、司法行政戒毒工作

(一)社区矫正工作

2003 年 7 月，最高人民法院、最高人民检察院、公安部、司法部发布

《关于开展社区矫正试点工作的通知》，浙江省被确定为全国六个社区矫正的试点省市之一。2004年5月，浙江省的社区矫正工作正式启动，首先在杭州市上城区、宁波市鄞州区和诸暨市枫桥镇开展试点。2005年，浙江省加大了社区矫正工作力度，试点范围扩大到"九区一镇"。通过一年多的试点，浙江省基本建立了多层次的社区矫正组织管理体系和较为规范的社区矫正制度体系。2005年，浙江省相继制定发布《浙江省高级人民法院、浙江省司法厅关于加强社区矫正衔接工作的若干意见》《浙江省司法厅、浙江省公安厅关于加强社区矫正衔接工作的若干规定（修订）》《浙江省检察机关社区矫正法律监督工作办法（试行）》。2009年4月28日，浙江省司法厅制定发布《关于进一步加强监狱工作与社区矫正衔接的若干意见》《社区矫正简明操作手册》。2009年6月1日，浙江省司法厅与浙江省档案局联合制定发布《浙江省社区服刑人员档案管理办法（试行）》。2016年，浙江省司法厅开展了浙江省社区矫正执法、安全隐患大排查、流动性社区服刑人员大排查等专项整治工作；在重点时段、重要时期、重大节日期间落实了对矫正人员的监管安全措施；推进了社区矫正工作的规范化管理。2009年底，浙江省社区矫正试点范围已覆盖全省所有乡镇（街道）和行政村（社区）。2017年4月，浙江省司法厅、省综治办、省编办等12个相关部门联合在全国率先出台《关于建立社区矫正工作责任清单制度的意见》，推动浙江省社区矫正工作向着专业化、规范化、社会化、信息化发展。2018年，浙江省坚持发展新时代"枫桥经验"，围绕"一县一品牌"战略，全力推进社区矫正社会化建设，如嘉兴市的"先锋助矫"党员志愿者服务行动、丽水市的社区矫正"大帮教"机制建设试点、杭州市的"淘宝式社区服务"等。

（二）安置帮教工作

1954年，中央人民政府政务院颁布了《中华人民共和国劳动改造条例》《劳动改造罪犯刑满释放及安置就业暂行处理办法》，当时对刑释解教人员主要采取社会安置、留场就业、建立新村三种劳动就业方式。1964年的第六次全国劳改工作会议通过的《关于加强劳改工作若干问题纪要》中，留放政策调整为"四留四不留"。

1981年，根据第八次全国劳改工作会议的要求，犯人刑满释放，除强制留场就业的以外，均应放回捕前所在地或直系亲属所在地的规定，当地公安机关凭释放证明给予落户，由原工作单位、当地劳动部门、街道负责安置就业。1994年12月，全国人大常委会通过《中华人民共和国监狱法》第三十七条规定："对刑满释放人员，当地人民政府帮助其安置生活。"1999年，中央综治委、司法部、公安部、民政部四部委联合制定发布《关于进一步做好服刑、在教人员刑满释放、解除劳教时衔接工作的意见》是刑释解教人员安置帮教工作向规范化、制度化的方向迈出了坚实的一步。2004年，浙江省司法厅联合11个部门制定发布《关于贯彻实施〈浙江省归正人员安置帮教工作若干办法〉》。

浙江省的安置帮教工作紧紧围绕"衔接工作规范化、帮教工作社会化、安置工作市场化、管理工作信息化"的工作目标，落实各项帮教衔接制度，有针对性地开展帮教活动，重点帮助归正人员解决回归社会后所面临的生活和就业等困难。浙江省建立和完善了省、市、县（市、区）帮教安置工作领导小组；以乡镇（街道）司法所为基础的安置帮教工作站、村居（社区）和企业安置帮教工作小组五级工作机构和网络；安置帮教协会、安置帮教基地等组织建设。浙江省创新了刑释解教人员分类帮教模式、归正青少年"导航工程""牵手工程"、监管改造与安置帮教工作的"无缝对接工作"等工作模式。浙江省的司法矫正工作通过制度、组织和工作模式的建设，筹措了帮扶资金、落实了社会救济、开展了职业技能和实用技术培训，为归正人员提供了大量的就业机会和创业扶持，最大限度减少重新犯罪。浙江的帮教率和安置率始终保持在95%以上，刑释人员重新犯罪率始终控制在3%以下。

(三)司法行政戒毒工作

新中国成立不久,我国政府就采取措施在全国范围内开展了禁毒运动,打击毒品的立法主要集中在 20 世纪 50 年代初期,如 1950 年颁布的《严禁鸦片烟毒的通令》。1979—1998 年,我国以"严打"为政策导向进行戒毒工作。1998 年之后,我国毒品政策和立法进行了调整,开始强调预防为本与综合治理。

2008 年 8 月 1 日《中华人民共和国禁毒法》实施后,浙江省司法行政系统根据《浙江省人民政府办公厅关于贯彻实施〈中华人民共和国禁毒法〉有关工作的通知》精神,承担了强制隔离戒毒新职能。

浙江省的行政强制戒毒工作主要从三方面展开:建立司法行政戒毒工作基本模式,建立和完善司法行政戒毒工作制度,建设法治化、规范化、专业化、职业化的人才队伍,研究戒毒康复新技术新方法。2008 年,浙江省司法厅与浙江省公安厅联合制定发布《关于认真做好强制隔离戒毒人员投送交工作的通知》《关于印发浙江省强制隔离戒毒人员严重疾病认定标准(试行)的通知》,与浙江省公安厅、省禁毒办、省卫生厅联合制定发布《浙江省强制隔离戒毒诊断评估工作暂行规定》,着力做好强制隔离戒毒人员的收容、戒治工作。2009 年底,浙江全省已依托劳教场所挂牌建立了六个强制隔离戒毒所,收治强制隔离戒毒人员 5000 余名,强制隔离戒毒人员的毒瘾戒断率达 100%。

2015 年,浙江省把握戒毒工作规律,探索形成了以"分区管理、科学流转、分期矫治"为核心的"四四五"戒毒模式。2018 年 5 月,司法部下发《司法部关于建立全国相对统一的戒毒工作基本模式的意见》,指出要建立以"四区分离为基础、以专业中心为支撑、以科学戒治为核心、以衔接帮扶为延伸的相对统一的司法行政戒毒工作基本模式",正式将浙江省"四四五"戒毒模式提升为全国统一模式。2018 年,浙江省戒毒系统围绕戒毒模式高质量运行,注重新技术戒毒疗效的研究探索,发挥科学戒毒方法的创新引领作用。

三、普法工作

浙江省的普法可以追溯到新中国成立初期。当时,全国的司法干部广泛宣传了 1950 年《中华人民共和国土地改革法》、1951 年《中华人民共和国惩治反革命条例》、1952 年《中华人民共和国惩治贪污条例》、1950 年《中华人民共和国婚姻法》和 1954 年《宪法》。但随着"反右倾"运动和"文化大革命",我国的法制宣传工作中断。

1978 年之后拨乱反正,国家进入了加强民主法制建设的重要历史时期,立法步伐明显加快。1980 年 12 月,邓小平同志在中央工作会议上说:"在党政机关、军队、企业、学校和全体人民中,都必须加强纪律教育和法制教育。"1985 年 6 月,在彭真同志的倡议下,中央宣传部和司法部在京联合召开了全国法制宣传教育工作会议。

1985 年 2 月 4 日,浙江省第六届人大常委会第十一次会议作出《关于加强法制宣传教育,普及法律常识的决议》,浙江省的法制宣传教育自此开始。1985 年,中宣部和司法部向中共中央和国务院报送了《关于向全体公民基本普及法律常识的五年规划》,11 月 5 日中共中央、国务院同意并予以了转发。1985 年 11 月 22 日,第六届全国人大常委会第十三次会议通过了《关于在公民中基本普及法律常识的决议》,"一五"普法开始在全国范围内展开。1985 年 11 月,中共浙江省委同意建立"浙江省普及法律常识教育联席会议",省委书记王芳和各省级领导班子成员及省属单位负责人共 500 余人听取了"一五"普法第一课。

"一五"普法教育的重点在于把法律交给公民,明确了《宪法》《刑法》《民法通则》《婚姻法》《继承法》《经济合同法》《刑事诉讼法》《民事诉讼法(试行)》《民族区域自治法》《兵役法》和《治安管理处罚条例》(简称"十法一条例")为"一五"普法的重点内容。"二五"普法是以宪法为核心,以专业法为重点。"三五"普法教育以提高各级领导干部的法制理论水平和自觉依法决策、依法办事的能力,增强全体公民的法制观念和法律意识为重点,突出学与用的结合、普与治的并举。"四五"普法教育确定了"两转变,两提高"的目标。"五五"普法教育强调重点加强领导干部、公务员、青少年、企业经营管理人员和农民的法制宣传教育。首次将政协作为普法教育领导体制中的一员,首次将农民和职工列为普法的重点对象。"六五"普法通过广泛深入的法制宣传教育和法治实践,进一步坚定法治建设的中国特色社会主义方向,提高全民法律意识、法律素质和法律信仰,提高社会管理法治化水平,促进社会主义法治文化建设,努力实现法制宣传教育理念和手段与全社会学法用法需求相一致,公民法律意识和法律素质与浙江省全省经济社会发展总体水平相一致,社会管理法治化水平与人民群众对法治社会的期望相一致。"七五"法治宣传教育重点内容包括:深入学习宣传习近平同志关于全面依法治国的重要论述、深入学习宣传以宪法为核心的中国特色社会主义法律体系、深入学习宣传党内法规。贯彻落实党的法治建设创新思想,适应全面从严治党、依规治党新形势新要求,切实加大党内法规学习宣传力度、广泛学习宣传司法行政工作相关法律法规、深入开展司法行政系统法治文化建设。

浙江省普法所产生的效果及其影响是巨大而深远的。普法教育的覆盖面和影响力不断扩大,普法教育的针对性和实效性不断提高。改革开放以来,普法围绕整顿和规范市场经济秩序、加入世贸组织、解决"三农"问题、抗击"非典""法治浙江""五水共治""三改一拆""最多跑一次",优化营商环境等省委、省政府重点工作,为浙江的政治、经济、文化、民生等建设提供法治保障。随着普法宣传形式和方式的创新,普法教育的吸引力和感染力不断增强。

四、律师工作

1950 年 1 月，司法部发布了《关于取缔黑律师及讼棍事件的通报》，明确取缔了国民党时期的旧律师制度。同时，司法建设主要致力于建立各级人民审判机关。1954 年 9 月 20 日颁布的《中华人民共和国宪法》第七十六条规定："人民法院审理案件，除法律规定的特别情况外，一律公开进行，被告人有权获得辩护。"1954 年 9 月 28 日颁布的《中华人民共和国人民法院组织法》第七条规定："被告人除自己行使辩护权外，可以委托律师为他辩护，可以由人民团体介绍的或者经人民法院许可的公民为他辩护，可以由被告人的近亲属、监护人为他辩护。人民法院认为必要的时候，也可以指定辩护人为他辩护。"这些法律确认了律师依法参与诉讼的身份和地位。1955 年，北京、上海、南京、武汉、沈阳、哈尔滨等 26 个城市开始试行律师制度。1956 年 1 月 10 日，司法部根据试办情况，向国务院报送了《关于建立律师工作的请示报告》。1956 年 7 月 10 日，国务院予以批准，新中国的律师制度就正式确立起来。1958 年，在"反右倾"运动影响之下，律师制度受到冲击，推行不到两年的律师制度也随之遭到废弃。到了 1959 年，各地的律师工作机构被撤销。

改革开放以来，司法行政机关对于律师的管理体制经历了四个阶段：单一司法行政管理体制—司法行政机关为主、律师协会行业管理为辅的管理体制—司法行政机关指导下律师协会行业管理体制—司法行政机关和律师协会行业管理"两结合"的律师管理体制。

1979 年党的十一届三中全会后，律师制度开始恢复。1980 年 2 月 1 日，浙江省第一家律师执业机构——绍兴县法律顾问处，正式成立。1980 年 8 月 26 日《中华人民共和国律师暂行条例》颁布。1987 年司法部正式下文要求各地将"法律顾问处"改名为"律师事务所"。1988 年司法部开始推行《合作律师事务所试点方案》，我国律师事务所开始由一元化向多元化模式发展。

在浙江,杭州的江南所、宁波的波宁所、温州的平宇所、湖州的众成所等一批合作制律所开始出现。1993年国务院办公厅批复了《司法部关于深化律师改革的方案》,该方案允许合伙律师事务所试点。1994年,浙江第一家合伙制律师事务所——浙江同济律师事务所成立,随后一批合伙制律师事务所相继成立。1997年,《律师法》颁布以后,浙江省律师机构迅速发展,律师机构开始形成国资所、合作所和合伙所并存的格局。2001年,中国"入世",浙江省民营经济十分活跃,浙江省律师界抓住机遇,把握住了经济发展最快、改革开放红利最多的一个时期。2005年,杭州、金华启动公职律师试点。

2007年10月28日,全国人大常委会通过了修订后的《律师法》。随着新《律师法》的颁布实施,律师的权利和义务进一步明确落实,浙江省律师业的发展也进入了新的阶段。近年来,浙江省律师执业活动的形式在不断创新。浙江省律师围绕党委政府中心工作跟进法律服务,如随同领导下访接待群众、服务"三改一拆"、"五水共治"、协助处置群体性事件、开展村务"法律体检"、服务金融改革发展、民工讨薪、创新驱动发展战略、"走出去"战略,小微企业成长专业化服务等,获得了社会各界的充分肯定,行业影响力和社会美誉度不断提升。2016年5月,浙江省司法厅出台《关于在全省律师行业实施"名所名品名律师"培育工程的意见》。2017年,省司法厅通过组织开展著名律师事务所评定等工作,扶持培育了一批综合业务能力强的规模所和业务特色鲜明的专业所,培养造就了一批既有专业精神,又有政治操守;既有纯洁度,又有影响力的名律师。

五、人民调解工作

新中国成立后,人民调解制度成为司法制度建设和社会主义基层民主政治制度建设的重要内容。在 1950 年开始的司法改革中，人民调解制度成为人民司法的重要内容之一。1953 年第二届全国司法工作会议后，开始在全国区、乡党委和基层政权组织内有领导、有步骤地建立健全人民调解组织。1954 年，政务院颁布的《人民调解委员会暂行组织通则》是我国人民调解制度发展史上的重要里程碑，标志着人民调解作为一项法律制度在新中国正式确立。

1973 年，人民调解组织随着人民法院的恢复也开始恢复。自改革开放到 20 世纪 90 年代初，人民调解开始迅速发展，并进入辉煌期。1982 的《中华人民共和国民事诉讼法（试行）》，肯定了人民调解的法律地位，并规定其为民事诉讼法的一项基本原则。1982 年《宪法》的第一百一十一条确认了人民调解制度的法律地位。1989 年《人民调解委员会组织条例》规定："人民调解是依靠人民群众的力量实行自我教育、自我管理、自我服务、解决民间纠纷的一种自治活动，是一项具有中国特色的法律制度。"进入 20 世纪 90 年代以后，随着市场经济的发展，社会流动性增大，经济转型，导致以血缘共同、价值共同为特征的共同体为基础的人民调解进入低谷，出现了下滑的趋势。

为了重振人民调解，各项举措自上而下地开展了。1999 年初，司法部提出采取多种方法与有关部门相互配合，努力建立"大调解"工作机制。2002 年 1 月，中共中央办公厅、国务院办公厅转发了《最高人民法院、司法部关于进一步加强新时期人民调解工作的意见》。2002 年 9 月，最高人民法院颁布了《最高人民法院关于审理涉及人民调解协议的民事案件的若干规定》。2002 年，司法部发布了《人民调解工作若干规定》。这些法律法规和政策的发布，赋予了人民调解协议书民事合同的性质，实现了人民调解制度与诉讼制度的一定意义上的对接；进一步完善了人民调解的司法救济。在国家倡导和谐社会的大背景下，这些措施为新时期人民调解工作带来了新的生机和活力，人民调解制度又迎来新的发展时期。2001 年，浙江省基本确立了党委和政府统一领导、综治办组织协调，司法所为依托,各部门形成合力的"大调解工作机制","枫桥经验"经过多年的实践创新,已经成为一个防范化解矛盾,保持社会稳定,促进协调发展的好典型。

2007年,浙江省司法行政系统开始积极探索人民调解队伍专业化、职业化建设,抓好民营企业调委会、专业市场调委会等新型调解组织建设。温州市推行了乡镇(街道)调委会设立专职人民调解员的做法,宁波市全面推行人民调解工作参与交通事故纠纷处理机制,杭州、台州等地建立了"司法诉讼与人民调解衔接"机制,杭州建德市推行的人民调解"以奖代补"政策已在浙江省全省20多县(市、区)得到推广。"十一五"期间,浙江省90%以上的人民调解委员会达到或基本达到了组织、人员、职责、报酬"四落实",初步构建了横向到边、纵向到底、遍布城乡、扎根基层的人民调解组织网络。2010年8月28日,第十一届全国人大常委会审议通过了《中华人民共和国人民调解法》。《人民调解法》规范了人民调解委员会的设立、组成和推选程序;扩大了人民调解组织的设置范围,从法律上确认了人民调解与其他纠纷解决方式之间的衔接机制;明确了人民调解协议的效力和司法确认制度。

至2012年,浙江省已在县(市)级层面建立医疗纠纷人民调解委员会、交通事故纠纷人民调解委员会等行业性专业人民调解委员会;充分利用司法行政法律服务中心、司法所等平台,整合人民调解、律师、公证、法律援助等资源;切实加强了人民调解与行政调解、司法调解的衔接;充分发挥人民调解在党和政府主导的"大调解"体系中的基础性、主力军作用;普遍建立了人民调解与信访工作的联动配合机制。2017年,浙江省司法厅开始探索建立"大数据+人民调解"的新型人民调解机制。2017年,浙江省全省共受理社会矛盾纠纷597094件,调处成功596230件,调处成功率达98.78%。2018年,浙江省开展"坚持发展'枫桥经验'实现矛盾不上交"专项行动。2018年,浙江省全省各人民调解组织共排查化解矛盾纠纷60余万件,工作成效显著。

六、法律援助工作

改革开放以后，我国的法律援助制度开始起步。1979 年以后，我国先后颁布实施的《刑事诉讼法》《民事诉讼法》《律师工作暂行条例》等法律法规中都规定了相关的法律援助内容。1996 年 3 月和 5 月《刑事诉讼法》和《律师法》相继修改和制定，中国法律体系中正式确立了法律援助制度。

1996 年 11 月，浙江省宁波市司法局率先建立浙江省的首家法律援助中心，之后，丽水、绍兴、杭州、金华、衢州等市（地）及所属的一些县（区）也陆续建立了法律援助机构。1999 年，浙江省法律援助中心成立。至 1999 年底，浙江省已有 10 个地（市）的法律援助机构正式挂牌运作，有 30 个县（市、区）成立法律援助机构，初步形成省、市（地）、县（区）三级法律援助网络。1998 年，丽水地区、淳安县等地在浙江全省率先开通“148”法律服务专线。1999 年 6 月，浙江省 11 个市（地）、85 个县（市、区）全部都开通“148”法律服务专用电话。

2004 年以来，法律援助日益得到重视，浙江省各地都把法律援助事业纳入了当地党委、政府的主要议事日程，法律援助组织网络进一步健全。在“十一五”期间，浙江省法律援助的范围逐步扩大、组织机构基本建立、保障措施逐步落实。全省建立法律援助机构 100 家，并在乡镇、街道、社区以及工会、共青团、妇联、残联、老龄委等社会团体设立 1270 家法律援助工作站，构建了基层法律援助网络。

2013 年，浙江省司法厅出台了《关于进一步深化法律援助惠民服务的意见》。意见要求各级司法行政机关和法律援助机构积极探索和深化法律援助惠民服务各项措施，并提出五方面的具体要求。2015 年，浙江省委办公厅、省政府办公厅出台《关于进一步完善法律援助制度的实施意见》，浙江省高级人民法院、浙江省司法厅在全国率先出台《关于推行申诉案件法律援助工作机制的意见》。2016年9月29日,浙江省人大常委会完成《浙江省法律援助条例》第三次修正工作,标志着浙江省法律援助立法工作迈出新步伐。此次修正后的新条例为浙江全省老百姓带来四大实惠。2017年2月,浙江省颁布全国首个省级法律援助地方标准《法律援助服务规范》,标志着浙江省法律援助工作进入了标准化、规范化的发展新阶段。2017年,浙江全省法律援助机构共办理法律援助案件83567件,受援人数84449人,解答各类法律咨询394605人次。2018年,浙江省司法厅会同省法院,在杭州、宁波、温州三市开始刑事案件法律援助全覆盖试点工作。

七、公证和司法鉴定工作

(一)公证工作

新中国成立之初,国家处于经济恢复时期,各地人民法院认为有必要通过公证工作对国家机关、国有企业与私营企业订立的经济合同实行法律监督。1951年,中央人民政府、司法部分别指示各大行政区司法部积极领导各城市人民法院开办公私合同公证业务。根据1951年9月3日中央人民政府委员会通过的《中华人民共和国人民法院暂行组织条例》规定,公证工作归市人民法院和县级人民法院办理。在1953年4月25日第二届全国司法会议后,中国的公证制度建设初具规模并逐步走向正规化。浙江省的公证制度起步于1951年,1954年公证工作转归司法行政机关直接领导。1958年开始,由于受"左"倾错误思潮影响,公证工作严重受到削弱。

1978年12月党的十一届三中全会召开后,在司法部还未恢复前,各地在最高人民法院的领导下,纷纷恢复公证工作,涉外公证业务的发展尤为迅速。1980年2月25日,司法部发出《关于逐步恢复国内公证业务的通知》,正式恢复了停办长达 20 年之久的国内公证业务。1979 年,浙江省司法行政机关恢复重建,公证机构也随之在市(地)、县(市、区)普遍恢复重建。1980 年 3 月 5 日司法部发出《关于公证处的设置和管理体制问题的通知》,统一了公证机关的组织管理体制。1982 年 3 月 8 日全国人大通过的《中华人民共和国民事诉讼法(试行)》规定了公证的证据力和强制执行效力,确立了公证书在民事诉讼中的地位和作用。1982 年 4 月 13 日,《中华人民共和国公证暂行条例》公布施行,这是中国第一个全国性的公证法规,标志着中国公证制度进入了一个新的阶段。

1988 年 5 月 11 日至 15 日,司法部在北京召开了自 1979 年恢复公证制度以来的第一次全国公证工作会议,标志着中国公证制度的建设和公证工作的开展进入了新的历史阶段。1994 年浙江省成立了省公证处。到 1997 年,浙江全省共有 98 个公证处,500 多名公证人员。2006 年 3 月 1 日,《中华人民共和国公证法》实施,给公证事业的发展带来了新的契机。为保证《公证法》在浙江省的贯彻实施,浙江制定了《浙江省公证机构设置调整方案》和《浙江省公证机构布局规划》,调整后,全省原 97 家公证机构减少为 90 家,并做到了设区的市区公证机构设置在同一层级。

2014 年,浙江省大力加强公证工作标准化、规范化、信息化建设,浙江省公证协会制定发布《浙江省公证质量标准(试行)》《浙江省错误和虚假公证书认定标准(试行)》,2015 年又制定发布了《公证质量检查评价标准》和《公证质量检查规则》,浙江省公证质量标准化体系基本建成。2016 年,浙江省全省公证系统开设"绿色通道"、探索"绿色继承"等创新工作。2017 年,浙江省司法厅率先制定出台《浙江省办理公证"最多跑一次"实施方案》,迅速在浙江全省范围内推动办理公证服务事项"最多跑一次"改革。

(二)司法鉴定工作

2005 年 2 月 28 日,全国人民代表大会常务委员会通过的《关于司法鉴定管理问题的决定》规定:"国务院司法行政部门主管全国鉴定人和鉴定机构的登记管理工作。"这是司法鉴定制度建设和体制改革上的重大发展。2006年,为贯彻落实决定,浙江省司法厅进一步加强了与法院、物价等部门的沟通,努力为司法鉴定业的发展创造良好的外部环境,积极稳妥推进浙江省统一司法鉴定管理体制的建设进程。浙江省司法厅对现有的司法鉴定机构进行了清理,新审核登记司法鉴定机构14家,司法鉴定人77名。2006年,浙江省司法厅制定发布了《浙江司法行政机关司法鉴定投诉处理规定》《浙江省司法鉴定机构公示制度》《浙江省司法鉴定执业行为规范承诺制度》和《关于做好司法鉴定机构司法鉴定人审核登记工作的通知》等。

2008年,按照全国人大常委会2005年2月28日通过的《关于司法鉴定管理问题的决定》,浙江省司法厅认真履行司法鉴定工作管理职能,加强与政法各部门的沟通,成立了浙江省司法鉴定咨询专家组。2008年,浙江省司法厅制定发布《浙江省司法鉴定人助理管理规定(试行)》,进一步健全司法鉴定管理机制。2009年6月3日,浙江省人大常委会通过了《浙江省司法鉴定管理条例》,促进了浙江省司法鉴定业健康有序的发展。2012年,浙江省开始在湖州、嘉兴开展司法鉴定进驻公共法律服务中心的试点工作,建立进驻窗口与中心其他窗口一体化服务模式。截至2017年,浙江省有69家县(市、区)公共法律服务中心进驻司法鉴定机构,占总数的76.7%。2017年10月,中央全面深化改革领导小组第三十七次会议审议通过《关于健全统一司法鉴定管理体制的实施意见》。12月7日,在浙江省委政法委领导下,省高院、省检察院、省科技厅、省公安厅、省国安厅、省司法厅、省财政厅等七家单位召开座谈会,分解工作目标责任,商议贯彻落实《实施意见》的具体措施。

2018年浙江省司法鉴定工作坚持司法鉴定专业化、标准化、品牌化、信息化发展方向,积极打造高资质、高水平的司法鉴定机构。浙江省在全国率先开展全省法医临床司法鉴定机构资质评估。2018年底,浙江省全

省 80 家县(市、区)公共法律服务中心都有司法鉴定机构进驻,占总数的
89.9%,中心提供咨询服务、鉴定检查服务、司法鉴定法律援助、司法鉴定
专业知识普及等服务。

第三节　浙江省公共法律服务体系建设的变迁

衡量一个国家或地区法治文明程度的重要标志之一是看它的公共
法律服务体系的发展水平,这也是社会治理法治化、现代化水平的重要
内容。公共法律服务体系建设是顺民意和民心的大事业。伴随着浙江
省市场经济的发展和民主法治建设的进程,浙江省的公共法律服务体
系,经历了从没有法律服务到出现法律服务,从法律服务到公共法律服
务出现,从公共法律服务建设完善到公共法律服务体系的起步、发展和
完善的过程。

一、第一阶段:法律服务的出现

改革开放之初,我国的法律服务开始起步。1978 年党的十一届三中
全会召开,在此之后不久,党中央、国务院开始逐步强调加强社会主义法
制,并且为加强政法工作采取了一系列措施。律师制度、公证工作等法律
服务均在逐步恢复中。

20 世纪 80 年代,我国的基层法律服务所首先在广东、福建、辽宁等
地出现,这些服务所主要是为农民提供调解生产经营纠纷、代书以及解
答简单的法律问题等服务。1984 年以后,在司法部的批准以及推广之
下,法律服务所得以迅速发展,并迅速向全国基层扩展。尤其是自
1986 年底,在司法部"巩固、提高、改进、发展"的指导方针下,全国基层
法律服务显示出上升的趋势。据统计,1989 年底,全国共有 29979 个

乡镇法律服务机构,全国乡镇法律服务机构在调解纠纷、协助公证、代理等事项 235037 件。此时,基层法律服务服务所主要承担的是基层政府和企业的常年法律顾问、代写法律相关文书、解答法律问题咨询等法律业务。

1990 年初,中共中央、国务院在《关于加强社会治安综合治理的决定》文件将基层法律服务所定性为"政法基层组织"之一。20 世纪 90 年代后,面对基层法律服务所与律师事务所、基层司法所界限之模糊,全国的乡镇法律服务所开始进入总结、整顿阶段,司法部要求基层法律服务所建设的重点转到了上等级、上水平、上质量、上效益的新阶段。1987 年,司法部颁布《关于乡镇法律服务所的暂行规定》《乡镇法律服务业务工作细则》等,这些规定认可了基层法律服务所近似于律师的广泛业务范围,司法部还统一发布"乡镇法律工作者证",给予服务所工作人员资格认证或执业证书。于是,全国的乡镇法律服务所经过整顿、撤销、合并,还新建了一些新的服务所。很多乡镇法律工作人员考取律师资格。许多的法律服务所经过整顿,明确和增加了服务业务的层次和范围。基层法律服务所的各项规章制度开始完善,80% 以下的服务所进行挂牌服务和实行了"两公开一监督"制度。当时的官方文件认为基层法律服务所在协助基层政府推进依法治国工作。1994 年,浙江省全省也积极地广泛地开展了上等级、上质量、上规模、上效益活动,对法律服务所的人事、财务分配等制度进行改革。浙江省挑选 37 家拥有律师资格的工作人员、业务素养高、近几年来业务发展稳定或发展前景较好的法律事务所增加了律师事务所的牌子。1994 年,浙江省 962 家基层法律服务机构,3491 名法律服务工作人员,一共为基层政府、村(居)委会、乡镇(街道)企业、个体工商户等担任常年法律顾问 10392 家,协助办理公证 36983 件,承担民事诉讼、非诉讼代理 29904 件,宣讲普法 6906 场次,代写法律等文书 36087 件;通过担任法律顾问、代理民事、经济案件,为当事人避免经济损失 5.94 亿元,这在 1993 年仅为 2.4 亿元。

二、第二阶段：公共法律服务的出现及其发展

2000 年以后，党中央及司法部开始提出公共法律服务，人民调解从低谷走出，法律服务所开始转型。人民调解、法律服务所、公证、法律援助等机构在基层的资源开始组合，公共法律服务开始起步。随着我国市场经济逐步建立，在学术界和实务界产生了法律服务所的业务范围是否应当划分、怎样划分的讨论。有观点认为法律服务所应该走向市场经济，并在市场中优胜劣汰。但是，司法部的观点是希望能够将基层法律服务朝着公益性、非营利性发展，并且这种来自高层的态度越来越明朗。这可以从 2000 年以后，司法部对基层法律服务文件和有关领导的讲话中得以明确。2002 年，司法部颁布《关于加强大中城市社区法律服务工作的意见》，2003 年，司法部部长张福森在全国司法厅（局）长座谈会上的讲话中指出，基层法律服务具有立足社区，亲民近民、服务便利、收费低廉等特点，目的是满足城市低收入阶层和弱势群体的法律需求。司法部将大中城市基层法律服务工作职能定位于"以街道社区为依托，面向基层、面向社区、面向群众，提供公益性、非营利性法律服务"。

根据 2002 年司法部颁布的《关于加强大中城市社区法律服务工作的意见》精神，基层法律服务工作的基本原则，一是坚持三个面向：面向基层、面向社区、面向群众；二是坚持三个效益型：公益性、便民性、社会效益性，其中社会效益是第一位；三是坚持资源整合，协调运作，将律师、基层法律服务、法律援助、公证、法律服务志愿者等队伍，以及安置帮教、法制宣传、人民调解等队伍都有效地组织起来，延伸司法行政工作，协同促进社区法律服务事业的发展。根据中央文件和司法部领导讲话的指示，浙江省开始了相应社区法律服务工作，逐步建立健全社区法律服务体系。律师队伍、公证员队伍、基层法律服务队伍的关系开始逐渐理顺，做到有分工有合作，使法律服务资源合理配置和功能互补，使法律服务秩序更加

规范。基层法律服务所依托社区,面向基层、面向社区、面向群众提供公益性、便民性的法律服务。律师、公证等法律服务开始进入社区、在街道司法所或法律服务所中开始设立法律援助工作站(联络站)。浙江省的各级司法部门加强对社区法律服务工作的指导和管理,并将加强社区法律服务工作摆上重要议事日程,一些地方政府还制定与社区对口的法律服务计划,协调、组织辖区内的律师事务所、公证处、基层法律服务所就近到社区开展法律服务,并通过合同约定具体的服务方式。一些地方基层的司法局或司法所还通过与社区签订提供法律服务的协议来进行公共法律服务的推广。

三、第三阶段:公共法律服务体系建设的提出及发展完善

按照中央、司法部及浙江省委、省政府的部署,浙江省推进覆盖城乡居民的公共法律服务体系建设,让更多的城乡居民共享法治建设的成果。浙江省的公共法律服务体系的建设,在"法治浙江"的建设和深化中,主要在推进基本公共法律服务均等化、公民权益依法保障行动计划、法治便民利民惠民措施、覆盖城乡居民的公共法律服务体系上取得显著成绩。

2012年党的十八大和2013年党的十八届三中全会,对创新社会治理、加强公共服务体系建设、推进基本公共服务均等作出总体决策部署。2012年,《国务院关于印发国家基本公共服务体系"十二五"规划的通知》对"十二五"期间,我国建设公共服务体系的目标任务提出明确要求。2014年10月,党的十八届四中全会进一步明确指出了"推进覆盖城乡居民的公共法律服务体系建设"这一重大任务。2017年,司法部发布了《关于推进公共法律服务体系建设的意见》,意见明确了公共法律服务的含义与外延和六项主要任务等。

　　浙江省是全国较早开展公共法律服务体系建设探索实践的省份。2006 年,"法治浙江"的建设就指出"在坚持法治为民,切实维护社会公平正义。把维护公平正义、保障人民根本权益作为制度安排、法规制定和各项工作的出发点和落脚点"。2008 年 1 月,浙江省委、省政府部署实施"全面小康六大行动计划",并提出"加快形成惠及全民的基本公共服务体系"。2008 年 4 月,浙江省出台《司法行政工作服务保障民生五年行动计划》,组织实施服务保障民生"五大工程"。2012 年 4 月,《浙江省基本公共服务体系"十二五"规划》出台,对公共法律服务工作提出要求。2013 年 6 月,《关于推进城乡基本公共法律服务体系建设的意见》出台。2013 年 11 月,浙江省委十三届四次全会,决定将"构建覆盖城乡的公共法律服务体系"列为重点改革项目。2014 年浙江省出台了《关于支持律师资源不足地区加快公共法律服务体系建设的指导意见》等指导性文件,鼓励和推动政府购买公共法律服务、组织法律服务志愿服务队伍等多种方式,加大对律师资源不足的一些县(市)的政策扶持,有效解决一些欠发达地区公共法律服务资源不足的问题。

　　浙江省的一些基层依托乡镇(街道)公共法律服务站和村(社区)公共法律服务点,开展村(社区)法律顾问制度,在基层设立法律援助工作站、公证服务联络点、司法鉴定咨询服务窗口、法治宣传阵地。这些措施使公共法律服务资源延伸到基层末端,推动城乡之间、富裕与贫困地区的法律服务资源流动和均衡达到最优布局。此外,依托民主法治村(社区)等创建载体,深化开展村(社区)事务"合法性检验",完善乡规民约等社会自治规则的合法性,保障各类基层组织能够合法地自我约束和自我管理,保障群众合法权益,尤其是群众关注的问题,诸如征地拆迁、土地权属、婚姻家庭、社会保障等方面遇到的法律问题,引导基层群众合法理性表达诉求、依法维护权益。

　　2014 年 12 月,浙江省委十三届六次全会《中共浙江省委关于全面深化法治浙江建设的决定》进一步强调"完善法律服务供给机制,构建覆盖城乡、惠及全民的公共法律服务体系"。2015年公共法律服务体系建设成效初显。浙江省公共法律服务平台是以县(市、区)司法行政法律服务中心、乡镇(街道)公共法律服务站、村(社区)公共法律服务点和12384公共法律服务专线、公共法律服务网为主干的。浙江省公共法律服务平台在全国率先开通。此外,浙江省成立了省公共法律服务志愿者总队,贯彻落实《关于支持律师资源不足地区公共法律服务体系建设的意见》等文件,不断优化法律服务资源布局。

2017年3月,浙江省委办公厅、省政府办公厅出台《关于加快推进公共法律服务体系建设的意见》,提出到"2020年要全面建成覆盖城乡居民的公共法律服务体系,实现服务资源均衡发展、服务能力显著增强、服务方式便捷高效、群众满意度明显提高,为高水平全面建成小康社会提供强大的法律服务和法治保障"。2017年10月,"浙江公共法律服务网"已经全线对接了司法部"12348中国法网"(中国法律服务网)建设标准。自此,浙江公共法律服务网,已经能够实现依托司法部"12348中国法网",承接各类法律服务需求,面向全国提供具有浙江特色的公共法律服务。2018年,省司法厅围绕建成高水平公共法律服务体系的目标,着力加强公共法律服务实体平台、网络平台、热线平台三位一体建设,推进区域均衡、城乡均衡、人群均衡三位一体发展,加强服务产品、服务标准、服务队伍三位一体建设,提前两年实现司法部提出的普及化、一体化、精准化建设目标,高水平公共法律服务体系在浙江省全省范围内基本建成。

第五章

坚持公正司法，
推进人民法院建设与改革

第一节　浙江省法院的历史沿革

新中国成立后,中国人民在中国共产党的领导下,废除旧法统,建立新的国家机构和法律体系,司法审判工作从此进入民主法制新时期。在此后的 70 多年,浙江省法院建设和司法审判工作虽出现过挫折,但从总体上看,是朝着有效维护国家和人民权益方向逐步发展完善的,而且法院地位日益提高,发挥的职能作用越来越大。

新中国成立初期,人民法院属政府的一个部门,主要任务是:运用审判职能,惩办反革命分子和敌对破坏分子,巩固新生的人民政权,维护生产建设,保障人民安居乐业。由于蒋介石在浙江省有深厚的反动社会基础,加之当时部分沿海岛屿尚未解放,敌特破坏活动猖獗,对敌斗争形势十分严峻。新建立的浙江省人民法院及 9 个分院、84 个基层法院,遵照省委指示,根据当时形势,紧紧围绕土地改革、镇压反革命、"三反""五反"等运动开展审判工作。以《中华人民共和国惩治反革命条例》《华东惩治反革命罪犯暂行条例》《华东惩治不法地主暂行条例》和"惩办与宽大相结合"政策为依据,处决了一批罪大恶极的反革命分子,粉碎了敌对势力反攻倒算阴谋,巩固了人民政权,保障了全省经济恢复和民主改革的顺利进行。

1954 年 9 月的《宪法》和《人民法院组织法》,明确人民法院为国家审判机关,对人民代表大会负责并报告工作,依法独立行使审判权,不受行政机关、社会团体和个人的干涉。随着法院法律地位的确立,机构设置也逐步健全。浙江省人民法院改称浙江省高级人民法院,地市增设中级人民法院。审判案件由原三级二审制,改为最高法院、高级法院、中级法院、基层法院四级二审制。全省三级法院依法履行职能,全面开展各项审判工作,有效地惩罚犯罪、调处各类纠纷,对国民经济恢复发展和社会稳定,发挥了重要作用。但在此后的近 20 年时间里,因"左"倾思潮泛滥,司法工作和其他事业一样,受到严重干扰。1957 年开展的反右派斗争,使一批坚持实事求是的法院干部受到错误处理;1958 年,"大跃进"浪潮冲击司法工作,法律规定的司法程序制度被破坏;特别是 1966 年开展的"文化大革命"运动,使司法审判工作遭到严重破坏。1972 年底,根据中共中央指示,浙江省各级法院得以恢复重建。1976 年 10 月党中央一举粉碎"江青反革命集团",宣告"文化大革命"结束。

经过拨乱反正,尤其是 1978 年 12 月,党的十一届三中全会作出以经济建设为中心,改革开放,加强社会主义法制的战略决策,迎来了司法审判的春天。继 1979 年中华人民共和国第一部《刑法》《刑事诉讼法》诞生后,《民法通则》《民事诉讼法(试行)》《经济合同法》等基本法律陆续颁布实施,尤其是《宪法》和《人民法院组织法》修改,审判工作的重大原则,诸如审判权由人民法院统一行使;公民在适用法律上一律平等;必须以事实为根据,以法律为准绳;公检法三机关分工负责,互相配合,互相制约,保证准确有效执行法律;审判公开,刑事被告有权获得辩护等,都有了明确规定。司法审判工作从此真正走上"有法可依,有法必依,执法必严,违法必究"的健康发展轨道。

随着改革开放政策深入实施,浙江省经济快速发展,经济社会生活发生急剧变化,各类民商事纠纷案件及各类犯罪案件也逐年大幅上升。全省各级法院顶着案多人少、物质装备与任务需要不相适应的压力,充分调动广大干警积极性,艰苦奋斗,以改革创新精神,狠抓队伍和基层基础建设,积极探索司法改革,深化司法为民措施,顺应社会经济发展要求,较好地完成了各项审判任务,有力地保障了社会稳定,促进了浙江省经济持续快速健康发展。

第二节　浙江省法院审判工作的历史成就

法院是我国的审判部门,浙江省三级法院则承担着全省刑事、民商事、行政等案件的审判工作及相关执行工作。从新中国成立到改革开放再到新时代,司法事业虽然有过挫折,但全省法院始终坚持以事实为依据,以法律为准绳,秉持司法为民、公正司法的工作理念,积极履行司法审判职责,努力"让人民群众在每一个司法案件中感受到公平正义"。

一、刑事审判工作

1949年5月3日,浙江省省会杭州解放。省委要求司法审判机关贯彻同年2月中共中央发布的《关于废除国民党六法全书与确定解放区的司法原则的指示》:"目前,在人民的法律还不完备的情况下,司法机关的办事原则应该是:有纲领、法律、命令、条例、决议规定者,从纲领、法律、命令、条例、决议;无纲领、法律、命令、条例、决议规定者,从新民主主义的政策。"1950年10月至1953年上半年,浙江省开展"镇反""三反""五反"群众运动。浙江省各地法院及临时建立的人民法庭审理了一大批反革命案件、贪污案件、不法资本家侵吞盗窃国家财产案件,巩固土地改革成果,维护国民经济的恢复与稳定。1952年7月起,开展司法改革运动,清算"法律是超阶级的政治""办案是单纯技术工作"等错误思想,对法院队伍中的反革命分子、贪污分子和其他坏分子坚决清除。1955年7月至1957年上半年,浙江省开展第二次"镇反"和"内部肃反"运动。公开审判制度、陪审制度、辩护制度、合议制度、二审终审制度、死刑复核制度等刑事审判程序制度,在全省法院得到较好贯彻执行,保证刑事审判工作达到正确、及时的要求。

1957年下半年,全省法院开展的"反右"斗争,严重冲击实施宪法和贯彻人民法院组织法的法制建设成果。1958年,全省法院开展"大跃进"运动,把侦查、起诉、审判三道程序变成"一员顶三员""一长代三长",公开审判、合议、辩护、上诉等程序制度或被取消,或被简化。

1960—1962年,浙江省开始对"大跃进"时期的审判工作失误进行纠偏、整顿,省高院对审判程序制度,特别是死刑复核制度进行整顿。1962年3月,省高院强调,判处死刑犯,必须经最高法院核准,由省高院下达死刑命令;向罪犯本人宣判死刑,必须经省委批准,由省高院通知;召开宣判大会,必须报告地(市)委批准;杀人布告要经过中级法院审查,报地(市)委批准;典型案件的判决书、宣传提纲和宣判大会上的讲话稿,要经过县(市)委批准。同年7月,省高院要求,各级法院受理的案件,应当进行预审,并应公开审判,应当让被告人行使辩护、上诉、申诉权,对死刑案件的复核,应按照规定办理,手续不能简化。凡需要召开群众大会宣布执行的,应当只限于现行反革命首要分子,不得将老人、妇女、青少年罪犯放在这样的大会上宣布执行。1963年,省高院通知要求,除有关国家机密,有关当事人隐私、被告人未满18周岁的刑事案件,应当一律公开审理,并在开庭前3天通知同级检察院贴出公告。经过一系列整顿,全省法院刑事审判工作基本回到法制轨道,特别是确保了死刑案件的质量。

1966—1976年,浙江省的司法审判工作遭到严重破坏。1976年10月至1978年,浙江省的法院依法判处一批"江青反革命集团"在浙江省的骨干分子。从1978年开始,全省法院投入较大精力复查平反冤假错案,并对当事人平反纠正后的就业、户粮关系、困难补助等予以妥善解决。这一举措,对抚平冤错案件当事人创伤,恢复党的实事求是思想路线,促进社会安定团结具有重要作用,深得党心民心。

1980年1月1日,《刑法》《刑事诉讼法》正式实施,全省法院依法惩办了一批严重危害社会治安的现行犯罪分子,取得了较好效果。由于"文化大革命"的消极影响,加上对刑事犯罪打击不力,1983年社会治安出现不正常状况。严重刑事案件猛增,特别是流氓团伙活动猖獗,群众缺乏安全感。全省法院遵照中共中央《关于严厉打击刑事犯罪活动的决定》和全国人大常委会《关于严惩严重危害社会治安的犯罪分子的决定》,精心组织审判工作,加班加点,连续作战,积极投入"严打"斗争,有力地打击了刑事犯罪活动的嚣张气焰。同时,通过公开审判、法制宣传、司法建议、开展少年犯罪专项审判等,积极参与社会治安综合治理,促进社会治安逐步好转。

20世纪80年代,在计划经济走向市场经济的变革大潮中,经济领域的犯罪活动严重,走私贩私、贪污受贿、投机倒把、盗窃诈骗公共财物等犯罪案件大量发生,严重破坏社会主义经济秩序。全省法院认真执行中央关于严厉打击经济领域犯罪活动的决定,积极开展审判工作,有效地维护了正常的经济秩序。但因当时处于变革初始,法律政策对有的案件尤其是投机倒把案件,罪与非罪界定不清,造成部分案件错判,给经济活动带来负面影响。其中最为典型的是,温州乐清柳市王迈仟等"八大王"被定罪判刑后,致使当地个体户纷纷关门歇业。对此,各级法院解放思想,以是否有利于发展社会主义生产力、是否有利于增强国家综合实力、是否有利于提高人民生活水平这"三个有利于"作为根本判断标准,认真复查有关案件,对确系错判的,实事求是予以改判纠正。此举,对促进浙江省个体经济和民营企业的发展,产生了重大而深远的影响。

2006年6月1日起,全省死刑案件二审全部实现开庭审理,走在全国法院前列。同年9月1日起,浙江省在全国率先实行全部采用注射方式执行死刑,体现文明执法。2009年,省高院在全省法院开展量刑规范化试点工作,收集试点法院近三年来所审理的相关犯罪案件数据,制作数据软件包上传最高法院,为量刑规范化的深入推进提供数据支持。2010年,省高院印发《浙江省人民法院量刑指导意见(试行)实施细则》,着力解决量刑的公平问题。2012年2月,省高院印发《全省法院刑事审判疑难问题研讨会纪要》,统一指导刑事审判工作。2015年5月28日,省高院发布近五年《浙江法院未成年人刑事审判工作报告》,2010—2014年,浙江全省法院判决未成年犯共计29119人,占全省罪犯总数的5.41%,占全国未成年犯总数的9.53%。从犯罪类型看,排在前五位的罪名是盗窃、抢劫、故意伤害、寻衅滋事、聚众斗殴。为突出特色司法保护,浙江省全省104个法院中,有34个法院设立了独立建制的未成人案件审判庭,27个法院设有固定合议庭,26个法院指定专人审理。全省共有157名从事未成年人案件审判工作的法官,约2/3具有国家心理咨询师职业资格。

根据最高人民法院不同时期针对刑事审判中的具体问题出台的司法解释,浙江省高院刑事审判部门制定刑事犯罪追究刑事责任常用标准,同案同判,规范刑事审判具体标准。坚持打击与防范并举,重拳出击,严厉开展"扫黑除恶"专项斗争,2018年审结涉黑恶案件242件,认定构成黑恶犯罪1595人,判处重刑305人。这些案件的判处,彰显了有黑必扫、有恶必除、有"伞"必打的坚强决心。

刑事审判适应司法体制改革要求,积极推进庭审实质化改革,以审判为中心的刑事诉讼制度改革和量刑规范化司法改革,依据最高人民法院颁发的关于刑事审判三个规程即一审普通程序规程、庭前会议规程、非法证据排除规程,刑事审判程序改革向纵深发展,关键证人出庭作证、非法证据排除、鉴定意见审查、对出庭作证人员的特别保护以及出庭证人费用补助等取得进展,推进刑事审判庭审实质化,体现刑事审判对证据认定的最高证明标准。

二、民商事审判工作

(一)民事审判工作

新中国成立后,随着各级法院的相继成立,下设民、刑两庭,民庭专司审理民事案件,并逐步确立了如上诉审程序、陪审程序、调解制度和巡回审判等一套审判程序制度,形成了婚姻、劳资、房屋等纠纷处理原则。新中国成立以来,浙江省法院受理的一审民事案件数量总体呈逐年上升趋势。婚姻家庭案件一直是传统民事案件的重点,1950年5月1日《婚姻法》颁布后,浙江省法院编写宣教资料进行宣传教育,通过调解、审判实例教育群众,摧毁封建婚姻,肃清封建礼教遗毒,解放受压迫、受奴役的广大妇女。1950年5月17日,浙江省人民法院(1955年更名为浙江省高级人民法院)吴山民院长在《浙江日报》发表《如何正确执行婚姻法》的专论,同年6月3日、6月21日,他又在杭州市各界妇女代表会上作《从妇女方面看婚姻法》的讲话和在杭州市人民广播电台作《婚姻自由与反封建斗争》的广播演说,要求正确执行婚姻法。浙江省法院在婚姻家庭案件的审判工作中,一是注重调解,在离婚案件中,调解是必经程序;二是深入调查,深入当事人所在地、所在单位,认真开展调查取证工作,搞清案件真情实况;三是加强宣传,采取就地办案或集中的法律宣传等形式教育群众。长期以来,法院对准予离婚的依据存在争论,1980年9月,新《婚姻法》颁布施行,审理离婚案件是否准予夫妻离婚有了法定依据。浙江省法院的处理原则是:衡量夫妻感情是否破裂,要审查婚姻基础、婚后感情、离婚原因、发生纠纷的是非责任以及夫妻关系的现状,考虑子女的利益和社会影响。

随着民营经济的发展,浙江省劳动争议纠纷迅速增加。城市化进程的加快和房地产市场的发展,导致建设工程、商品房买卖、土地使用权出让、转让和物业管理合同等纠纷迅速增加。经济的发展,也带来环境恶化的负面效果,环境污染纠纷增加。另外,车辆的增加、交通的发展,带来道路交通事故激增。2010 年,道路交通事故纠纷占侵权和权属纠纷近60%。随着改革开放带来的经济社会发展变化,浙江省受理的民事案件,已由 20 世纪 70 年代前的十几类,演变为几十大类,具体案由多达 500多种。

当前,浙江省审理的民事案件的类型包括婚姻家庭纠纷案件、继承纠纷案件、损害赔偿案件、土地与房屋案件、建筑工程合同案件、劳动争议案件以及其他民事案件等。加强劳动争议行政裁决与审判的衔接工作,优化营商环境。2018 年 3 月浙江省人力资源和社会保障厅、浙江省高级人民法院印发关于贯彻落实人力资源社会保障部、最高人民法院关于加强劳动人事争议仲裁与诉讼衔接机制建设的意见通知。浙江省高院业务庭与浙江省劳动人事争议仲裁院为审理劳动争议案件的单位,至 2019 年 5月先后作出五个针对疑难问题的解答。着力提高办案质量,确保有理有据的当事人打得赢官司。

统一法律适用和裁判尺度,为完善民事审判权力运行机制,进一步规范民事案件审判活动。2018 年 12 月,省高院出台《浙江法院民事一审案件审理规程》,连同附则在内一共有 163 条,本规程适用于浙江省法院普通程序审理的一审民事纠纷案件,从审判组织、法官履职、合议庭分工、审理程序、证据审查,民事审判权运行规范,有效规范监督等作出全面的规范,体现了一审民事审判的最新规范成果,不断提升办案质效。2018 年全省法院一审案件上诉率 7.4%,二审改判发回瑕疵率 2.7%,生效裁判息诉率达 98.9%。

(二)商事审判工作

新中国成立后,商事纠纷亦称为经济纠纷,但在 1979 年以前,其主要由行政机关处理。正如彭真同志所言:"许多属于全民和全民,全民和集体、全民、集体和个人之间的纠纷，特别是经济纠纷，主要由行政机关处理，很少提到法院判决。"改革开放给经济建设注入活力，浙江省经济空前活跃，经济纠纷随之增多，催生了经济审判。1979年11月，省高院建立经济审判庭。相对于浙江省经济比较发达、经济纠纷案件比较多的实际，当时全省经济审判力量与任务不相适应的矛盾比较突出。各级法院收到的诉状和来信来访不断涌现，但由于经济立法尚不完备，经济审判庭收案范围和办案程序没有明确规定，因此，在省高院、中级法院及部分基层法院建立经济审判庭之初，只能有选择性地试办案件，大多数案件由各级政府经委和主管局按协商、调解、仲裁、复议仲裁程序解决。

1984年以后，全省各级法院受理、审结经济纠纷案件数量连年攀升，解决争议标的金额不断增大。同时，案件类型也日趋多样，联营、合伙、承包租赁、企业破产、保险、证券、期货、票据、技术合同、专利、商标、海事、海商、涉外等新类型案件陆续出现。面对新情况新问题，全省法院开拓知识产权、涉外、海商海事等专业审判，加强调查研究，精心研究法律适用，努力提高审判质效。主动服务经济建设，发挥审判职能作用，依法保护各类市场主体的合法权益，助推全省乡镇企业和民营企业"异军突起"，促进全省经济快速健康发展。

1988年召开的党的十三届三中全会上，就治理经济环境、整顿经济秩序等提出了加强宏观调控的要求。全省各级法院在经济审判中积极贯彻这一方针，通过审理一批因整顿清理公司引起的债权债务纠纷案件、因整顿建筑行业秩序引起的建设工程承包合同纠纷案件、因贯彻财政紧缩方针引起的回收逾期贷款纠纷案件以及企业破产、票据等纠纷案件，在一定程度上抑制了流通领域混乱现象，保护并促进了生产力发展。

从1993年开始，随着社会主义市场经济体制的发展与完善，浙江省审判机构及职能进一步充实完善，民商审判理念发生转变，民商审判新格局逐步成形，案件类型趋于多元化，除购销合同纠纷、借款合同纠纷等传统经济纠纷案件外，涉及公司、证券、期货、票据、保险、企业破产等现代市场经济条件下新类型的纠纷案件不断涌现。全省法院整顿审判秩序、改革审判方式,并启动机构改革,对原有的经济审判组织机构进行调整,针对民事审判、经济审判、知识产权审判、涉外海事海商审判在实体上都解决平等民事主体间的纠纷,在程序上都适用民事诉讼法等共同特征,确立了"大民事审判"格局。民商事审判新格局形成后,全省民商审判逐步走向专业化、成熟化。通过多年审判实践,各级法院民商事审判法官基于对公平、效率、安全、秩序等商法理念的追求,逐渐形成了相对独立的具有专业化特点的民商事审判新观念,在注重维护社会公平正义、强调私法自治等传统民法基本原则的同时,特别强调鼓励交易,促进交易关系迅捷,保护交易安全,维持正常经济秩序。商事公示主义、外观主义、严格责任主义等观念被普遍接受并自觉运用于审判实践。这一时期,全省各级法院在案件审理、调研指导、业务能力建设等各个方面均取得明显成效。

当前,浙江省法院审理的商事案件包括担保物权类纠纷案件,合同类纠纷案件,公司、企业类纠纷案件,破产类纠纷案件,证券、期货、信托类纠纷案件,保险、票据类案件,仲裁程序案件等。随着社会主义市场经济体制不断发展与完善,对司法服务保障经济发展提出了许多新的要求。2018年,浙江省高院出台服务保障民营经济发展实施意见,为民营经济健康发展和民营企业家健康成长营造良好法治环境。坚持办案与服务并行,服务供给侧结构性改革,最大限度减少司法活动对涉案企业的负面效应,努力做到不中断企业的指挥系统,不中断企业的资金往来,不影响企业的生产经营,不扩大对企业声誉的负面影响,自开展破产审判工作以来,至2019年6月,全省法院审结破产案件2024件,处置企业不良债务650.2亿元,盘活土地资源2.2万亩、厂房718.8万平方米,促进了腾笼换鸟、转型升级。服务防范化解金融风险,妥善审理金融借贷、民间借贷等案件,防范因金融不良债权、"P2P"爆雷等特定类型案件可能引发的金融风险传递;总结推广台州中院"职业放贷人"名录制度,推动建立跨部门协同治理民间借贷机制,依法严厉打击"校园贷""套路贷"

等涉众型犯罪,全省法院民间借贷案件由 2017 年上升 25.5% 变为 2018 年下降 5.6%。

(三)知识产权审判工作

1980 年 1 月,最高法院在《关于人民法院经济审判庭收案范围的初步意见》中明确规定,人民法院可以受理科研成果、专利技术合同纠纷。1983 年 3 月 1 日,《商标法》正式实施。1991 年 6 月 1 日,《著作权法》正式施行。

1993 年开始,随着社会主义市场经济体制的逐步建立,浙江省法院审理的专利、商标、技术合同和不正当竞争案等现代市场经济条件下新类型的纠纷案件不断涌现,其中技术合同和不正当竞争案件大幅度增加。专利纠纷案件一直是知识产权案件的重点,浙江省法院审理此类案件时一般采取以下做法:一是双方和解签订专利实施许可合同,允许原侵权人生产和销售专利产品,以前的侵权行为给予适当赔偿。二是动员专利权人对侵权人已生产的专利产品实施许可,允许侵权人销售,专利权人可按销售额提成。同时,责令侵权者对此前的侵权行为给予适当赔偿。三是将侵权人生产的专利产品折价赔偿给专利权人,由专利权人自行销售,所得之款全部或部分归专利权人,尽量防止和避免在诉讼中进一步扩大当事人的损失。

2007 年 7 月 1 日,《浙江省高级人民法院关于在义乌市人民法院开展知识产权案件"三审合一"审判方式改革试点工作的实施意见(试行)》施行。在义乌市人民法院成立知识产权审判庭,统一审理该院管辖的知识产权刑事、民事、行政案件。通过集中审理,整合现有的知识产权审判力量并加以充实,形成合力,构建统一、全面、立体的知识产权司法保护机制,防止和避免不同的知识产权审判组织就同一法律关系或相同的法律事实作出不同的认定,正确处理知识产权刑事、民事、行政案件在管辖和程序衔接中存在的矛盾和冲突,提高知识产权司法保护的能力和水平,为全省知识产权审判机制改革和创新积累经验。

随着科技进步和信息网络产业的迅速发展,知识产权案件受理数量也迅猛增加,保护领域不断拓宽。诸如虚假广告、侵害商业秘密不正当竞争纠纷等新类型案件也逐渐增多。据统计,浙江省法院受理的知识产权案件数量一直位居全国前列,保护领域得到很大的拓展。在审理各类知识产权案件中,浙江省法院按照"能调则调、当判则判、调判结合、案结事了"的要求,注重对知识产权民事案件的调解结案,快速审结,把司法调解贯穿于解纷的全过程,最大限度地发挥调解在解决知识产权纠纷中的独特作用,促进当事人从矛盾对抗走向合作发展,互利双赢,实现法律效果与社会效果的有机统一。

当前,浙江省法院审理的知识产权案件的案由有著作权案件、商标权案件、专利权案件、技术合同案件、不正当竞争案件等。各级法院不断强化知识产权保护,全面推行知识产权"三合一"审判,加大侵权行为惩罚性赔偿力度,服务创新驱动发展。杭州互联网法院审理全球知名动画形象"小猪佩奇"英国版权方起诉国内两家玩具公司侵权案,判决原告胜诉,体现了我国法院平等保护中外知识产权的立场。

(四)海事海商及涉外涉港澳台审判工作

新中国成立至1984年,浙江省的海事海商民事纠纷案件由普通法院管辖。1984年11月28日,最高人民法院决定,浙江省海域发生的海事海商案件归属上海海事法院管辖。1992年12月4日,经最高人民法院批准,宁波海事法院成立,受理海事海商案件,二审法院为浙江省高级人民法院。在落实海事诉讼专门管辖,建立海事审判外部协作机制的同时,随着中国2001年加入世贸组织,2003年浙江省作出建设海洋经济强省、打造"港航强省"的重大战略决策,浙江省进出口贸易及海运、航运业获得快速发展。浙江省法院积极拓展海事海商审判领域,提升浙江省海事海商审判质量,打造海事海商审判品牌,发挥司法能动作用。为提高海事海商审判的庭审质量和办案效率,浙江省法院采取多项举措:一是全面推行庭前证据交换制度。二是正确行使好法官释明权。由于海事诉讼专业性强,在当事人及其委托代理人的举证达不到举证责任分配的要求,或存在双方当事人诉讼能力强弱不平衡的现象时,由法官行使释明权,给予诉讼双方充分、公平的诉讼权利和义务。三是推行专家辅助人出庭制度。在审理重大、疑难案件中,允许当事人聘请专家出庭,就有关的专业技术问题、商业惯例、海运规则等发表意见。浙江省法院在审判中更加注重发挥司法的能动性,坚持司法为民,妥善处理好民生纠纷、系列纠纷、群体性纠纷案件,切实保障民生。

当前,浙江省法院审理海事海商纠纷案件的类型主要有海事侵权纠纷案件、海商合同纠纷案件、海事特别程序案件等。

涉外涉港澳台案件的审判是民事审判中的重要内容。从解放初期到党的十一届三中全会之前,由于对外开放程度不高等因素的影响,全省涉外涉港澳台案件数量较少,案件类型比较单一,以离婚等传统民事案件为主;真正意义上的涉外案件不多,主要是涉及台湾、香港当事人和华侨的案件。改革开放以后,涉外港澳台投资逐步增多,人员往来频繁,由此引发的涉外涉港澳台民事纠纷增多。与此同时,国家立法逐步完善,在《民法通则》和《民事诉讼法》等基本法律颁布后,合同、专利、商标、著作权和海事海商等领域的部门法相继出台,处理涉外涉港澳台案件开始走上有法可依的道路。在上述两方面因素的影响下,法院内部的审判业务也逐渐细分,全省涉外涉港澳台案件审判工作开始分为涉外涉港澳台民事审判、商事审判、知识产权审判和海事海商审判等四大方面,并呈现以下几个特点:一是从案件类型看,不再局限于婚姻、债务、继承等传统民事案件,涉外涉港澳台商事纠纷、知识产权纠纷、海事海商纠纷等案件开始出现,案件类型结构发生了根本变化。二是从案件数量看,全省涉外涉港澳台案件在民商事案件中的占比虽然不高,但绝对数量不断增多,尤其是2001年我国加入世贸组织以后,案件数量增幅较快。三是从案件涉及的当事人看,除港澳台地区居民外,还涉及全球 50 多个国家和地区的企业和公民,涉外涉港澳台案件审判的国际影响力不断扩大。四是从工作机制看,全省法院已经积累了一定的审判经验,形成了一支专业化的审判队伍,办案质量有了长足进步,审理涉外涉港澳台案件不再层报核稿把关。

三、行政审判工作

行政审判是法院居中裁判"定分止争",解决公民、法人或其他组织与行使公共权力机关之间行政争议的一种司法制度。行政诉讼法的制度目的主要有三项,一是解决行政争议;二是保护公民、法人和其他组织的合法权益;三是监督行政机关依法行使职权。

新中国成立初期,还没有建立行政审判制度,行政机关、司法机关在行政管理及司法活动中产生的与公民、法人或其他组织之间的争议,基本上是按国家有关政策处理。1978 年 12 月,党的十一届三中全会强调"保障人民民主、加强社会主义法制",法制建设逐步得到恢复。1979 年起,相继颁布了一系列有关行政诉讼的行政法律、法规,明确规定了当事人对行政机关的行政处理不服,可以向人民法院起诉,浙江省行政审判开始起步。

1988 年,浙江省苍南县村民包郑照等八人,以苍南县政府违法炸毁其三间楼房,侵犯其合法权益为由,提起诉讼。此案开启了中国司法审判"民告官"先河。同年 8 月,省高院行政审判庭应运而生,接着全省各中级法院、基层法院行政审判庭亦相继建立。1990 年 10 月 1 日,《行政诉讼法》施行,标志着行政审判制度的正式确立,浙江省的行政审判借此得到推进与发展。为保证"官"与"民"平等诉讼,台州两级法院在全国率先创新行政案件异地管辖,温州、金华等地法院则推出行政首长出庭应诉等制度,这些制度在全省乃至全国得到推广,影响甚远。浙江省各级法院还加强庭前、庭中、庭后协调,使有关案件得以妥善处理。大量行政案件的依法审结,不但有效维护行政相对人的合法权益,监督和促进行政机关依法行政,也对提高全民法治意识、创建公平和谐社会起到了积极作用。

行政审判的发展历程在某种程度上是司法权监督行政权的范围不断扩大的演变历程,行政诉讼案件的受理范围一开始为公安、资源管理、城建、工商、劳动和社会保障、环保等六类,后来技术监督、计划生育、能源、农业、物价、信电、邮电、知识产权、税务、金融、外汇、海关、财政、审计、经贸、外贸、水利、旅游、烟草专卖、司法行政、民政、教育、文化行政等共计40多个行政管理领域的行政行为也陆续纳入行政诉讼受案范围。其中前六类管理领域的行政案件、争议案件数量多、法律适用问题复杂,系全省行政审判工作的重点。服务法治政府建设,加强行政审判工作,目前全省法院每年审理行政案件1.3万~1.5万件,每年受理审查裁决非诉行政执行案件3万多件。强化司法与行政良性互动,坚持府院联席会议制度,合力推进法治政府、"法治浙江"建设。全面推广"行政争议调解中心",促进行政争议实质性化解,妥善处理了一批涉及重点工程、重大项目的行政争议,保障了中心工作的顺利推进。行政审判兼顾环境资源保护,服务美丽浙江建设,依法严惩破坏生态环境犯罪,至2019年6月已审结破坏环境资源犯罪案件1096件,判处罪犯2079人,实刑率达83.4%;贯彻落实生态环境损害赔偿制度改革,审结环境公益诉讼案件76件。湖州法院积极探索"补植复绿""增殖放流"等方式进行生态修复,仅2018年一年补植树苗125亩、放流鱼苗200万尾,实现了让破坏生态者受到惩罚、受损者获得补偿、生态损害得以修复的综合治理效果。

四、执行工作

人民法院的执行工作是审判工作的继续。法院生效裁定与判决结果的实现,除了民商事案件债务人主动履行的以外,大多数案件都需要法院执行工作来完成。可以说,法院的执行工作既是当事人利益最终得以实现的保障,更是司法权威的体现,是国家法律权威的体现。浙江省法院执行工作的重心是一审生效裁判文书的执行,而重中之重则是一审的民商事裁判文书的执行;同时,执行工作还包括各类非诉案件的执行,如公证债权文书的执行,仲裁案件的执行,非诉行政案件的执行,承认和执行国(境)外法院的裁判等。

新中国成立后,浙江省法院执行工作经历了执行机构从无到有,执行权运行从审执合一到审执分离,工作关系从上下级法院监督指导到实行统一管理,工作思路从立足法院自身到实行各部门联动综合治理的发展历程。新中国成立初期,浙江省法院曾设有专门的执行员,一般一个法院设一名。1954年后,大部分法院取消了执行员专设的做法,在很长一个时期内,生效裁判的执行工作由案件审判人员负责。1980年以后,随着民事、经济诉讼案件数量逐年上升,由审判人员负责执行的做法已不能适应实际工作的需要,执行工作逐渐从审执合一的状态中分离出来。先是在经济审判庭、民事审判庭中配备执行人员专司执行工作,后发展到设立执行机构专司执行工作。

20世纪90年代,"执行难"问题凸现出来,地方保护主义和部门保护主义十分严重,挂牌保护企业比比皆是,大量生效法律文书得不到执行,社会各界要求解决"执行难"问题的呼声十分强烈。全省法院一直把解决"执行难"作为维护法律尊严、实现当事人权益的大事来抓,强化执行工作,探索有效执行措施,努力攻坚克难。1990年8—9月间,经省高院统一部署,在全国率先采用"执行大会战"方式集中清理执行积案,声势大,行动坚决,取得一定成效。与此同时,积极推进执行改革,实施执行工作全省统一管理体制,实行执行裁决权与实施权分权运行;建立完善执行听证、执行复议、执行公告、财产申报、债务人名录等制度;创新集中执行、交叉执行、指定执行、提级执行、"执行110"等灵活执行方式;推行对"老赖"曝光、限制高消费、限制出境,以及与相关部门实行执行联动等举措。随着执行改革与创新的深入，执行力度不断加大，执行成效明显。

2016年，最高人民法院号召全国法院用2～3年时间"基本解决执行难"，各级法院破解执行难的领导力度明显加大。在省委的坚强领导下，各级党委和党委政法委切实加强组织领导，人大、政府强化监督支持，公安、发改委等联动部门积极配合，攻坚克难、强势推进。查控、处置力度明显加大。至2018年底，查询被执行人房产、车辆721万次，冻结银行存款、支付宝、微信等款项109亿元，强制腾退房屋1683万平方米，网拍变现902亿元，溢价率达50.9%，为当事人节省佣金16.4亿元。公安机关协助控制逃债的被执行人4万人，限制出境1万人次，有效解决执行找人难问题。信用惩戒力度明显加大。累计公布未履行生效裁判被执行人信息263万条，发布失信被执行人名单信息29万条，使其在招投标、融资信贷、投资经营、出境、高消费、获得荣誉等方面处处受限。打击拒不执行判决、裁定行为力度明显加大：罚款8万件次，拘留3.3万人次，以拒不执行判决、裁定罪判处刑罚434件452人，同比分别上升110.2%和103.6%，有力地推动了执行工作的顺利开展，破解执行难取得了阶段性的胜利。

第三节　浙江省法院重大改革创新

一、审判机制改革

为提高审判质量效率，增强审判工作透明度，确保公正司法，全省法院积极探索审判改革。20世纪90年代开始，推行以开庭审判为重心，以公开举证、质证、认证为主要内容的审判方式改革，改变了长期以来由法官包揽查证、认证等不透明且费时费力的习惯做法。通过下放审判权，实行审判长选任制，强化独任法官和合议庭职权，增强法官的责任心，解决审与判相分离的弊端,促进审判质量和效率提高。通过实施审判机制改革,成立执行庭、审判监督庭、立案庭等内设机构,实行立审分离、审执分离、审监分离,使各职能部门职责分明,更好地相互监督和配合。许多法院还推行民事案件审判"繁简分流"、刑事案件普通程序简易化审理,扩大适用简易程序范围,提高办案效率。各法院普遍建立审判执行工作流程管理、办案质量评查、差错案件责任追究等制度,逐步形成符合审判工作规律,体现公正高效的审判执行运行机制。在探索审判改革的同时,全省法院坚持发扬行之有效的传统审判经验,注重运用调解方式化解各类纠纷,并不断创新优化调解方式,尽最大努力做到案结事了。

(一)审判方式改革

20世纪70年代前,法院审判案件基本上采取依职权主动收集并出示证据,主动审问案情,主动提出案件适用法律依据等法官包揽诉讼的方式。改革开放后,随着经济市场化程度提高,群众法治意识加强,要求法院转变角色的呼声不断高涨。在此情势下,如何改变"当事人动嘴,法官跑腿"的落后审判方式,确立法官居中裁判,保证公正高效的审判方式,就成为全省法院探索改革的重点。90年代开始,浙江省各级法院以公开开庭审判为先导进行积极探索,经过近20年的努力,初步形成符合审判工作规律和特点,体现社会主义法治理念的审判运行机制。

1.全面落实公开审判制度

公开审判制度改革包括立案公开、庭审公开、裁判公开、执行公开、听证公开、审务公开等方面的改革。

1950年9月,浙江省司法会议作出《关于诉讼程序问题的报告》,明确建立公开审判制度。随后,在全省各地试行,积累经验,公开审判制度初显雏形。在长期的司法实践中,全省法院较好地执行了该项制度。1998年10月,省高院印发《浙江省法院深化审判方式改革总体方案》,指导全省审判方式改革,全面落实公开审判制度,审判活动的公开性、透明度大大提高。

2006年,全省法院开展立案接待大厅规范化建设,立案接待大厅的功能大大拓展。许多法院还将诉讼费收费标准、工作职责、司法救助制度、信访注意事项、法官纪律等规定,在醒目位置公示,公开性大为提升。

2008年,省高院提出并推行"阳光司法",全省法院进一步落实公开审判制度,除法律规定不公开审理的案件外,全部实行公开审理。全省法院还依托信息技术尝试庭审录音录像、直播录播,不断提升庭审的透明度。

2009年,全省所有案件都做到公开宣判,有条件当庭宣判的尽量当庭宣判。同时,在"浙江法院网"上公布生效裁判文书。对进入执行程序的案件,随时告知当事人执行过程、执行进度以及所采取的执行措施。对中止执行、终结执行案件,一律制作裁定书,载明已经采取的执行措施和中止、终结执行的原因。

全省法院在执行、申诉复查、减刑假释、国家赔偿等案件处理中积极推行公开听证制度,并通过省高院门户网站"浙江法院网"及时向社会公开审判规范性文件,便于当事人查阅。全省法院积极公开法院非涉密审务信息,举办"公众开放日"活动,坚持新闻发布制度,聘任特约监督员、咨询专家,完善法官与律师正常交往机制,加强与媒体、记者、公众的交流。

2.改革庭审方式

从1996年开始,全省法院围绕落实公开审判制度,积极探索庭审方式改革。在民商事、行政审判中,要求当事人"有话讲在法庭、有证举在法庭、有理辩在法庭",改变法官"自调自审"的做法。2002年,最高法院出台民事及行政诉讼证据规则后,全省法院强化当事人的举证责任,当事人当庭举证、质证、辩论和法官认证等庭审环节更加规范有序。控辩式、诉辩式庭审格局基本确立。多数基层法院针对民商事案件增幅较大的实际,制定简易程序适用规范,实行"繁简分流",使大量事实清楚、争议不大的案件及时审结。对于案情复杂、证据繁多的案件,实施庭前证据交换制度,当事人对证据不持异议的,开庭时不再具体质证,加快了庭审节奏。

3.强化合议庭职能

1998年10月,省高院印发《深化审判方式改革总体方案》,使全省审判方式改革由原来侧重于庭审方式改革,发展到落实合议庭、独任审判员职责。全省各级法院普遍制定强化合议庭职责的规定,并改变案件由庭长、院长、审委会层层把关、先定后审的做法,绝大部分裁判文书由合议庭审判长自行签发。

2007年7月,省高院下发《关于加强民事审判中合议庭工作的若干意见》,提出合议庭成员要共同参加庭审,对案件事实和法律适用共同负责,共同承担责任;庭审结束后要及时合议,强化合议庭成员的责任意识、团队意识,发挥合议庭的集体智慧和整体功能。并明确院长、庭长可以通过旁听庭审、列席合议庭评议、审核签发法律文书、抽查案件等方式,监督指导合议庭的工作。明确合议庭对审判长联席会议、庭务会的意见作出不同判断的,应当向庭长说明理由,并可向院长报告,裁判文书报庭长或院长签发,形成相互监督制约的关系。

4.完善审判委员会工作规则

审判长、独任审判员选任制度实施后,提交审判委员会讨论的案件数量虽有减少,但重大疑难案件把关和时间要求却更高。为此,全省法院认真审视审判委员会运行状况,从实际出发,明确审判委员会委员要视情况参加案件庭审旁听,列席合议庭评议案件,保证审查案件质量。为解决审判委员会讨论案件"亲历性不够"的问题,省高院于2008年印发《关于规范提交审判委员会讨论材料的若干规定》,要求合议庭向审判委员会汇报案件时,需用电脑技术,通过图片、录像、文字说明等,展示案件的主要证据之间的关系。

5.强化裁判文书规范要求

裁判文书改革以前，制作裁判文书程式化倾向比较严重，往往是千案一面，未能完整记叙案件的事实证据、引用的法律、据以裁判的理由以及作出裁判的过程。1995 年，省高院开始在全省法院推行裁判文书改革，全省法院在裁判文书改革中，着重强化三个方面：一是强化审判过程的记述。根据诉讼程序和案件情况，把案件审与判的情况阐述清楚，完整体现案件的审判过程。二是注重判决理由的针对性。针对当事人的诉讼主张和理由，对证据的真实性、合法性、关联性和证明效力进行剖析，充分说理、明确是非责任。三是增强裁判的逻辑性。在综合说理论证时，注意说理顺序及上下文之间的逻辑关系，详略得当，文字规范。各级法院认真执行省高院的要求，裁判文书的规范化程度逐步提高，司法裁判的公信力明显提升。

（二）审判管理改革

长期以来，各级法院都参照行政管理模式管理审判工作，不利于根据审判工作的自身特点，对司法过程进行严格规范，对审判质效进行科学考评，对司法资源进行有效整合。为此，各级法院围绕提高审判质量和效率，积极探索创新审判管理，通过强化审判、执行权内部管理和阳光运行，促进人民法院职能作用充分发挥。

1.建立审判质效评估机制

传统审判管理是通过司法统计报表掌握审判工作运行态势，但难以及时了解审判质量效率状况。2008 年开始，省高院加强电子审务的开发和应用，将信息化管理手段引入审判管理，建立全省法院审判质效评估体系。使评估指标成为"体检表"，为各级法院院长、庭长有针对性地进行审判管理提供重要参考。

2.建立审判流程监控机制

立案、审判、执行及案卷归档的每个环节都得到全程跟踪监督,各环节间衔接顺畅、运作高效。随机滚动分案可防止发生"人选案""案选人"。强化审限管理,落实临限催办、届限督办和超期查处等制度,杜绝超审限案件。严格非审限程序管理,规范送达、证据交接、委托鉴定、拍卖、案卷归档等工作,防止案件久拖不决。

3.建立院长、庭长监督指导机制

2007 年 7 月,省高院出台《加强民事审判中合议庭工作的若干意见》,明确院长、庭长在尊重独任法官和合议庭依法行使职权的同时,通过审核法律文书、要求合议庭复议、组织审判长联席会议讨论、提请审判委员会讨论、对法官业绩进行讲评考核等方式,履行对审判的监督指导。2009 年初,省高院出台文件要求建立教育、管理、监督、考评等四项制度,强化监督指导力度,最大限度地减少和杜绝司法工作的随意性。

4.建立预防不正当干预机制

2008 年 3 月,为杜绝"人情案""关系案"的发生,省高院出台《全省法院领导班子成员防止人情关系对司法工作不当影响的若干规定》,严禁法院领导班子成员私下接触当事人、转递涉案材料、打听案情、说情打招呼。此规定被媒体称为"开前门、堵后门"的"约法十章"。

5.建立案件质量评查机制

2006 年,省高院在全省范围内建立案件质量评查机制,加强案件督查工作。明确要求各级法院设立由院领导和各有关职能部门负责人组成的案件质量评查工作领导小组,负责对案件质量评查工作的领导。推行一案一考评、一月一通报制度,案件质量评查采取常规评查、专项评查和重点评查等方式进行,案件质量评查结果均应列入法官个人办案质量档案,作为法官考核及奖惩、晋级、晋职的重要依据。全省三级法院均建立自查和抽查相结合的案件质量评查制度,对规范司法行为,增强司法能力起到良好的推动作用。

6.建立统一法律适用机制

针对审判实践中出现“同案不同判”问题,省高院通过发布参考性案例、全员定期集中培训等多种举措加强对全省法院的业务指导。遇到问题,相关业务部门及时开展调研,深入论证分析,制定相应的司法指导性意见,统一法律适用和司法裁判的尺度。

二、“三项承诺”的提出与推进

2006年1月18日,浙江省高院院长应勇同志向省十届人大四次会议作的报告中正式提出:“不使有诉求的群众因经济困难打不起官司,不使有理有据的当事人因没有关系打不赢官司,不使胜诉当事人的合法权益因执行不力、不公得不到保护。”这三句话,后来就成为全省法院向全省人民作出的“三项承诺”。“三项承诺”涵盖立案、审判、执行的各个环节,基本目标是要实现诉讼经济和诉讼便利,从制度层面防止和克服“关系案”的产生,构建综合治理执行难工作机制,确保当事人权益的实现。“三项承诺”及时回应了人民群众要求解决打官司难、公正难、执行难的呼声。2006年7月,省高院出台《落实“三项承诺”的实施意见》,提出53项具体措施,报经省委常委会同意后,印发全省法院贯彻执行,并召开新闻发布会向社会公布。按照省高院的统一部署,全省各级法院迅速行动,形成由院长负总责、班子成员分工负责、各部门相互配合落实“三项承诺”的责任体系,并结合各自实际,创造性地开展工作。

（一）落实承诺：不使有诉求的群众因经济困难打不起官司

规范立案大厅，打造为民窗口。2006年7月，省高院出台《加强立案接待大厅规范化建设的意见》，部署开展争创"文明窗口"活动。各法院普遍建立导诉制度，在立案接待大厅设立导诉岗，确定专人解答诉讼咨询，向群众免费提供来访须知、诉讼指南、诉讼须知、诉讼风险告知书等资料。安装电子触摸屏，方便当事人了解法院内部机构、部门职能及相关法律、法规、制度等。落实和创新一站式服务、一次性告知、限时办结、特事特办、立案调解等制度，促进立案窗口工作的科学性、有序性、及时性。

强化司法救助，帮助困难群众诉讼。2007年8月，省高院出台《浙江省人民法院司法救助实施办法》，依法扩大司法救助对象和范围，对城市"低保人员"、农村"五保户""特困户"以及没有固定生活来源的残疾人、孤儿等起诉的一律免交案件受理费；对追索赡养费、扶养费、抚育费、抚恤金、社会保险金、劳动报酬和经济补偿金等案件一律缓交诉讼费。同时，在全国法院率先取消申请执行费和执行中实际支出费用预收制度，实行先执后收。2007年10月，省高院与省司法厅联合出台《关于司法救助与法律援助相互衔接若干问题的规定》，就司法救助与法律援助相互衔接的相关问题进行了明确，进一步简化司法救助审批程序。对已经接受法律援助的当事人申请司法救助的，直接给予司法救助；对符合最高法院司法救助规定申请缓交诉讼费的，一律予以准许；对因经济困难申请减交、免交诉讼费的，视情况决定减交、免交的费用。

健全便民机制，方便群众诉讼。第一，在坚持立案庭统一管理立案工作的基础上，实行人民法庭直接受理案件，并探索上门立案、巡回立案、预约立案等便民立案机制。第二，扩大基层法院和中级法院民事受案范围，方便当事人诉讼，就地解决矛盾。第三，开展巡回审判，方便群众诉讼。第四，推行预约开庭、择时开庭、午间法庭、夜间法庭、假日法庭等，实行

"无间歇"工作制,方便当事人安排生产生活。第五,建立诉讼"绿色通道"。对涉及外来民工、下岗职工等弱势群体的案件,优先立案、优先审理、优先执行。第六,探索网络办案,方便远途当事人诉讼。

(二)落实承诺:不使有理有据的当事人因没有关系打不赢官司

全省落实审务公开,实施阳光司法。2006 年,"三项承诺"作出后,全省法院一审案件全部公开开庭审理。是年 6 月 1 日,最高法院收回死刑核准权,为配合最高法院复核死刑案件,浙江省在全国率先实现死刑二审案件全部开庭审理。与此同时,在执行、申诉复查、减刑假释、国家赔偿等案件处理中,逐步推行公开听证制度;在门户网站浙江法院网上,公开规范性文件和裁判文书。2007 年 4 月,尝试互联网视频直播庭审,受到社会的广泛关注。

严格规范管理,提高审判质效。第一,加强审判流程管理。对立案、审判、执行及案卷归档的每个环节,实行全程跟踪监督,确保衔接顺畅、运作高效。第二,加强审判权监督制约。2007 年 7 月,省高院制定《规范民事审判自由裁量权的意见》《适用民事诉讼证据的若干规定》《加强民事审判中合议庭工作》等规定,规范法官自由裁量权行使,最大限度地做到"同案同判"。第三,加强案件质量评查。2007 年 5 月,省高院出台《案件质量评查办法(试行)》,在全省法院施行。

推行行政案件异地管辖,落实行政机关负责人出庭应诉。2002 年 7 月,台州市中院尝试行政案件管辖制度改革,对被告为县政府和 10 人以上集团诉讼行政案件,实行异地交叉审判,从制度上保障法院依法独立审判。2006 年,在省高院的肯定和推动下,台州市中院进一步扩大异地管辖的案件范围,并赋予原告管辖选择权,准许原告既可以选择当地法院管辖,也可以请求中级法院自行审理或由中院移交异地法院审理。与此同时,浙江省各级法院还积极推动行政机关负责人出庭应诉。2003 年 9

月,温州市鹿城区政府采纳鹿城法院建议,在全省率先出台规定,要求行政机关法定代表人出庭应诉。省高院适时总结鹿城经验,形成"法院建议,党委、人大促成,政府主导"的工作思路,促成各地政府建立行政机关负责人出庭应诉制度。

(三)落实承诺:不使胜诉当事人的合法权益因执行不力、不公得不到保护

用足用好强制执行措施。对拒不履行的被执行人,强制其申报财产和限制出境,并对其公开曝光、悬赏执行、依法搜查、强制审计,促其履行。2007年1月,省高院召开新闻发布会,通报全省惩处拒不执行判决裁定违法犯罪情况,形成对"老赖"的高压态势。

建立健全解决执行不公的工作机制。加强对执行权的监督制约,严格规范执行行为。对执行收费、执行公开、被执行人申报财产、悬赏执行、执行和解、立审执配合、穷尽执行措施等七个方面予以规范。明确规定:四个月未执结的案件,严格实行换人执行制度;执行过程中未经严格规范的程序,不得改变生效裁判确定的权利义务;对委托评估、拍卖执行财产加强监督,并实行评估、拍卖委托与执行机构分离。全省各级法院创新工作机制,严格监督管理,确保执行公正廉洁。全省法院开展"破解执行难优秀法院"评选活动,重点考核有效执结率,对规范执行工作、提高能力水平起到了较好的促进作用。

构建综合治理执行难机制。2006年9月,省高院党组向省委递交《关于切实解决人民法院"执行难"问题的报告》,省委批转各地执行;同年,省委、省政府将执行工作纳入全省社会治安综合治理考核范围。9月13日,省委政法委与省高院联合召开会议,部署综合治理执行难工作。2007年,各地党委、人大纷纷发文或作出决议,支持法院执行工作。与此同时,各级法院加强与公安、市场监管、房地产、国土资源、建设、金融、司法行政等部门的协作配合,通过信息交流互动,在被执行人履行生效法律

文书前,依法限制或禁止被执行人融资、投资、招投标、出境、注册新公司、高消费等,综合运用法律、行政、经济、舆论、组织纪律等手段,促使被执行人履行义务。以党委领导、人大监督、政府支持、各界配合、法院主办的综合治理执行难工作机制在浙江省建立。执行力量不足、被执行人难找、财产难查等执行难问题逐步得到缓解。

践行"三项承诺"司法为民理念深入干警之心。借助落实"三项承诺"这一载体,全省法院不断进行思想动员、细化措施和实践推进,形成保公正、重为民的浓厚氛围。很多法院不仅认真落实省高院提出的具体措施,而且创造性地开展工作,体现出高度自觉性;广大法院干警积极投身"三项承诺"的实践,受到当事人和群众的好评,进一步激发热情。良好的效果,坚定了干警公正司法、服务群众的决心和信心。

法院形象有了新的提升。"三项承诺"的提出和实践,赢得社会各界的广泛支持和认可。2006年9月,最高法院院长肖扬在浙江省考察时指出:"浙江省高院提出的'三项承诺',抓住司法公正的要害,通过真抓实干,取得实质性进展。对此,省委满意,人民高兴,最高法院充分肯定。"2007年7月,浙江省十届人大常委会审议省高院关于落实"三项承诺"情况的报告后认为:"'三项承诺'体现了人民法院对司法公正和司法为民的责任意识和民本意识。全省法院落实'三项承诺'工作务实,措施有力,对建设'法治浙江'、构建社会主义和谐社会起到了积极的推动作用。"

三、以智能化建设为动力,促进审判体系和审判能力现代化

深入贯彻网络强国战略,按照浙江省委、省政府打造"互联网创新高地"的要求和最高法院建设智慧法院的部署,努力推进司法与现代科技深度融合。首创杭州互联网法院,创新审判机制,再造诉讼流程、优化诉讼服务,实现了审判模式的革命性变革,使打官司"一次也不用跑"成为现

实,被评选为"首届数字中国建设年最佳实践成果"和"改革开放40年的40个第一"。主动适应智能手机全面普及、"微信"成为社会交往重要渠道的新形势,总结、提升、推广利用微信小程序打官司的宁波经验,浙江省"移动微法院"全面上线,当事人和律师足不出户、动动手指,就可以在网上办理立案、查询、庭审、执行等20余项事务,截至2019年1月已办理案件55.5万件。

推行立案登记制,为充分保障当事人诉权,切实解决人民群众反映的"立案难"问题,最高人民法院于2015年4月15日公布了《关于人民法院推行立案登记制改革的意见》,改革法院的案件受理制度,变立案审查制为立案登记制,对人民法院依法应当受理的案件,做到有案必立、有诉必理。推行网上立案等便民方式,大力推行网上立案、跨域立案和延伸立案等便民方式。其中,网上立案"一次不用跑",开通全方位、直通式、兼容性的网上立案服务平台,当事人通过实名注册后,可直接在网上提交起诉申请材料,实现线上线下立案零距离。跨域立案"最多跑一次",在不改变法院管辖权的前提下,当事人可向就近的人民法院或人民法庭提交起诉申请材料,免去了当事人多次往返异地法院所需耗费的诉讼成本。延伸立案"送到家门口",突破法院办公场所地域限制,将立案服务延伸到山村、海岛等交通不便的偏远地区,当事人可选择到所在乡镇(街道)的综治中心、司法所提出立案申请,综治中心、司法所先引导诉前调解,调解不成或者当事人坚持起诉的,指导其通过网上立案服务平台向受诉法院提交立案申请,打通了立案服务的"最后一公里"。

四、积极稳妥地推进司法体制综合配套改革

党的十八届四中全会作出《关于全面推进依法治国若干重大问题的决定》,为我国司法体制改革的顶层设计明确了指导思想和实践路径。浙江省法院积极贯彻落实中央司法体制改革的一系列指示精神和具体部

署，经过近五年以来的改革和创新，已取得了四项基础性成效，司法体制改革的"四梁八柱"已经确立，当前是继续推进改革的"精装修"，做好司法体制改革的综合配套工作。

四项基础性成效体现在：一是法院的人员分类已经完成，体现了员额法官的主体作用，适应司法权运行的规律要求，目前人民法院的工作人员类别有员额法官、法官助理、司法辅助人员（包括书记员）、司法公务员、执行员和司法警察。实现法官单独职务序列管理，各司其职、分工配合，共同履行人民法院的各项职能。二是组建新型的审判团队，"1∶1∶1"的结构模式即法官、法官助理、司法辅助人员构成新型的审判团队，主审法官负责案件的庭审驾驭和对案件作出最终的裁判，并独立自主地签发裁判文书，实现"由审理者裁判、由裁判者负责"，法院内部淡化行政层级，审判团队合议庭独立行使审判权。三是全面落实司法责任制，主审法官对案件裁判承担最终的责任，实现权力与责任的相统一。放权不等于放任，规范院长、庭长的监督指导职责，实现案件"清单式"的监督管理职责，实行类案强制检索制度，做到"同案同判"，实现办案的标准尺度统一，提高办案的质效。四是人民法院体制在纵向上实现省以下的人财物统一管理，法院领导班子上提一级管理，法官员额实行全省范围的动态调剂使用，实现法官逐级遴选制度，人民法院信息化智能化等装备软硬件建设实现全省法院统筹安排。司法体制综合配套改革稳步推进，不断向纵深发展，使司法改革的各项举措落地见效。

第六章

坚持公正司法，
推进人民检察院建设与改革

　　1949 年 9 月,中国人民政治协商会议第一届全体会议通过的《中华人民共和国中央人民政府组织法》,确立了人民检察机关在国家制度和国家机构中的法律地位。新中国成立后,浙江省检察事业充分体现人民民主专政性质,以履行宪法赋予和法律规定的法律监督职责为宗旨,以维护国家和人民利益为任务,尽最大努力实现检察司法的人民性和公正性。

　　自 20 世纪 50 年代至党的十一届三中全会期间,浙江省检察机关及检察工作历经了曲折起伏。1978 年 3 月 1 日,第五届全国人民代表大会第一次会议通过了经修订的《中华人民共和国宪法》,恢复了全国人大四届一次会议时撤销的最高人民检察院。1978 年 6 月 26 日,根据宪法的规定,浙江省检察机关在历经曲折后重建。

　　新中国成立 70 多年来,特别是 1978 年以来,全省检察机关在中央、省委和最高检的正确领导下,紧紧围绕中共中央和省委在各个时期的中心任务,围绕改革发展稳定大局,牢牢把握法律监督的宪法定位,坚持依法独立行使检察职权,从浙江省实际出发,根据最高人民检察院的工作部署,切实履行维护法律统一正确实施,维护社会公平正义的职责,在依法打击刑事犯罪和保障人权、开展诉讼监督、惩治和预防腐败等方面取得了突出业绩。同时,全省检察机关不断深化和健全检察制度、机制建设,积极探索检察工作改革创新,探索形成既顺应我国法治进程,又符合浙江省实际的制度和机制,产生了不少全国首创或得到上级机关肯定和推广的做法,为全面推进依法治国战略的实施,为维护社会公平正义和促进浙江省的改革、发展、稳定发挥着重要作用,作出了应有的贡献。

第一节　浙江省检察工作发展的历史脉络

一、总体概况

民国时期,中国共产党创立的人民检察制度在土地革命战争中开始萌芽并在抗日战争和解放战争中成长。在土地革命时期,中共在浙江省建立的一些革命根据地政权中,存在过人民检察的萌芽。

1949年5月,国民党政府的浙江省高等法院检察处由中国人民解放军杭州市军事管制委员会接管。随后,国民党政府在浙的各级检察机构均被接管。

1949年《中央人民政府组织法》确立了人民检察机关在国家制度和国家机构中的法律地位。1950年后,全省陆续建立了各级地方人民检察署。从检察机关成立后到基本完成社会主义改造时期,主要是围绕巩固新生的人民政权和实现过渡时期总路线、总方针,结合中共领导的重大政治运动开展检察执法实践。这一时期,检察领导体制在垂直领导与双重领导之间多次反复,全省检察机关时兴时衰,检察工作时起时伏,检察执法曲折前行。全省检察机关为巩固浙江省的人民政权和推进社会主义建设全面开展发挥了应有作用,为浙江省建立和发展人民检察制度奠定了基础。但在"左"的思想影响下,检察制度受到质疑和冲击,走过曲折的道路,受过挫折甚至反复,既积累了宝贵经验,也留下了深刻教训。

1966年5月后,全省检察机关受到冲击,逐渐无法行使职权。检察机关名存实亡,工作停顿。1975年1月,第四届全国人民代表大会通过的《宪法》规定:"检察机关的职权由各级公安机关行使。"正式撤销了检察机关。

1978 年，新中国第三部《宪法》颁布，国家恢复和重建司法制度，人民检察迎来新生。1978 年上半年始，全省检察机关陆续恢复重建。

1979 年《宪法修正案》和第二部《检察院组织法》颁布后，确定了人民检察院是国家的法律监督机关，依法独立行使检察权。同时将上下级检察机关之间的监督关系更改为领导关系，重新确立检察机关的双重领导体制。1979 年 3 月，浙江省人民检察院（以下简称省检察院）召开全省第十次检察工作会议，部署"大力开展法纪检察，积极开展经济检察，切实搞好批捕起诉和出庭公诉，逐步开展监所劳改检察工作"的任务。此后，全省检察机关紧紧围绕中共中央在各个时期的中心任务，从浙江省实际出发，根据最高检的工作部署，探索和加强检察工作，深化和健全检察制度、机制建设，依法独立行使检察权。随着检察职能的拓展，全省检察机关依法文明规范执法的能力不断提高。不但严格执行上级机关制定的各项制度，而且积极探索和开拓创新，大力推进执法理念转变、工作思路创新、工作机制改革和办案方式方法改进，探索形成顺应法治进程、符合浙江实际的制度和机制，力求使办案工作取得法律效果、政治效果与社会效果的高度统一，其中有不少做法属于全国首创，或得到上级机关的肯定和推广。同时，全省检察机关越来越注重对自身执法活动的监督制约，既不断加强内部监督，又改革和完善外部监督机制，使全省检察队伍建设得到全面加强。

二、浙江省检察院机构建设

1950 年 1 月，中共中央转发最高人民检察署（以下简称最高检察署）《关于建立机构并开展工作的通报》，省委根据中共中央有关精神和《中国人民政治协商会议共同纲领》规定，开始组建浙江省人民检察机关。4 月，省政府成立浙江省人民检察署。随后，全省各级地方行政区划先后建立人民检察署。1951 年 9 月后，浙江省根据中央人民政府颁布的《各级地方人民检察署组织通则》规定设置检察机关。1951年底,全省除省检察署外,陆续建立了丽水、金华、嘉兴、临安、绍兴、衢州、温州等7个专区检察分署;杭州、宁波、温州3个省辖市检察署及19个县(市)检察署。

1952年6月,根据中央关于整编机构指示,浙江省编制委员会决定全省建检察署40个。1954年12月,全省人民检察署根据《宪法》和《检察院组织法》规定改称人民检察院,并按照《检察院组织法》规定设立组织架构和设置内设机构。此后,由于省内地方行政区划调整和形势变化,全省地方检察院时有撤、并、建。1968年后,全省检察机关工作停顿,业务中断,机构名存实亡。至1975年1月,全国人大四届一次会议修正通过的《宪法》规定:"检察机关的职权由各级公安机关行使。"

1978年3月后,遵照中共中央关于设置检察机关的要求和第五届全国人民代表大会通过的《宪法》(以下简称1978年《宪法》)等法律法规,全省陆续恢复重建各级人民检察院。1979年7月,全国人大五届二次会议通过《中华人民共和国人民检察院组织法》(以下简称1979年《检察院组织法》)。是年底,全省县以上行政区划的检察机关全部建立,并按照规定设置内设机构。

1980年6月后,按照中共中央指示,全省恢复"由上级公、检、法机关协助地方党委管理、考核有关干部的制度,地方党委对公、检、法机关党员领导干部的调配,应征得上级公、检、法机关的同意"①的规定,执行对各市(地区)以下检察院检察长、副检察长人选的提名、报批、任免等程序。1983年后,全省各级检察院的检察长、副检察长的法律任免手续,均按照最高检察院《关于当前检察干部任免工作中几个问题的答复》办理。1985年9月后,浙江省根据中共中央办公厅《关于加强地方各级法院检察院干部配备的通知》,省检察院检察长一般配备副省长一级干部,各市(分)检察院检察长一般配备副专员一级干部,各县(市、区)检察院检察长一般配

---

① 浙检人字(80)93号《关于地、市、县检察长、法院院长候选人名单和提请任命副检察长、法院副院长报批办法的通知》,中央〔1979〕64号文件。

备副县长一级干部。1987 年,经省委组织部同意,省检察院转发最高检察院党组《关于加强检察干部管理若干问题的规定》,进一步对各级检察长、副检察长的管理、报批和任免等作出明确规定。10 月,经省委组织部同意,省检察院规定:各级检察院副检察长的职级,是按照同级政府职能部门的正职还是按照副职确定,应根据干部的条件,按照干部管理权限审定。

　　至 2018 年,全省有省、市、县(市、区)三级检察院 104 个。其中,省检察院一个,省辖市检察院 11 个,县(市、区)检察院 90 个;另有省检察院、宁波市检察院派出检察院各一个。

三、浙江省检察院人员和队伍建设

　　在人员配备录用方面,新中国成立后,全省检察机关根据 1950 年 8 月毛泽东批准颁发的《各级检察署工作人员任免暂行办法》、1951 年 9 月《各级地方人民检察署组织通则》等法律法规来配备人员。1954 年《检察院组织法》颁布后,全省检察队伍随着形势变化而时有波动,人员时多时少。1979 年,《检察院组织法》颁布。1985 年 9 月,中共中央办公厅发出《关于加强地方各级法院检察院干部配备的通知》。1995 年 2 月,第八届全国人大常委会通过《中华人民共和国检察官法》,又于 2001 年 6 月经第九届全国人大常委会修改通过。2004 年 8 月,中共中央召开全国培养选拔党外干部座谈会。11 月,省委召开全省培养选拔党外干部工作座谈会。12 月,省检察院召开全省检察机关培养选拔党外干部电视电话会议,提出下大力气做好检察机关培养选拔党外干部工作。11 月后,中共中央组织部、最高法院、最高检察院发布《关于进一步加强地方各级人民法院、人民检察院考试录用工作的通知》,规定"地方各级人民法院、人民检察院补充工作人员,一律实行省级统一招考,除省级考试录用主管机关外,其他机关及人民法院、人民检察院不得自行组织招考"。"地方各级人民法院、人民检察院补充主任科员以下非领导职务的工作人员、与该职务层次相当的初任法官人选、初任检察官人选,必须按照'凡进必考'的要求,采取公开考试与严格考察相结合的办法择优录用。各级党委组织部门、人民法院、人民检察院不得以任何理由开免考的'口子',也不能随意调入,违规进人。今后,人民法院、人民检察院系统补充工作人员,除中央有明确规定外,必须通过统一录用考试。"①全省检察机关执行该文件对考试录用程序、审批制度等规定。

浙江省严格依照相关法律和组织部门、最高检察院的规定录用与管理检察人员,加强检察队伍建设,强化检察人员的思想政治教育与业务培训,开展评先创优等各类激励措施,从严治检,改进检察工作作风。

1950年全省组建人民检察队伍后,始终坚持加强队伍建设。特别是1978年重建检察队伍后,坚持不懈把思想政治教育放在重要位置,不断加强业务培训工作,积极培养检察优秀人才,努力使广大检察干警的政治素质与业务能力能够适应社会和检察工作发展的需要。

在思想政治教育方面,1950年7—10月,根据省委、省政府部署,省检察署布置开展整风运动,对检察工作中执行方针政策、领导作风上官僚主义等方面的问题进行整顿。1951年,根据中共中央决定,省检察署组织全省检察机关开展内部"三反"斗争。1952—1964年,全省检察机关在开展中共中央、省委部署的各项政治运动同时,加强对检察干部的思想政治教育。1965年3月,省检察院针对干部中对依靠群众专政思想的顾虑,在全省检察长会议上学习中共中央1月发布的《农村社会主义教育运动中目前提出的一些问题》,总结经验教训,解决少数干部"三怕一等"②思想。

1978年重建检察队伍后,坚持不懈把思想政治教育放在重要位置,不断加强业务培训工作,积极培养检察优秀人才,努力使广大检察干警的

---

① 2004年11月,中共中央组织部、最高法院、最高检《关于进一步加强地方各级人民法院、人民检察院考试录用工作的通知》(组通字〔2004〕50号)。
② 即怕"左"、怕"右"、怕"追根",等待社会主义教育运动挨整。

政治素质与业务能力能够适应社会和检察工作发展的需要。建立表彰与奖励制度，开展评先创优活动，形成激励机制。牢固树立从严治检理念，不断严格队伍纪律，进行纪律作风建设，强化纪律检查与监察工作，广泛接受社会监督，形成有效的监督制约机制。推动全省检察队伍建设规范化、科学化，为全省检察机关依法履行各项职责提供有力保障。1984—1985年，省检察院在省委统一领导下进行整顿工作，克服官僚主义作风，纠正不正之风，增强党性和组织纪律性。1988—1989年，全省检察机关以廉政教育为重点，加强对检察人员的形势教育、理想教育、职业道德教育，并开展争先创优、立功创模活动。

1991年，对党员干部加强社会主义思想教育。1992年，省检察院组织学习邓小平《在武昌、深圳、珠海、上海等地的谈话要点》，进一步树立检察工作为社会主义经济建设服务的思想，同时把廉政建设作为大事来抓，加强检察队伍建设，提高检察人员的政治业务素质。1993年，全省检察机关开展解放思想大讨论。1994—1995年，省检察院开展全省检察队伍教育整顿活动。1998年，省检察院组织全省检察机关开展集中教育整顿，切实解决检察队伍中存在的突出问题。1999年，省检察院领导班子和领导干部开展"讲学习，讲政治，讲正气"教育。

2000年，全省检察机关开展"反特权思想、反霸道作风"的专项教育活动。2001年，全省检察机关将教育重点放在党风廉政教育和职业道德、职业纪律教育方面。2003—2004年，全省检察机关集中开展"强化法律监督，维护公平正义"教育活动。2005年，全省检察机关开展党员先进性教育活动。省检察院制发《惩治与预防腐败体系实施办法》，作为全省检察机关深入开展党风廉政建设和反腐败工作的指导性文件。2006年，全省检察机关开展学习贯彻党章教育活动，落实完善经常性廉政教育制度。2006—2007年，全省检察机关组织开展社会主义法治理念教育活动，结合理想信念、党纪党风、职业道德、职业纪律教育和"作风建设年"活动。2008年，省检察院制发《关于建立健全作风建设长效机制的实施意见》，为深入推进检察纪律作风建设提供制度保证；开展深入学习实践科学发展观活动，与"树新形象、创新业绩"主题实践活动和"讲党性、重品行、做表率"活动相结合。

2010年，全省检察机关开展"恪守检察职业道德、促进公正廉洁执法"主题实践活动，"反特权思想、反霸道作风"专项教育活动，"深化作风建设年"活动。2011年，组织开展"发扬传统、坚定信念、执法为民"主题教育实践活动，制定实施《浙江省检察人才队伍中长期规划（2011—2020年）》。2012年，认真组织开展学习实践科学发展观、社会主义法治理念教育、创先争优、政法干警核心价值观等一系列集中教育活动。2013年，把学习贯彻党的十八大、十八届三中全会和习近平总书记系列重要讲话精神作为重要政治任务，切实加强队伍思想政治教育，坚定政治信念、立场和定力；着力提升贯彻实施修改后"两法"①的能力。2014年，认真组织学习习近平总书记系列重要讲话精神和党的十八届四中全会、省委十三届六次全会精神专题培训，深入推进党的群众路线教育实践活动。2015年，认真组织开展"三严三实"专题教育，"信仰法治、守护公正"主题教育活动。2016年，认真组织开展"两学一做"学习教育，始终要求在思想上政治上行动上同以习近平同志为核心的党中央保持高度一致；坚持全面从严治检，狠抓党风廉政建设，强化执纪问责；不折不扣贯彻中央、省委开展监察体制改革试点的决策部署，加强思想政治工作，配合做好反贪、反渎、预防等职能机构人员转隶。2017年，深入学习贯彻习近平新时代中国特色社会主义思想；推进"两学一做"学习教育常态化制度化；坚持从严治检，深化"四风"整治，制定实施落实"中央八项规定"的意见。2018年，省检察院开展"大学习大调研大抓落实"，引导全体干警学懂弄通做实习近平新时代中国特色社会主义思想，增强"四个意识"，坚定"四个自信"，做到"两个维护"。

---

① 即《刑事诉讼法》《民事诉讼法》。

在业务教育方面,自 1951 年开始,省检察院通过自办或合办训练班培养和提高一般干部。1953 年,先后举办两期训练班。1954 年,对刚进检察机关的干部举办两期短期训练班,组织学习 1954 年《宪法》《检察院组织法》,以及中共中央、最高检察院关于检察工作的文件和其他基本业务知识。1955 年,举办两期检察干部训练班,又抽调部分县检察院检察长以上干部去中央和华东政法学院学习。1956 年,省检察院抽调检察干部去司法部培训,举办训练班培训新进检察干部等。

1979 年,经省委批准,省检察院、省法院设置司法、检察中专班,由省检察院、省法院和省公安学校共同管理。1985 年 4 月,省检察院与省电视大学商定建立全省检察系统电大法律专业教学班。1988 年,省教委同意杭州市广播电视中专与省检察院联合举办省检察系统法律专业干部中专专修班,招收全省检察机关 35—45 周岁、具有初中毕业文化程度的三年以上专业工龄的在职干部,学制两年(业余)。省检察院经与省教委商定并经省政府同意,建立浙江广播电视大学检察分校(大专)。1992 年 11 月,省编委同意省检察院在省政法管理干部学院挂牌设立浙江省检察官培训中心。1995 年,省检察院同意设立省检察官培训中心浙南分中心、宁波分中心、丽水分中心、嘉兴分中心、金华分中心、衢州分中心、舟山分中心、义乌分部,承担相应地区检察机关的干部培训及省检察官培训中心委托的有关培训任务。1997 年 7 月,省委组织部批准省检察院与省委党校合办检察干部法律本科班。1998 年 3 月,省检察院制发《省检察院机关干部参加研究生教育暂行办法》,对省检察院机关干部参加研究生教育的条件、审批程序、学费承担等作出规定。2000 年,省检察院制发《关于进一步加强省检察院机关业务建设的意见》,提出经过五年努力,主要采取加强对业务尖子的培养、大力加强岗位培训、开展岗位技能培训、开展专项业务培训、继续有重点抓好学历教育特别是本科和研究生学历教育等措施与途径。2001 年,省检察院制发《关于对〈关于进一步加强省检察院机关业务建设的意见〉的修改补充规定》,对在职干部非组织选送攻读研究生学位和参加研究生课程进修班教育提出鼓励政策;制发《浙江省检察机关"一五三"人才培养工程实施方案》①,并对"一五三"人才的培养、管理提出具体措施;制发《2001—2005年全省检察干部教育培训规划》,包括指导思想和基本原则、奋斗目标和基本任务、主要措施和基本保障等内容。2002年,省检察院先后制发《全省检察机关检察官续职资格培训规划》《浙江省检察机关检察官续职资格专门培训实施方案》。2004年6月,省检察院制发《浙江省检察机关2004—2007年人才工作规划(试行)》,提出到2007年底,使检察人员学历层次有较大幅度提高,高素质人才队伍基本形成规模、人才分布配置更加合理、具有检察特色的人才工作机制基本形成。2006年,省检察院制发《浙江省检察机关检察业务专家评审办法(试行)》。2007年,省检察院制发《"十一五"期间浙江省检察干部教育培训规划》。2009年,省检察院制发《浙江省检察机关公务员学习培训学分制管理实施办法(试行)》,加强业务培训管理,推动全员培训。2010年,省检察院制发《关于开展建设学习型党组织、学习型检察院活动的实施意见》。2011年,制定实施《浙江省检察人才队伍中长期规划(2011—2020年)》。2008—2012年,省检察院扎实推进队伍专业化建设,加强对干警的业务培训,举办各类培训班712期,培训人员4.2万余人次;加强专业人才的培养选拔和管理使用,组织开展全省十佳公诉人、侦查监督能手、律师和公诉人抗辩赛等岗位练兵和竞赛活动。2012—2017年,省检察院通过举办控辩大赛等多种形式的岗位练兵,提升检察官素能,43名干警被评为全省、全国检察业务专家,151名干警荣获全省、全国业务能手、标兵称号,队伍正规化专业化职业化水平不断提高。2018年,省检察院举办全省检察机关首期青干班,大力培养年轻干部。

---

① 该方案提出力争在2001—2005年规划期限内培养出10名在全省乃至全国有一定权威和影响的专家型人才;50名既精通法律又熟练掌握金融、审计、证券、计算机等其他某方面专业知识的高层次复合型人才;300名检察业务尖子。

第二节　浙江省检察工作的历史成就

1979 年《宪法修正案》和第二部《检察院组织法》颁布后，确定了人民检察院是国家的法律监督机关，依法独立行使检察权。同时将上下级检察机关之间的监督关系更改为领导关系，重新确立检察机关的双重领导体制。此后，全省检察机关紧紧围绕中共中央在各个时期的中心任务，从浙江省实际出发，顺应检察职能的不断拓展，依法文明规范执法的能力不断提高。一方面严格执行上级机关制定的各项制度，同时积极探索和开拓创新，在维护社会稳定、反腐败反渎职、执法监督、纠正冤假错案及检察基础建设等方面取得了长足的发展。

一、努力化解社会矛盾

省检察院结合浙江省本地治安形势和自身业务，把维护政治和社会稳定作为首要政治任务，在依法打击严重刑事犯罪的同时，科学运用宽严相济的刑事司法政策，积极推进社会治安综合治理，努力化解社会矛盾。

1978 年 3 月省检察院重建后，即于下半年担负起对浙江省的"江青反革命集团"骨干分子依法提起公诉的任务。1979 年 7 月《刑法》和《刑事诉讼法》公布后，全省检察机关既认真做好审查批捕、审查起诉和出庭公诉等常规性业务工作，又积极参加专项集中打击，大力整治社会治安。1983 年 8 月后，全省检察机关坚决执行中共中央关于对严重刑事犯罪分子实行"依法从重从快、一网打尽"（以下简称"严打"）方针，贯彻全国人大常委会《关于严惩严重危害社会治安的犯罪分子的决定》，积极投入省委对"严打"部署"三年为期、组织三次战役"的斗争。1985 年 4 月，省检察院明确，各级检察院刑检工作要坚持一手抓打击，一手抓防范。以结合办案开展检察建议,协助有关单位健全制度;对免诉人员落实帮教;加强对监管改造场所的检察,提高改造质量,减少重新犯罪;结合办案对有关人员进行法律教育;在接待工作中注意发现和及时缓和、解决可能激化的矛盾等措施,促进社会治安综合治理。此后,全省检察机关的社会治安综合治理工作不断拓展范围、深化内容,加强针对性和实效性。

1990年后,全省检察机关坚决贯彻中共中央关于"稳定压倒一切"、正确处理"改革、发展、稳定"关系等一系列精神,对重大刑事违法犯罪始终保持"严打"锋芒。2005年后,全省检察机关紧紧围绕构建社会主义和谐社会的要求开展社会治安综合治理工作。

2007年,省检察院制发《进一步加强服务和谐社会建设工作的指导意见》,成立维稳工作领导小组。2008年,省检察院进一步贯彻落实省委建设"平安浙江""法治浙江"的战略部署,对承担的社会治安综合治理职责任务进行细化和分解;按照中央政法委的统一部署,对影响基层社会稳定发展的突出矛盾纠纷和信访问题进行集中排查化解,把宽严相济的刑事司法政策贯彻到检察执法办案的各个环节。2010年3月,省检察院制发《2010年全省检察机关维护稳定工作要点》,要求全省检察机关按照中共中央、省委维护社会稳定工作的决策部署,以服务保障经济社会平稳较快健康发展为中心,全面落实检察环节各项维稳措施,不断提高维护社会稳定工作的能力和水平,为促进全省社会和谐稳定作出贡献。

2011年,省检察院通过依法打击严重刑事犯罪,全力维护国家安全和社会稳定。健全对危害国家安全犯罪的快速反应机制和案件指导机制;组织开展打黑除恶、打击拐卖妇女儿童、集中整治网络赌博等专项行动;加强对自主创新和知识产权战略的司法保障;围绕保障和改善民生,组织开展打击危害食品药品安全犯罪专项行动;全面建立12309电话、短信、邮件举报平台,拓宽听取群众诉求渠道,及时化解矛盾纠纷;深入贯彻宽严相济的刑事政策,推进"检调对接"机制建设、开展附条件不起诉试点工作等措施,有效推进对未成年人犯罪、老年人犯罪、因家庭邻里纠纷等引发的轻微刑事犯罪的依法从宽处理，最大限度减少社会对抗、修复社会关系。

2013年，严惩危害国防利益和军人军属合法权益犯罪；积极参加打黑除恶、治爆缉枪、打击"两抢一盗"等专项行动；切实加大对危害食品药品安全、环境污染等严重危害人民群众生命健康犯罪的打击力度；着力营造诚信有序的市场环境；积极服务创新驱动发展战略，建立与有关执法部门的工作联动机制，加强知识产权司法保护；全面推行未成年人刑事案件专门机构或专人办理，联合有关部门建立未成年人犯罪法律援助制度。省检察院制定《关于办理当事人和解的刑事公诉案件的若干规定》，积极促成因民间纠纷等引起的轻微刑事案件当事人和解。

2014年，突出保障民生民利，着力保障群众"舌尖上的安全"，积极参与制售有毒有害食品药品集中整治行动；紧紧围绕我省"五水共治"、金融改革和稳定、产业升级、创新驱动等重点工作，在全省部署开展环保检察、金融检察、知识产权检察工作，省检察院分别制定工作方案、成立领导小组，强化工作指导；深入抓好服务保障"三改一拆"工作，在"三改一拆"中有效发挥了法治护航的作用。

2015年，依法保障市场经济有序发展，严肃惩治严重经济犯罪；突出治理商业贿赂；积极回应群众对食品药品安全的关切；围绕省委"五水共治"、创新驱动等转型升级"组合拳"，深入推进环保、金融、知识产权"三项检察"，在非法集资等涉众型重大敏感案件办理中，努力把矛盾真正化解到位。

2016年，把护航G20作为压倒一切的头等政治任务；组织开展涉检信访矛盾大化解、民事行政申诉积案百日清理两个专项行动；积极推进社会关系修复，开展轻微刑事案件和解；着力保障非公经济发展，出台《关于依法保障和促进非公有制企业健康发展的意见》；着力保障民生，围绕群众反映强烈的看病难、入学难、就业难等问题，组织开展专项行动；依法保护绿水青山，办理破坏生态环境案件数位居全国第一。

2017年,严厉打击各种刑事犯罪;保障民生民利,严惩破坏生态环境资源、危害食品药品安全犯罪,加强未成年人司法保护,成立帮教基地,帮助涉罪未成年人改过自新;深化涉法涉诉信访机制改革,引入律师参与化解和代理信访申诉。

2018年,服务保障"三大攻坚战"。围绕金融风险防控攻坚战,依法打击危害金融安全犯罪;围绕低收入百姓增收攻坚战,依法从严打击扶贫领域犯罪行为;围绕污染防治攻坚战,出台"加强生态环境司法保护17条"。

二、深入开展反腐败斗争

全省检察机关重建后,即把查办国家工作人员职务犯罪作为重要任务,依法查处和预防国家工作人员职务犯罪,持续加大力度,不断取得阶段性成果。

1982年,全省检察机关坚决贯彻执行中共中央关于打击严重经济犯罪的精神及全国人大常委会《关于严惩严重破坏经济的罪犯的决定》,积极投入打击经济犯罪斗争。1984年始,全省检察机关把"经打"作为工作重点之一,并不断加强查办国家工作人员渎职犯罪案件工作,促进经济体制改革的顺利进行。1989年,全省检察机关贯彻最高人民法院和最高检察院《关于贪污、受贿、投机倒把等犯罪分子必须在限期内自首坦白的通告》,再次掀起反腐败查办职务犯罪案件的高潮。

1990年始,全省检察机关经济检察部门改建为贪污贿赂侦查局(1996年更名为反贪污贿赂局)后,以党政机关、行政执法机关、司法机关和经济管理部门为重点,坚决查处贪污、贿赂、渎职等职务犯罪,特别是县处级以上领导干部职务犯罪大案要案。1997年,省检察院根据"两法"修改及实施情况,探索并拓展适应形势发展的侦查思路,提出查办职务犯罪"依法独立办案"的四条意见,大力强化查办职务犯罪案件工作。为有效遏制贪污、贿赂等腐败犯罪滋生蔓延,全省检察机关结合办案开展职务犯罪预防工作。2002年,根据最高检察院部署,全省检察机关陆续设置职务犯罪预防工作部门。此后,全省检察机关不断加强职务犯罪预防工作机制建设,探索创新工作方法,持续推动职务犯罪预防工作向广度和深度发展,促进全省的反腐倡廉体系建设。2003年,全省检察机关贯彻中共中央关于治理商业贿赂的重大决策,建立健全与行业主管(监管)部门、行政执法部门的协作机制,重点查办发生在工程建设、土地出让、产权交易、医药购销、政府采购、资源开发和经销等领域的商业贿赂案件。2005年,全省检察机关渎职、侵权检察部门更名为反渎职侵权局。全省检察机关加快职务犯罪侦查方式的转型升级,不断增强发现和侦破职务犯罪案件的能力。2006—2008年,全省检察机关反贪部门围绕服务发展大局与和谐社会建设,以中共中央和最高检察院部署的开展治理商业贿赂专项工作为重点,持续加大反贪侦查力度,提高侦查水平和办案质量。2010年,各级检察院按照省检察院提出的办案"保持稳定、有所增长"要求,以医疗、教育、农村土地规划等民生领域为重点。

2011年,浙江省检察院着力查处妨碍发展、危害民生、影响稳定的行业性、领域性窝案串案,重点查办发生在土地管理、征地拆迁、教育卫生、农村基层组织等领域的贪污贿赂犯罪;深入开展治理商业贿赂专项工作、工程建设领域腐败问题专项治理;组织开展交通运输管理系统职务犯罪惩防专项工作;重视打击行贿犯罪,依法查处情节严重、社会危害大的行贿犯;与有关部门进一步建立健全防逃追逃协调机制,加强对在逃职务犯罪嫌疑人的追逃工作;推行实名举报代号制、单线联系制,消除群众顾虑,鼓励群众举报;实行全省检察机关侦查信息互通和资源整合,推进侦查一体化;强化"由证到供"的侦查模式,重视办案谋略,提升突破案件能力和依法规范办案水平。2013年,全省坚持"老虎""苍蝇"一起打,坚决查处贪污贿赂犯罪大案要案,建立健全奖励实名举报、网络反腐研判等制度,完善交办、督办、提办等机制,增强突破大案要案的能力。2013—2014

年,集中开展为期两年的查办发生在群众身边、损害群众利益职务犯罪专项工作,加大打击行贿犯罪力度。2015 年,认真贯彻省委落实中央巡视组反馈意见十大整改行动方案,以查处土地出让、工程建设、房地产开发等重点领域和领导干部、基层干部以权谋利案件为重点,组织全省检察机关开展专项办案。2016—2017 年,重点打击十八大后不收敛、不收手腐败犯罪。2018 年,主动融入反腐败工作大局,出台"建设清廉检察服务清廉浙江建设 17 条"。

三、全面加强执法监督

1978 年来,省检察院以办案为手段,对有法不依、执法不严、违法不究以及滥用职权等破坏法制的现象加大执法监督力度,维护司法公正和法律尊严。

1980 年后,全省检察机关根据 1979 年《刑事诉讼法》规定,把执法监督工作放到重要位置,对公安机关的侦查活动全过程行使法律监督职权。随着全国"严打"和"经打"斗争的深入,对刑事犯罪侦查工作的执法监督制度和机制不断健全完善,全省检察机关的执法监督工作不断加强。1988 年始,根据最高检察院规定,对自行侦查的职务犯罪案件的审查批捕、审查起诉由内设不同部门专职承担,强化内部执法监督。1990 年始,开展对民事、行政案件生效裁判及审判活动的监督。1993 年后,把查处执法人员贪赃枉法、徇私舞弊、刑讯逼供等犯罪案件纳入反腐败总体部署,作为加强执法监督的重点来抓,继而突出查处司法领域职务犯罪案件。1997 年后,按照 1997 年《刑事诉讼法》的规定,持续加强刑事案件立案监督、侦查监督、审判监督、刑罚执行和看守所执法活动的监督,以及刑事申诉案件的复查和赔偿工作。

2004 年,省检察院与 14 家省级行政执法部门联合建立行政执法与刑事执法相衔接的工作机制。2005 年,省检察院专门制发《加强法律监

督能力建设，推进检察工作与经济社会同步走在前列的若干意见》。针对
浙江省在国有企业改制、城镇建设等过程中造成国有资产严重流失等问
题，省检察院率先开展民事督促起诉工作，督促有关部门向法院提起民事
诉讼，为国家与集体挽回经济损失，受到最高检察院、省委、省政府及社会
各界的肯定。2004—2010年，全省检察机关共办理民事督促起诉案件
4760余件。2011年，着力加大诉讼监督力度。在侦查监督工作中，突出
加强对有案不立、应当逮捕、起诉而未提请批捕和移送起诉以及严重违法
侦查行为的监督；在审判监督工作中，重点监督纠正量刑畸轻畸重的刑事
案件、确有错误的民事行政判决和裁定；在刑罚执行和监管活动监督中，
重点监督纠正超期羁押、违法减刑、假释、暂予监外执行以及违法监管等
行为；充分发挥专项监督的作用；深入推进民事督促起诉；联合省公安厅
制定《关于进一步规范侦查监督工作的若干意见（试行）》，会同省法院制
定《关于民事行政申诉抗诉案件纠纷化解工作的若干意见》，诉讼监督机
制制度进一步完善。2013年，省检察院大力监督纠正执法不严、司法不
公。大力开展久押不决案件专项检察；坚决打击恶意串通虚假诉讼；深挖
查处执法不严、司法不公背后的腐败问题。坚决维护诉讼参与人合法权
益，全面落实审查逮捕阶段每案讯问犯罪嫌疑人制度，联合省公安厅推行
审查逮捕社会危险性说明、探索开展羁押必要性审查，对构成犯罪但不具
备社会危险性、无逮捕必要的在押犯罪嫌疑人依法作出不批捕决定；对不
需要羁押的犯罪嫌疑人及时提出释放或变更强制措施建议。坚决保障诉
讼参与人的控告申诉权；更加注重保障律师执业权利，会同有关部门积极
研究制定保障和规范律师执业权利行使的制度。

　　2014年，全省检察机关坚决贯彻中央、省委关于形成严密的法治监
督体系、完善检察机关行使监督权的法律制度的重大决策部署，切实加强
和改进检察监督工作。坚决查办隐藏在执法不严、司法不公背后的腐败
案件。2015年，省检察院深入贯彻省人大常委会加强检察机关法律监督
工作的决定，严格履行诉讼监督职责，加强对刑罚执行和监管活动的监

督,开展对财产刑执行情况的监督试点,探索加强行政检察监督。2016年,省检察院牢牢把握检察机关的宪法定位和根本属性,坚持只服从事实,只服从法律,不断增强法律监督工作的整体效果。重点加强对定罪量刑确有错误,特别是对死刑适用不当案件的抗诉;持续强化对职务犯罪、金融犯罪、涉黑犯罪"三类罪犯"减刑、假释、暂予监外执行的监督;扩大财产刑执行检察试点范围;重点加强对虚假诉讼、违法调解、审判人员违法行为和违法执行的监督,深挖隐藏在司法不公背后的腐败问题。2017年,全省检察机关重点监督侦查机关以罚代刑、插手经济纠纷等问题;开展破坏环境资源、危害食品药品安全和破坏海洋渔业资源犯罪专项立案监督;加强民行诉讼监督,民事行政生效裁判抗诉再审数、改判数居全国第一;积极稳妥开展公益诉讼;加强专项法律监督,出台"服务营造企业家健康成长环境11条""互联网金融检察13条",保障企业和互联网金融健康发展;出台工作意见,加强与沿线国家司法协作,服务"一带一路"和自贸区建设。2018年,强化侦查监督,牢固树立"公安机关侦查活动开展到哪里,检察机关侦查监督就跟进到哪里"的理念;强化审判监督,转变以往重刑事审判监督、轻民事审判监督的理念,坚持刑民并重;强化执行监督,重点监督刑事执行不公正以及民事行政案件"执行难"问题,打通司法公正"最后一公里";强化专项监督,把开展专项监督作为回应群众呼声的重要抓手,持续开展生态环境和食品药品安全领域专项立案监督,深入开展互联网检察。

四、复查纠正冤假错案

全省检察机关重建后,面临大量要求纠正冤假错案的投诉,加强犯罪嫌疑人合法权益保障和司法救济工作,大力保障公民合法权利。

1978年下半年开始,全省检察机关把平反"文化大革命"时期及之前历次政治运动中形成的冤假错案,作为拨乱反正、维护和促进安定团结的重大政治任务，搞好人民来信来访工作，办好申诉案件，及时审查批捕和起诉了浙江省内一批犯有严重罪行的骨干分子和打砸抢分子，并对冤假错案进行复查平反，落实政策。1983年5月，省检察院成立复查历史老案领导小组，全省检察机关进一步复查平反在"左"的思想指导下办理的冤假错案和历史问题，至1987年上半年结束，共复查历史老案5800余件，纠正2000余件。之后，全省检察机关控告申诉检察工作的重点转到办理刑事控告申诉上，连续多年开展集中处理涉检涉法信访活动；针对一些涉检涉法问题多年未解决的上访户、疑难复杂案件，采取"公开听证"等方法，做好息诉工作。

1995年《国家赔偿法》实施后，全省检察机关刑事赔偿工作开始起步。1988—2010年，全省检察机关共处理各类群众信访82万余件，受理群众举报线索27.75万余条，立案复查刑事申诉案件3880余件，复查后纠正630余件。2011年，省检察院全面建立12309电话、短信、邮件举报平台，建立互联网检务中心，在线受理群众诉求和开展法律服务，拓宽听取群众诉求渠道，及时化解矛盾纠纷。通过规范案件办理标准、推进"检调对接"机制建设、开展附条件不起诉试点工作等措施，深入贯彻宽严相济刑事政策；有效推进对未成年人犯罪、老年人犯罪、因家庭邻里纠纷等引发的轻微刑事犯罪的依法从宽处理，最大限度地减少社会对抗、修复社会关系。2012年，省检察院更加注重在办案中维护人民群众的利益，会同有关部门，积极采取调处手段妥善处理涉及劳动争议、医患纠纷、损害赔偿等方面的民事申诉案件；加强对刑事被害人的救助工作；更加注重保障群众的知情权，全面推行法律监督说理，对不批准逮捕、不提起公诉、实名举报初查不立案等进行释法说理答疑；全面建立各级检察院门户网站，推行建立检务公开大厅，建立和落实新闻发言人、检察开放日等制度，定期向人民群众通报检察工作情况。2013年，省检察院发现"两张叔侄强奸案"和"萧山五青年抢劫杀人案"冤错后，及时组织复查案件，提出有错必纠、依法予以再审改判的审查意见；组织开展全省检察机关公诉案件、死刑案件质量大评查，对全省 2012 年以来办理的公诉案件、死刑案件逐件开展评查，对发现的问题逐项落实整改措施，坚决予以纠正；为防止冤假错案发生，省检察院还制定防止和纠正冤假错案的 18 条意见，在全国率先推行以客观性证据为核心的审查批捕、审查起诉工作模式，最高检先后两次在全国推广；制定《关于办理当事人和解的刑事公诉案件的若干规定》，着力推进刑事和解，积极化解社会矛盾；全面推行未成年人刑事案件专门机构或专人办理；省检察院规定全省检察机关对不立案、不起诉、不抗诉等终结性决定开展释法说理，强化法律监督说理，促进息诉息访。2014 年，省检察院在全国率先推行审查批捕案件逐案讯问犯罪嫌疑人制度，严防冤假错案发生；会同公安、法院建立一系列司法规范和标准①，制定实施《进一步规范职务犯罪侦查工作若干规定》，坚决防止不文明办案行为，切实保障嫌疑人的合法权益。2015 年，坚决防止冤假错案，着力规范证据审查标准，制定实施浙江省《口供审查工作指引》《毒品犯罪证据收集审查工作指引》，深化浙江省首创的以客观性证据为核心的证据审查制度，严格依法排除非法证据；全面贯彻宽严相济刑事司法政策，制定实施《审查认定逮捕社会危险性条件的意见》和《常见新型疑难刑事案件审查逮捕指引》，构建认罪认罚从宽处理、不捕不诉工作标准，着力减少社会对立面；加强未成年人刑事检察工作，制定实施加强未成年人司法保护工作意见，努力实现最大限度少捕慎诉少监禁、最大限度保护未成年人权益、最大限度减少未成年人犯罪。2016 年，省检察院组织开展保障律师会见权和文明办案两个专项整改活动，使得浙江省检察机关律师会见和文明办案问题已经不再成为突出问题。2017 年，严把事实关、证据关和法律适用关，从源头上把好案件质量关，依法对不构成犯罪或构罪证据不足的，不批捕、不起诉；加强未成年人

---

① 包括故意杀人、故意伤害、盗窃、诈骗等重点类案的审证采证标准、逮捕必要性条件和证明标准等。

司法保护，帮助涉罪未成年人改过自新；贯彻宽严相济的刑事政策，对社会危险性较小的案件，不批捕、不起诉；引入律师参与化解和代理信访申诉，深化涉法涉诉信访机制改革。

五、不断加强检察基础建设

浙江省检察院重建以来，一方面，严格依照《检察院组织法》《中华人民共和国检察官法》等法律和规定录用与管理检察人员，强化检察人员的思想政治教育与业务培训，从严治检，加强检察队伍建设。另一方面，抓住机遇加强全省检察机关基础建设，积极改善工作条件，强化业务保障。

1999年，省检察院专门作出《关于加强基层检察院建设的实施意见》，于2002年首次召开"全省检察机关科技强检工作会议"，制定并开始实施《全省检察机关科技强检五年发展规划》，大力推行科技强检战略。2007年底，全省检察机关第二次科技强检工作会议提出要以科技应用、信息化建设为推动力，切实加强检察基础工作，全面提升检察工作的规范化、信息化、科学化、专业化水平，并开始实施2008—2012年科技强检建设与应用发展规划。2008年3月，省检察院专门召开全省基层检察院建设工作会议，总结全省基层检察院建设的探索实践和基本经验，确定新一轮基层检察院建设的发展目标，要求全省检察机关必须始终把基层检察院基础建设作为各项工作的重中之重来抓，进一步夯实检察工作又好又快发展的基础。2010年，全省检察机关全面建成了集视频、数据、语音于一体的全省检察专线网，全部完成讯问监控系统和多媒体示证系统建设，加强了检察数据库体系建设，为发现、突破、指控犯罪强化了科技支撑。2011年，组织开展先进检察院创建活动，实施基层检察院基本业务装备配备标准，实现编制人员装备向基层倾斜、办案服务向基层集聚；大力实施科技强检战略，检察基础网络建设全面完成，网上案件管理和绩效考评工作稳步开展。2013年，以"先进基层检察院"创建活动为抓手，组织开展基层检察院评估试点工作；着力推进派驻乡镇、街道等基层检察室建设；把科技强检作为强化基层基础的支撑，推进侦查信息化建设，推进电子数据证据技术运用。2014年，积极适应大数据时代要求，大力推进全省检察机关信息化建设。积极参与政法信息网络平台建设，实现与公安、法院特定信息的点对点共享；建设电子数据实验室；加强检察新媒体平台建设，省检察院官方微博被评为"全国十大检察微博"。2015年，推进电子检务工程建设，省检察院等四个单位被评为全国科技强检示范院。2017年，加强智慧检务建设，推广智慧公诉办案辅助系统和智能语音识别技术，检察信息化水平不断提升。2018年，继续加强智慧检务建设，根据省委政法委统一部署，牵头负责政法"一体化办案系统"。

第三节　浙江省检察工作的改革创新

新中国成立以来，尤其是改革开放以来，浙江省检察院紧跟国家改革的步伐，与时俱进，围绕检察核心业务，积极创新。特别是在党的十五大报告提出司法改革的号召之后，浙江省检察机关根据中央、省委和最高检关于检察改革的部署和要求，始终坚持"创新强检"发展战略，在检察业务工作中积极探索，改革创新。取得了积极的成效，许多改革创新做法得到最高检的肯定并向全国推广。

一、积极探索公诉制度改革

1997年，省检察院结合刑事诉讼简易程序的出庭实践，制发《关于严格依法适用简易程序的通知》，开始对公诉制度改革的探索实践。2001年，省检察院制发《关于进一步做好公诉改革有关工作的通知》明确了公诉改革应遵循的原则，确定以"主诉检察官办案责任制、简易程序适用和普通程序简易审、多媒体示证"三项措施为改革重点。2005 年,省检察院在全省检察机关侦查监督、公诉工作会议上提出进一步完善主诉检察官办案责任制,部署开展职务犯罪不起诉案件监督制约机制、未成年人犯罪案件公诉改革、量刑建议、公诉一体化机制等四项改革措施试点工作。2008 年,省检察院提出"不起诉说理改革、依法适用简易程序和普通程序简化审办理(繁简分流)"等改革举措。浙江省检察院开展的刑事和解、量刑建议、附条件不起诉、证据开示、简易程序等多项公诉制度改革,得到最高检肯定。

(一)公诉案件简易程序制度

1997 年 4 月,省检察院制发《关于严格依法适用简易程序的通知》,提出检察机关适用简易程序工作应注意的两个问题,一是适用简易程序审理案件,要严格依照法律规定的条件、范围和程序办理,不得随意扩大,防止将应适用普通程序审理的案件适用简易程序审理。对依法可能判处三年以上有期徒刑的,尤其对暴力犯罪、涉毒涉枪犯罪、共同犯罪和带有黑社会性质的犯罪案件,不能建议或同意人民法院适用简易程序。对案件事实证据是否清楚充分、是否构罪、构成何罪可能有争议的案件,也不能建议或同意适用简易程序。二是要坚持少用、慎用的原则,切实纠正一些地方图省时、省事的不正确做法。适用简易程序审理案件的比例,要控制在公诉案件总数的 10% 以内。重点要把工夫下在多实践、多出庭上,通过出庭公诉,加大执法监督的力度、提高出庭公诉的技能和水平。

2003 年 5 月,省检察院根据最高检公诉厅《关于检察机关公诉部门贯彻执行〈关于适用普通程序审理"被告人认罪案件"的若干意见(试行)〉和〈关于适用简易程序审理公诉案件的若干意见〉的几点意见》,在各级检察院推行"被告人认罪案件的简化审理"和适用简易程序审理公诉案件。

2008 年 7 月,杭州市萧山区检察院根据本地公诉疑难复杂、不认罪、重大职务犯罪等三类案件办理经验,制定《杭州市萧山区人民检察院"三类案件"公诉应对办法》,逐渐形成一套办理模式和具体工作流程。其中对审查时应注意的问题、审批与集体讨论、庭审指挥与技巧等方面内容的规定逐项细化,使三类案件的庭前审查、庭审应对及庭后沟通工作做到有章可循。2008年8月,省检察院对该办法进行推广。

(二)主诉检察官办案责任制度

1999年,根据最高检部署,省检察院开展主诉检察官的试点工作,对主诉检察官的选拔、任用、管理及办案责任制的实现形式等进行探索和实践。各级检察院在公诉部门从事审查起诉出庭公诉工作的检察人员中,按照规定的条件和程序选任产生主诉检察官,在检察长授权下,依法独立行使国家检察权。省检察院先选取杭州市萧山区、慈溪市、绍兴市越城区、嘉兴市秀城区共四个检察院开展主诉检察官负责制的试点,制发《关于主诉检察官负责制的试行规定》,对主诉检察官的资格、职权、监督制约、考核等作出规定。2000年,省检察院根据最高检要求,在各级检察院审查起诉部门全面推行主诉检察官办案责任制,规定主诉检察官应尽量从现职检察员中选任;条件不具备的地方,具有独立承办案件能力和水平的助理检察员,也可以担任主诉检察官。

2003年7月,省检察院举办全省检察机关首次主诉检察官资格考试。之后,省检察院每两年举行一次主诉检察官资格考试。通过考试,为公诉部门提供了一批独立承担办案职责的主诉检察官。

(三)控辩证据开示制度

2000年,省内部分检察机关开始试行庭前证据开示。当年,丽水市莲都区检察院、永康市检察院分别对六件、十件案件进行实践,在法院对案件开庭审理前,在法官主持下,控辩双方相互展示各自收集的证据,并进行讨论,力求达成共识。永康市检察院制定《庭前证据展示暂行办法》,

使庭前证据展示在试行中有章可循。省检察院予以推广。

2003 年 5 月，省检察院确定建德市检察院、东阳市检察院为证据开示制度改革试点单位。2005 年 3 月，省检察院制发《关于增加证据开示制度试点单位的通知》，增加宁波市江北区检察院、温州市鹿城区检察院为试点单位，要求各试点单位制定计划、方案、相应规定和配套措施。

2008 年 6 月，修改后的《律师法》开始施行。为避免控辩双方掌握案件证据信息不对称给公诉工作带来的不利影响，省检察院对杭州市余杭区检察院与区法院、区司法局联合制定的《刑事案件庭前证据开示实施办法（试行）》予以肯定，并推广至各级检察院学习参考。

（四）量刑建议制度

2003 年 5 月，根据最高检的改革试点要求，省检察院确定宁波市北仑区检察院、瑞安市检察院进行公诉案件量刑建议的改革试点。6 月始，宁波市北仑区检察院试行量刑建议制度，制定《求刑规则》，确定在提起公诉案件时向法院提出对被告人应处何种刑罚或一定幅度内刑罚的建议，对量刑建议的审批程序、提出方式、具体内容、法律文书及后续监督等问题作出明确规定；与北仑区法院联合制定实施《量刑程序规范化实施规则（试行）》，设置一套贯穿全程、相对独立、法官引导、控辩对抗、裁判回应的规范化量刑程序，使量刑建议由检察机关的单方行为转变为控、辩、审三方参与的诉讼活动。其中规定："检察长列席审判委员会时，可以就量刑发表意见。"检察长在充分听取审委会意见的同时，对法院的量刑活动进行监督。为量刑建议制度的全面推进积累了实践经验。

2009 年 3 月，宁波市北仑区检察院将《求刑规则》修改为《量刑建议实施规则》。5 月，最高检公诉厅组织 16 个省、市检察院公诉部门负责人到宁波市北仑区检察院庭审观摩，向全国推广浙江省检察机关开展量刑建议改革的经验。

（五）轻微刑事案件和解制度

2007 年始，省检察院以贯彻落实宽严相济刑事司法政策、化解人民内部矛盾为宗旨，探索开展刑事和解的公诉改革。东阳市检察院尝试刑事和解工作；淳安县检察院在公诉环节探索恢复性司法措施，在检察人员主持下，对一般犯罪行为轻微的案件，由案件双方当事人在自愿基础上就民事赔偿达成一致和对是否追究犯罪嫌疑人（被告人）刑事责任达成谅解后，检察机关作出不诉或撤案处理的决定。2007—2009 年，淳安县检察院因开展刑事和解而作不诉或撤案处理的刑事案件 27 件。11 月，省检察院制发《关于办理当事人达成和解的轻微刑事案件的规定（试行）》，将刑事和解作为一项新型刑事案件解决机制，在全省检察机关进行推广。2008—2009 年，宁波市鄞州区检察院探索将人民调解引入刑事和解办案领域，共办理刑事和解案件 86 起，其中 38 起通过建议人民调解委员会调解成功。

2009 年 3 月，省检察院确定宁波市鄞州区、东阳市检察院作为刑事和解制度改革的试点单位。

2007 年 10 月至 2010 年 6 月，杭州市西湖区检察院对 21 名达成刑事和解的轻微刑事案件犯罪嫌疑人依法作出相对不起诉处理。根据未成年人心智发育尚不成熟等特点，办案中尽量体现温情，在对未成年犯罪嫌疑人作出相对不起诉处理决定后，承办人根据其犯罪原因、悔罪表现等，在不起诉决定书后附上符合其特点的"检察官寄语"，让被不起诉人进一步感受到社会、办案部门对其的关心、关爱，促使其迷途知返。

二、积极参与人民监督员制度试点，实现外部监督的新突破

为了进一步加对强检察机关直接受理侦查案件工作的外部监督，

完善中国特色检察制度以及刑事诉讼制度，最高检于 2003 年 10 月下发了《关于人民检察院直接受理侦查案件实行人民监督员制度的规定（试行）》，浙江省检察机关作为最高检首选的 10 个省份之一开始进行试点。

　　浙江省检察院对人民监督员制度试点工作高度重视，周密部署，精心组织，确定了省检察院、11 个市级检察院和 14 个县级检察院共 26 个检察院作为首批试点单位，并于 2003 年 10 月 30 日隆重举行人民监督员制度试点工作会议，正式启动试点。首批试点单位共选任人民监督员 308 名。至 2005 年 12 月底，全省各级共 102 个检察院悉数参加试点，人民监督员由原来的 308 名增加到 1013 名。共有 335 件案件进入监督程序，其中不服逮捕的 14 件，拟撤销案件的 190 件，拟不起诉的 131 件。人民监督员经独立评议表决，同意检察机关拟定意见的 319 件，不同意的 16 件。对人民监督员不同意检察机关拟定意见的 16 件，检察委员会讨论后决定采纳人民监督员表决意见的八件。

　　经过两年多的试点，特别是通过人民监督员对一批检察机关直接受理侦查案件的成功监督，加强了检察工作的社会监督，促进了司法公正；强化了对检察机关的社会监督，有效地保障了检察权的正确行使，更好地维护了公平正义；促进了检察机关执法观念的转变，提高了执法水平；增加了检察工作的透明度，增进了社会对检察工作的理解和支持；促进了办案社会效果和法律效果的统一，起到了良好的社会效果。

三、探索民行抗诉书说理改革，提高民行法律监督能力

　　2003 年，针对民行抗诉法律文书普遍存在缺乏说理分析的弊病，省检察院第十三次全省检察长工作会议正式确定在全省民行系统推行民行抗诉书说理改革。

　　2003 年 5 月，省检察院下发《关于推行民事行政抗诉书说理改革的

通知》,要求将民行抗诉书说理作为一项重要办案制度、一条硬性标准来抓,坚决予以贯彻落实。通过各级检察院的努力,浙江省的民行抗诉书说理改革取得了积极进展,大大提高了民行检察干部的办案水平,使得民行抗诉改判率得到大幅度提升,树立了民行抗诉的权威与公信力。

浙江省检察机关首创的民行抗诉说理改革因措施有力、成效明显,受到了最高检的充分肯定和高度重视。最高检办公厅《领导参阅件》、民行厅《民行检察工作情况》相继转发了浙江省检察院《关于推行民事行政抗诉书说理改革的通知》。2004 年 11 月,最高检在浙江省召开了全国检察机关民行抗诉书说理改革现场会,向全国推广浙江省民行抗诉书说理改革的经验。

四、探索建立推行讯问同步录像制度,推进依法文明办案

为了全面掌握讯问动态,规范讯问行为,加强业务指导,有效遏制翻供翻证现象,浙江省检察机关逐步推广了讯问犯罪嫌疑人同步录像制度。20 世纪 90 年代中期以来,浙江省不少检察院开始使用监控设施办理自侦案件。1999 年 12 月,省检察院在总结本省各级检察院成功做法的基础上,下发《关于对贪污贿赂案件首次讯问试行全程同步录像的通知》,要求各级检察院对自己发现、自己初查、自己立案的贪污贿赂案件,试行首次讯问全程同步录像。2002 年,省检察院提出对贪污贿赂大要案推行讯问全程同步录像,即从首次被依法传唤、拘传到案件侦查终结,对全部讯问过程实行同步录像,并在全省推广。2003 年,省检察院提出对所有自侦案件都要推行讯问全程同步录像,并在全省推广。2004年,省检察院决定在省、市检察院和部分基层检察院试行检察机关自侦案件在提请批捕、审查起诉时随案移送讯问全程同步录像资料的工作,以加强对这项执行情况的监督。2005 年初,为进一步规范讯问全程同

步录像工作,浙江省又推出了"审录分离"制度,明确讯问录像设施的操作和管理由技术或其他部门负责,把讯问同步录像工作推向一个新的阶段。

浙江省检察机关首创的讯问全程同步录音录像制度得到最高检的充分肯定,最高检于 2005 年 12 月印发了《人民检察院讯问职务犯罪嫌疑人实行全程同步录音录像的规定(试行)》,并于 2006 年 1 月在浙江省召开了全国检察机关讯问全程同步录音录像工作现场会,充分肯定浙江省检察机关首创的讯问全程同步录像制度,并要求全国检察机关从 3 月起推开。

五、探索涉法上访听证,促进社会和谐稳定

自 20 世纪 90 年代以来,各地群众上访数量持续增加,浙江省检察机关开始探索新的解决之道——涉法上访听证。

2004 年,浙江省三级检察机关参与了永嘉县周某某上访案举行公开听证①,取得了预期效果。温州的做法为解决涉法上访难案提供了一条有效途径,省检察院积极向全省推广,提倡有条件的地方都可以试行这一做法。绍兴、台州等地相继尝试,取得了良好的法律效果和

---

① 浙江省温州市永嘉县上访老户周某某,1994 年 11 月起开始举报其所在卫生院院长黄某某涉嫌贪污并要求追究刑事责任。永嘉县检察院经调查认为黄某某涉嫌贪污证据不足,决定不予立案,但黄某某有违纪行为,移送纪检机关处理。对此,周某某不服,十年来不断上访和闹访。对周某某的上访问题,检察机关和党政部门都很重视,对县检察院的不立案决定,温州市和省检察院先后予以复查,最高检也作了审查,均认为是正确的。检察机关和永嘉县委、县政府做了大量的教育疏导工作,并先后召开四个协调会,对其具体生活困难问题最大限度地给予照顾,但收效甚微,难以息诉,成为我省九大信访难案之一。为解决这个难题,在最高检控告厅指导下,在省三级检察机关、信访部门参加、主持下,于 2004 年 2 月对该案举行公开听证会。经过听证,上访老户周某某受到了很大震动,当场表示:相信检察机关对案件的处理意见,愿意配合政府解决善后问题,今后不再上访,并在会议纪要上签字。

社会效果。①

六、依法独立办案的探索与实践

1996 年修改后的《刑事诉讼法》对刑事诉讼程序包括反贪侦查工作提出更严格的要求,省检察院党组部署全省检察机关要努力适应。5 月,省检察院反贪局发出《关于切实做好修改后刑诉法实施准备工作的通知》,指导各级检察院反贪部门做好实施修改后《刑事诉讼法》的准备工作。

1997 年后,全省检察机关反贪部门大力转变侦查观念,逐步将侦查工作重心从过去偏重正面接触犯罪嫌疑人获取口供,转变为正面接触前秘密调查、全面收集各种证据上来;侦查方法由从过去偏重对讯问犯罪嫌疑人强攻硬取、打疲劳战,转变为以智取胜、以科技取胜和对有关人员场所同步取证上来。加强与纪检监察部门联系配合,形成办案合力,在相互配合中发挥检察职能,立足检察机关自己办案。

1999 年 10 月,省检察院召开全省市(分)检察院反贪局长会议,在原有的侦查思路"两个转变"基础上又增加转变侦查决策和侦查机制两个内容,即侦查决策由无风险决策转变为风险决策;侦查机制由单兵分散作战转变为整体作战。全省检察机关反贪部门不断提高自行发现和突破案件的能力,反贪案件立案数稳中有升,大要案比例逐年递增,查处有影响有震动的领导干部要案有突破性进展。

2000 年 7 月,省检察院召开全省检察机关反贪"五侦"会议。省委副书记周国富到会指出,各级党委要加强对反贪工作的支持,支持检察机关依法独立办案。经省委领导同意,省检察院检察长葛圣平在会上着重围

---

① 浙江省人民检察院法律政策研究室:《浙江检察研究与检察改革情况报告》,载《国家检察官学院学报》2006 第 2 期,第 31－34 页。

绕规范与纪委办案中的配合协作关系提出"依法独立办案"四条意见①,
提出调整五个方面侦查对策②。

2001 年 7 月,省检察院召开依法独立办案座谈会,进一步明确依法
独立办案的内涵,提出依法规范与纪委在办案中的关系,调整侦查策略的
意见和进一步推进依法独立办案的具体措施意见,要求实行反贪侦查"五
个根本性转变"。③ 12 月,省检察院向省委和最高检专题汇报全省检察机
关反贪"五侦"会议后一年来依法独立办案的主要经验和成效,并提出深
入推进依法独立办案的工作意见。省委书记张德江批示:"省检察院在反
贪污贿赂工作中开展的依法独立办案经验,很好。希望认真总结,不断完
善提高。"之后,省委副书记、省纪委书记李金明、省委副书记周国富也分
别批示肯定。最高人民检察院检察长韩杼滨在 12 月的全国检察长会议
上指出:"浙江等地在规范和完善依法独立办案的工作机制方面,积累了
好的经验。"

----

① "四条意见":1.检察机关掌握的可能构成犯罪的线索,除特殊情况外,一律由检
察机关进行初查并依法决定是否立案,不宜移送纪委。2.侦查工作必须以获取证据为核
心,立案要适时果断,采取措施要灵活。鉴于受贿犯罪,口供是重要证据,在以此传讯中
难以突破但其他证据又不到位而难以采取强制措施的就要主动放人。3.检察机关立案
侦查后应依照法律规定进行,不得借用纪委两规。4.对纪委移送的需要追究刑事责任的
线索,立案前要坚持依法独立审查。
　　② "调整五个方面侦查对策":1.侦查程式上由过去的由人到事转变到由事到
人上来。2.侦查重心从过去偏重于正面接触嫌疑人获取口供转变到正面接触前的
秘密调查上来。3.侦查措施上从过去孤立地机械运用转变到作为程序对策综合灵活
地适用上来。4.讯问策略上从过去兜底式讯问转变到重视阶段性讯问、积小胜为大胜
的思路上来。5.侦查机制从过去的分散各自为战的状态转变到整体作战的大侦查格
局上来。
　　③ "五个根本性转变":侦查观念从偏重于打击犯罪转变为打击犯罪和保障人权相
统一,从偏重于实体法转变为实体法和程序法并重;侦查重心从讯问犯罪嫌疑人获取口
供,转变为正面接触、讯问前的秘密调查;侦查方法特别是讯问从偏重于强攻硬取打疲劳
战,转变为运用谋略和科技手段获取证据;侦查决策从以往立案即已破案的无风险决策
转变为风险决策;侦查机制从分兵单独作战为主转变为整体作战。

2002年后,省检察院党组把推进依法独立办案作为全省检察工作的重中之重,始终把统一执法思想、促进执法观念转变作为首要任务。浙江省检察院独立办案的系列做法得到了时任最高人民检察院检察长贾春旺的肯定性批示。

全省检察机关坚定不移地推进依法独立办案。依法独立办案是依法治国,加强民主法制建设的有益尝试,要坚持走这个路。工作中,既要不违法,又要办好案,这是个矛盾的对立统一,要不断探索、完善,继续把这项工作搞好。依法独立办案,查办大要案,是要克难攻坚的,要坚定信心,一查到底。

从2000年7月全省检察机关反贪"五侦"会议至2005年10月全省检察机关反贪"六侦"会议召开前,各级检察院围绕省检察院推进依法独立办案工作的各项部署要求,积极转变思路,加强侦查重心向前延伸和审讯活动向后延伸的探索实践,依法规范与纪委的协作关系,落实侦查终结前的证据审查措施,推行侦诉协同、一案一总结等办法,不断增强依靠自己发现、突破案件的能力,努力实现办案数量、质量和安全、规范,抓办案力度、结构和抓办案三个效果的统一,有力推动依法独立办案朝着更深层次迈进,办案始终保持平稳健康的发展势头,依法独立办案的工作局面基本形成。从2000年7月至2005年9月,全省检察机关共立案查处贪污贿赂犯罪案件6474件7137人,大案3598件,要案531件。所立案件中,检察机关自己发现、自行突破的占立案总数的89.5%,要案394件,实现"贪污、挪用案件自己办,非领导干部贿赂案件大部分自己办,领导干部贿赂案件一部分自己办"的目标要求。

经过五年探索,全省检察机关反贪部门依法独立办案的工作局面基本形成,依赖纪委"双规"办案的做法得到纠正,基本实现从被动、依赖型向主动、理性化的转型。

七、不批准逮捕案件书面说明理由制度的率先建立

2006 年，省检察院在全省推行余姚市检察院等检察机关"不捕说理"做法，7 月，最高检侦查监督厅转发推广浙江省侦查监督工作《积极创新、规范执法、试行"不捕说理"确保案件质量》经验。10 月，全省侦监部门按照最高检《关于印发〈人民检察院审查逮捕质量标准（试行）〉的通知》规定，再次提出要在审查批捕时对犯罪嫌疑人进行讯问，将规范和加强提审工作作为确保案件质量的一个重要举措，并进一步明确应当讯问的具体情形。在审查逮捕工作中，原则上要求每案必提审被告人，对有疑点的案件、特殊案件、犯罪嫌疑人要求讯问的案件和侦查活动可能违法的案件必须提审，其他案件也应当通过适当方式主动听取犯罪嫌疑人及其辩护人的意见，防止错捕漏捕。同时，省检察院侦监处创制《审查逮捕案件意见书》文书格式，实行案件繁简分流，提高审查批捕工作效率。

八、积极参与监察体制改革和新一轮司法改革

浙江省是全国三个监察体制改革试点省份之一，浙江省检察机关积极配合有关部门做好相关试点工作。至 2017 年 4 月底，全省三级检察院已完成职务犯罪侦防职能和人员转隶工作，转隶人员 1645 人。同时，浙江省检察机关加强与监察委工作衔接，杭州、舟山等地检察院联合有关部门率先出台办理监察委移送案件规范性文件，认真办理监察委移送案件，确保案件质量和效果。

作为全国司法体制改革第二批试点省份，2017 年以来，浙江省检察机关加速推进司法体制改革，制定了 21 项改革任务清单，成立司改工作专门班子，落实三类人员分类到岗。至今，浙江省 2841 名首批员额检察官已全部配备到一线办案岗位，推进了 12 个试点院开展内设机构改革，

建立了领导干部办案、检察官绩效考核等机制,取得了阶段性成效。[①]

九、积极探索开展公益诉讼

2017 年 7 月 1 日起实施的经修订的《民事诉讼法》和《行政诉讼法》,确立了检察机关提起公益诉讼制度。为了在司法体制、监察体制和诉讼制度改革的叠加推进以及公益诉讼制度实施的大背景下,主动适应新形势新要求,实现检察机关转型发展。省检察机关把公益诉讼作为新时代法律监督的重要职能,积极推动检察工作转型发展,重点谋划构建法律监督新格局。全省各级检察机关通过多方合作增强了检察机关办案能力,弥补了在工作过程中的盲区,有效促进了公益诉讼制度的推行。

2017 年 12 月 7 日,开化县检察院依法向法院提起全省首例民事公益诉讼。2018 年 4 月 12 日,景宁县检察院依法提起全省首例行政公益诉讼。据统计,一年来全省检察机关共立案公益诉讼案件 834 件,其中行政公益诉讼 761 件,启动行政公益诉讼诉前程序 639 件。

2018 年 6 月 29 日,省检察院公益损害与诉讼违法举报中心挂牌,这是全国首家公益保护和诉讼活动监督举报中心。当天,全省三级检察院统一举行公益损害与诉讼违法举报中心挂牌仪式。

全省检察机关强化违法举报、检察监督、多方合作等手段,重点针对一批时间跨度较长、社会关注度较高的公共利益保护难点问题,促进公益诉讼制度在浙江扎实前行,逐渐形成了公益诉讼的"浙江样板"[②]。

[①] 范跃红、史隽:《浙江检察机关吹响司法改革"冲锋号"》,《检察日报》2017 年 8 月 19 日。

[②] 张银沁:《打造公益诉讼"浙江样板"》,载《浙江人大》2018 年 09 期。

第七章

坚持用制度管权，
加强权力运行监督

　　治国必先治党，治党务必从严。党的十八大报告明确了"加强党内监督、民主监督、法律监督、舆论监督，让人民监督权力，让权力在阳光下运行"。与党的十八大报告提到的加强党内监督，健全权力运行制约和监督体系等内容相呼应，在中纪委十八届二次全会上，习近平总书记深入阐释了新一届党中央加强党内监督、反腐倡廉的战略布局，提出"要加强对权力运行的制约和监督，把权力关进制度的笼子里，形成不敢腐的惩戒机制、不能腐的防范机制、不易腐的保障机制"。党的十八届六中全会更是聚焦全面从严治党的重大主题，审议通过了《关于新形势下党内政治生活的若干准则》《中国共产党党内监督条例》两个重要文件。其中，监督条例不仅提出了"党内监督"的主要内容、原则，也包括实现路径和体制机制，比之前的准则更细、更实、更有操作性，进一步明确了监督是保障权力正确运行的基础，是加强和规范党内政治生活的重要举措；要加强对党员领导干部的监督，党内不允许有不受制约的权力，也不允许有不受监督的特殊党员；要完善权力运行制约和监督机制，形成有权必有责、用权必担责、滥权必追责的制度安排；党的组织和领导干部必须在宪法法律范围内活动，决不能以言代法、以权压法、徇私枉法；对涉及违纪违法行为的举报，对党员反映的问题，任何党组织和领导干部都不准隐瞒不报、拖延不办；涉及所反映问题的领导干部应该回避，不准干预或插手组织调查等内容，积极探索符合新形势、有效实用的党内监督新途径，是中国共产党建设史上的重要里程碑，把全面从严治党的要求落到了实处。党的十九大报告提出要"强化自上而下的组织监督，改进自下而上的民主监督，发挥同级相互监督作用，加强对党员领导干部的日常管理监督"。强化自上而下的组织监督关键在于将监督的任务逐级层层传导到位；改进由下而上的民主监督，即是改进信访举报、反映情况、召开民主生活会、组织生活会等民主监督的手段，对党组织和领导干部提出批评建议，促使其不断提高工作水平；发挥同级监督，既是党员干部之间的监督，也是组织机构之间的监督；并使监督工作日常化，抓早抓小，防微杜渐。党的执政地位决定了在对权力的运行制约与监督中，党的监督是第一位的。列宁指出，马克思主义政党开展民主活动至少包含三个方面，即"完全的公开性、选举制和普遍监督"。在这三个方面中，"监督"成为权力运行的最后一道关口和防线。是以，加强党的监督是马克思主义政党的一贯要求，是我们党的优良传统和政治优势。

浙江省法治建设70多年来，浙江各级纪检监察机关坚持以马克思列宁主义、毛泽东思想、邓小平理论、"三个代表"重要思想和科学发展观为指导，深入贯彻习近平同志系列重要讲话精神，围绕党和政府中心工作，全面履行纪检监察工作职能，走过了不平凡的历程。经过不懈探索和努力，浙江省纪检监察工作领域不断拓展，实践不断发展，在保证政令畅通，维护行政纪律，促进廉政建设，改善行政管理提高行政效能方面取得了巨大成就，积累了许多宝贵经验，走出了一条符合浙江实际、具有浙江特点的反腐倡廉工作。因此，有必要对新中国成立以来，特别是党的十八大以来取得的对权力运行的制约与监督的实践创新和理论创新进行系统的梳理和总结，为全面推进依法治国和实现共同富裕提供政治上的保障。

第一节　浙江省权力运行监督机制的历史沿革

目前我国权力运行制约与监督机构主要有中国共产党纪律检查委员会，各级人民代表大会及常务委员会，公检法机构，审计机关及政府的行政监察机关、监察委员会等。各机构依据法律赋权，各司其职，坚定不移地推进反腐倡廉的建设。其中中国共产党纪律检查委员会包括 1993 年合署办公的监察部门,承担着党风廉政建设和反腐败的主要工作。因此,以纪律检查委员会及监察部门的监督工作为切入点梳理分析我国权力运行的监督机制,具有代表性和现实意义。浙江省权力运行监督机制的历史沿革也主要体现在浙江省纪律检查委员会及监察部门的监督机制运行与完善。

根据中共中央于 1949 年 11 月发出的《关于成立中央及各级党的纪律检查委员会的决定》,1950 年 2 月 15 日,中共浙江省委纪律检查委员会成立。同年 11 月,浙江省监察厅正式成立。1951 年 9 月,根据《人民政府组织法》的规定,浙江省监察厅改称为浙江省人民政府人民监察委员会。1955 年 2 月,根据《宪法》和《地方各级人民委员会组织法》的规定,改称为浙江省监察厅。同年 12 月,中共浙江省委纪律检查委员会改名为中共浙江省监察委员会。1958 年 11 月,根据省委指示,并入中共浙江省监察委员会合署办公,对内一套机构、对外两块牌子进行工作。1959 年 1 月,中共浙江省监察委员会更名为中共浙江省委监察委员会。1959 年 6 月,因国家管理体制调整,浙江省人民委员会第六次会议决定撤销省监察厅。

改革开放后,党风廉政建设显现出新的特点和态势。1978 年,党的十一届三中全会决定重新组建党的中央纪律检查委员会,加强党内监督,选举产生了以陈云为第一书记的中央纪律检查委员会,各级纪委相继恢复,规模逐步扩大。根据党的十一大通过的党章关于"地方县和县以上、军队团和团以上各级党的委员会,都设立纪律检查委员会"的规定,1978 年 5 月 30 日,中共浙江省委六届一次全会恢复了省纪委,7 月 1 日正式办公,举行第一次全委会。

党的纪律检查机关恢复重建之初,实行"受同级党委领导"的领导体制。随着党的纪律检查工作的开展,各级纪委由同级党委领导这一领导体制的缺陷日益凸显。1980 年 2 月 22 日,中共中央批转了《中共中央纪律检查委员会关于改变省、市、自治区及以下各级党委纪委领导关系的请示报告》,要求"将省、市、自治区和省、市、自治区以下各级党的纪律检查委员会的领导关系,由受同级党委领导改为受同级党委和上级纪委双重领导,而以同级党委领导为主。领导关系改变后,有关纪委主要领导干部的任免,要征求上级党委纪委的意见"。至此,各级纪委的双重领导体制格局基本形成。

1982年,党的十二大通过的党章规定,从中央到地方各级党的纪律检查委员会由同级党的代表大会选举产生,提高了纪检机关的地位,并进一步推动了党的纪律检查双重领导体制改革,规定"党的地方各级纪律检查委员会在同级党的委员会和上级纪律检查委员会的双重领导下进行工作"。这种双重领导不再以同级党委领导为主,而是同级党委领导和上级纪委领导各有侧重。1983年4月,中共浙江省委纪委更名为中共浙江省纪委,5月省委批转省纪委《关于健全我省各级纪检机构和充实纪检干部队伍的报告》,全省纪检机构逐步健全,队伍得到加强。截至1984年底,全省市(地)、县(市、区)都建立了纪委。1986年底,全省县级以上单位基本建立了纪检组织。1987年下半年开始,着手组建监察厅,11月根据浙江省人民政府《关于建立浙江省监察厅的通知》(浙政发〔1987〕120号),省监察厅得以恢复组建,并于1988年3月正式办公。1988年5月底,各市地、县区监察机构全部建立。

1993年3月6日,根据中共中央文件精神和中央纪委、监察部《关于纪检、监察机关合署办公的决定》,浙江省纪委、省监察厅厅长联席会议提出了纪检机关和监察机关合署的机构设置方案,报经省委、省政府同意并批转各地执行。1993年7月,根据《中共浙江省委、浙江省人民政府批转省纪委、省监察厅〈关于浙江省纪检、监察机关合署办公机构设立方案及有关问题的请示〉的通知》(省委〔1993〕9号),省监察厅与省纪委合署办公,实行一个机构、两块牌子,合署后,地方各级纪检监察机关继续实行由所在地党委、政府和上级纪检监察机关领导的双重领导体制。全省共建纪检监察机构6168个,形成了从省、市、县到乡镇(街道)的纪检监察组织网络。1996 年,经过机构改革,全省共配有专职纪检监察干部 7260 名,专职纪检监察干部 45 岁以下的占 70%,55 岁以上的只占 5%,大专以上文化程度的占 61.5%,纪检监察干部队伍的年龄、文化和知识结构都得到有效改善。

之后,纪检监察机关大致经历了三次大的职能转换,每次转换都是一次上升、一次进步、一次嬗变。

2005 年 1 月,中央印发《建立健全教育、制度、监督并重的惩治和预防腐败体系实施纲要》,提出要在 2007 年底以前建立健全反腐倡廉基本制度、行政审批制度等八方面制度。与此相对应,纪检监察机关从三项工作格局,上升为教育、制度、监督、改革、纠风、惩处六项工作任务并重。2007 年 9 月,国家预防腐败局挂牌成立,在监察部加挂牌子,局长由监察部部长兼任,这是国家层面的预防腐败机构。各级纪检监察机关也把预防摆在更加突出位置,浙江省于 2011 年 10 月 25 日举行预防腐败局成立揭牌仪式,中央纪委副书记、监察部部长、国家预防腐败局局长马馼,浙江省委书记、省人大常委会主任赵洪祝为省预防腐败局揭牌。在预防腐败工作方面,浙江省着眼于从规范日常行为上预防腐败,率先建立党员领导干部防止利益冲突制度,大力推进廉政风险防控机制"全覆盖",加强全省电子监察系统建设,加快推进全省公共资源市场化配置工作,建立省市县三级统一规范的公共资源市场交易平台,努力铲除滋生腐败的土壤和条件,取得了较大的成绩。至 2011 年底,浙江省已配备专职纪检监察干部 20119 人,其中 11 个市纪委监察局机关 692 人,90 个县(市、区)纪委监察局机关 2682 人,乡镇(街道)专职纪检监察干部 5489 人。省专职纪检监察干部中,45 岁以下干部 13024 人,占 64.7%;大专以上文化程度的有 19302 人,占 95.9%。

党的十八大后,中央纪委监察部把研读党章作为第一课,回归党章本源,聚焦监督执纪问责,把不该管的工作坚决交还给主责部门,将参加议事协调机构由 125 个减至 14 个;调整内设机构,取消执法监察室、绩效管理监察室、纠正部门和行业不正之风室等,在不增加建制编制的前提下,将纪检监察室从 8 个增加到 12 个,使执纪监督力量占到内设机构人员的 70%。从"包打天下"到聚焦监督执纪问责,从站在法律底线到挺纪在前,从抓少数到管住大多数,这是一场深刻的变革。

2017 年 3 月 5 日,第十二届全国人大常委会第二十五次会议表决通过了《全国人民代表大会常务委员会关于在北京市、山西省、浙江省开展国家监察体制改革试点工作的决定》,在北京市、山西省、浙江省及所辖县、市、市辖区设立监察委员会,行使监察职权。浙江省纪委、监委共设 13 个纪检监察室,其中七个为执纪部门,六个为执纪审查部门。到 2017 年 4 月底前全面完成三级监委组建和挂牌;全省从检察机关划转编制 1889 名,实际转隶 1645 名。推进人员、机构、业务和感情全面融合、深度融合,开展集中培训,整合行政监察、预防腐败和检察机关查处贪污贿赂、失职渎职以及预防职务犯罪等工作力量,让监察委员会履行监督、调查、处置职责,与执法、司法机关有机衔接,实现依规治党和依法治国有机统一。实行省市两级执纪监督和审查调查部门分设,明确审查调查部门不固定联系单位和地区,实行"一事一交办""一案一授权",强化自我监督和约束。将各级派驻纪检组更名为派驻纪检监察组,授予部分监察职能,实现监察职能横向拓展。改革后,全省国家监察对象比改革前的行政监察对象增加 83.02%。全面履行监察职能职责,相继制定 24 项制度、45 类监察文书和 79 个业务工作模板,运用 12 种监察措施。用留置取代"两规"措施。2017 年,全省对 214 名被调查人采取留置措施,办结的案件中被留置的主要监察对象 100%移送起诉。此外,未采取留置措施,直接移送检察机关审查起诉的共有 146 人。

之后,中共中央办公厅于 2017 年 10 月 29 日发布《关于在全国各地推开国家监察体制改革试点方案》,按照国家监察体制改革的部署,新组建的国家监察委员会,同中央纪律检查委员会合署办公,履行纪检、监察两项职责,实行一套工作机构、两个机关名称。与 1993 年合署办公着力解决职能交叉重复、整合力量相比,这次改革的目标明确,就是加强党对反腐败工作的集中统一领导,构建党统一指挥、全面覆盖、权威高效的监督体系。它是国家监督制度的重大顶层设计,深度整合了反腐败资源力量,健全了国家监察组织机构,形成全面覆盖所有行使公权力的公职人员的国家监察体系,实现既"用纪律管全党",又"用法律管全体",进一步巩固和扩大反腐败斗争取得的成果,是中国监督制度的创制之举。

综上,新中国成立 70 多年来,在中央纪委、监察部和省委、省政府的领导下,省纪委、监察厅和各级纪检监察机关坚持和加强党的全面领导,维护党中央权威和集中统一领导,坚持党要管党、全面从严治党,以党的政治建设为统领,依靠全省各级党组织的党员干部和人民群众,全面履行党章赋予的职责,坚决贯彻党中央的方针政策和战略部署,出台法规制度,推进体制机制改革,加强权力运行的制约与监督,纠正不正之风,强化监督执纪问责和监督调查处置,促进干部廉洁自律,党风廉政建设取得了巨大成就。为推进清廉浙江建设,不断取得全面从严治党的更大战略性新成果,同时为高水平全面建成小康社会提供了坚强保证。

第二节　浙江省权力运行监督工作的历史成就

浙江省历届省委对权力运行监督工作高度重视,将其视为一项重大政治任务,加强组织领导和贯彻落实,积极探索创新工作机制,取得了显著成效。围绕浙江省纪检监察工作,从总体上看,70 多年来纪检监察工作大致可以分为以下几个阶段。

一、1949—1955 年新中国成立初期纪律检查工作

1949 年 11 月,党中央作出了《中共中央关于成立中央及各级党的纪

律检查委员会的决定》,规定了中央及各级党的纪律检查委员会的任务与职权,12 月通过《中共中央纪律检查委员会工作细则》。

浙江省纪律检查委员会成立后,首先抓党的纪律工作,健全纪检组织,及时处理违纪行为,与人民监察委员会加强联系,分工合作,做好工作。1951 年根据中共中央作出的《关于实行精兵简政、增产节约、反对贪污、反对浪费和反对官僚主义的决定》,全省酝酿进行“三反”运动,1952年 1 月初正式开始,7 月底基本结束,扫尾工作延续至 10 月底。1952年 1 月又在资本主义工商业中开展了“五反”运动,部署杭州、宁波、温州、绍兴、嘉兴、湖州、金华等七个市,以杭州为重点,打击了不法资本家严重的“五毒”行为。1953 年根据中央《关于反对官僚主义、反对命令主义、反对违法乱纪的指示》开展了“新三反”的斗争。1954 年 10 月根据中央纪委发出的《关于在纪律检查工作中继续贯彻党的七届四中全会〈关于增强党的团结的决议〉的通知》,对干部在思想上、作风上、工作上暴露出来的问题加以研究处理,并选择典型案例对党员进行教育。

二、1955—1966 年监察委员会阶段的纪律检查工作

围绕党和国家的政治任务与中心工作,对违反国家纪律的案件,及时进行检查处理。以农业生产为中心,结合为农业生产服务的经济工作和农村合作化、人民公社化运动,检查了一些干部严重违反党的政策指示以及严重的官僚主义、强迫命令、违法乱纪的案件;结合增产节约运动,检查了一些国家行政机关、工矿、商业、粮食等部门的工作人员严重损失浪费国家资财的案件及重大的工伤事故和质量事故;结合整风反右斗争,在各级党委领导下,积极协助有关部门办理了一些反革命分子、坏分子的行政处分的审议工作,并检查处理了一些其他违反纪律的案件,同贪污盗窃、压制批评、打击报复的行为进行了坚决的斗争。在检查处理案件中,认真贯彻执行“严肃慎重,区别对待”的方针。对于因政策水平不高缺乏经验

或其他客观原因造成工作上损失的案件，协同主管部门，总结经验教训，对工作人员进行教育，帮助改进工作，纠正错误，一般免于纪律处分；对其中屡教不改和蜕化变质、不可救药的分子，则清除出国家机关；对于混入国家机关内部进行破坏的反革命分子和其他坏分子，则建议司法部门给予法律制裁。至 1959 年，给予纪律处分的人员共 4481 人，受理公民控告和国家工作人员不服纪律处分的申诉 14190 件。

对于在社会主义建设事业中有显著贡献的工作人员，由行政领导机关予以奖励。1958 年"南宁会议"到 1962 年受党"左"倾思想的影响，浙江省各级监察机关一方面执行了"左"的路线、方针、政策，另一方面在实际工作中对"左"的错误进行了一定程度的抵制。1962 年 1 月召开"七千人大会"到 1964 年 12 月中央政治局召开全国会议阶段，对新中国成立以来的冤、假、错案进行了甄别和平反，纠正"左"倾错误。但由于历史条件的限制，在社会主义教育运动后期，"左"倾错误故态复萌。1964 年，中共中央政治局召开全国工作会议，制定《农村社会主义教育运动中目前提出的一些问题》发展了"左"倾错误，之后党的监察工作急剧"左"转，将"蹲点"调查作为重要的工作方法，1966 年 5 月"文化大革命"的通知下发后，党的监察机关停止工作。

三、1966—1976 年的纪律检查工作

1966—1976 年，党的纪律检查工作停滞。党的九大党章取消了党的纪律检查机构的相关条款，随后中央监察委员会被撤销。党的纪律处分职能由党的各级组织代行。

四、1977—1983 年纪委恢复重建阶段的主要成就

在纪检组织的组建过程中，中国共产党召开了十一届三中全会，进行

指导思想上的拨乱反正,并着手调整在"文化大革命"中受到严重扰乱的各方面社会关系,各级纪委协助党委,积极开展拨乱反正工作。各级纪委在重建后,积极配合党委参加了揭批查工作,审理了与林彪、江青两个反革命集团有牵连的党员干部。党中央陆续制定了一批党纪党规,如《关于党内政治生活的若干准则》,党的十二大还通过了新党章。浙江省纪委根据中央《关于高级干部生活待遇的若干规定》,对省委常委以上领导干部生活待遇的情况作了检查,并会同有关部门起草了省委、省政府《关于厅局级干部生活待遇的若干规定》,纠正了当时部分领导干部搞特殊化的问题。检查县级以上党委和领导干部对十一届三中全会以来党中央在政治、经济、干部制度等方面一系列重大决策的认识和态度;与党内和社会上出现的"资产阶级自由化"思潮开展了斗争,清除"左"的思想影响,严肃查处反对四项基本原则的案件。

1983 年 3 月,中央纪委发出《必须坚决制止党员干部在建房分房中的歪风》的公开信,全省各级纪委立案查处了一批违纪建房分房案件,除了经济退赔外,有的还做了党纪、政纪、法纪处理,出台了《关于清理国家机关干部在建房分房中问题的若干规定》,对干部超占住房的问题进行了全面清理。全省有 1/3 以上的市地县委召开了以执行《公开信》为专题的民主生活会,清退了一大批超占的住房,基本刹住了建房分房中的不正之风。

五、1984—1988 年纪委主要工作成就

浙江省纪检机关围绕改革开放和经济建设中心,充分发挥"保护、惩处、监督、教育"的职能,整顿党风,严肃党纪。按照中央纪委和省委的部署,在整党初期重点解决了"文化大革命"中遗留的派系干扰,以及党员干部利用职权在招生、招干、招工和户口农转非中搞特殊化的问题;清理和纠正党政机关经商牟利、党政干部获取不正当收入、挥霍公款到处旅游等

问题;在农村基层主要纠正部分党员长期挪用公款、滥占耕地建房、违反计划生育政策等不正之风和聚众赌博等违法活动。全省党政机关和干部经办的工商企业,绝大多数作了脱钩、停办、转办、吊销营业执照的处理;全省自发的奖金实物作了清退等严肃处理;用公款请客送礼的现象也有所遏制;对违反国家规定,擅自提高工资,突击提职提级的 801 人,全部作了撤销职级的处理。原温州海洋渔业公司党委书记兼经理徐志星严重违法违纪案、金华元宵灯会特大伤亡事故案等一批党内严重以权谋私、失职渎职的案件得到了严肃查处。各级纪委还注意选择典型案例,进行解剖分析,总结教训。省纪委选择了 24 个大案要案在党内做了通报,其中七个典型案例摄制成录像片《警戒》,在全省党员干部中播放。

随着社会主义现代化建设的加快,经济体制改革中新旧体制的转换,在经济领域中出现了一些严重犯罪活动。中共中央、国务院作出了《关于打击经济领域中严重犯罪活动的决定》,各级纪委作为党委领导这场斗争的办事机构,把打击走私贩私、行贿受贿、投机倒把、贪污盗窃等犯罪活动作为纪检工作的中心任务,承担了部署、动员、协调、检查、办案等一系列工作。在打击经济领域严重犯罪活动的过程中,查处了省机关事务管理局原局长陈树哲、原副局长方安石等人的严重违法违纪案件。在省委统一部署下,由省纪委牵头协调,各地区、各部门在组织动员、调查摸底、思想教育、作风整顿、制度建设等方面做了许多工作,初步形成了上下结合,条块配合,齐抓共管的局面,并且取得了明显成效。许多地方和单位先后建立和形成了党风责任制、党风检查通报制、党委领导成员双重组织生活制度,这对加强党内监督、健全党内民主生活起到了重要作用。

六、1989—1993 年纪委主要工作成就

20 世纪 90 年代初,党中央就人民群众普遍关心的坚决惩治腐败和领导干部带头廉洁奉公、艰苦奋斗等问题作出了《关于近期做几件群众关

心的事的决定》。浙江省委、省政府根据中央决定的精神,结合浙江实际,颁发了《关于在廉政建设方面近期先抓好九件事的决定》,确定了进一步清理整顿公司,坚决制止高干子女经商,严格禁止用公款请吃送礼,刹住领导干部低价购买高档耐用消费品的歪风,杜绝在人员调动、招收、分配、安置工作中的不正之风,坚决制止党政干部违章违纪建私房和用公款高标准装修住房,严格控制领导干部出国,严格按规定用车,严格禁止进口小轿车,集中力量查处一批贪污、受贿、投机倒把等经济犯罪和严重违纪的大案要案等九件事。同时加强了有关党纪处分条规的制定、完善工作,陆续制订了《关于坚决制止用公款请客送礼的规定》《关于共产党员违反计划生育政策党纪处分的暂行规定》《关于共产党员犯赌博错误党纪处分的暂行规定》《关于党政干部违法违章违纪建私房党纪处分问题的通知》《关于共产党员参与走私贩私活动党纪处分的暂行规定》,使执纪办案有章可循,有规可依,提高了办案质量,强化了党纪的严肃性。从 1990 年下半年开始,根据中央和省委的部署,各级纪委认真开展纠正行业不正之风、制止"三乱"工作。各级纪委组织党员干部进行了党风党纪教育,编印了 100 多万册《党纪学习文件》,牵头举办了"惩腐倡廉"图片展览,先后到 11 个市地巡回展出,受教育人数达到 10 万人;组织了"廉内助"报告会;组织了党风廉政建设先进事迹巡回报告团,18 个先进典型,到全省各地作了 46 场报告,受教育面达到 4 万人;还注意运用新闻舆论配合教育,摄制了一些以惩腐倡廉、加强党风廉政建设为题材的电视教育录像片。

七、1988—1992 年行政监察机关恢复重建阶段的主要工作成就

1988 年 3 月,监察厅正式办公后,首先承担了涉外经济合同执行情况的清查工作,至 1988 年底,全省共追回逾期贷款和挽回经济损失 1689 万美元,并针对清查中发现的漏洞和失误,协助有关单位建立健全规章制

度,以反贪污受贿为重点,查处了一批违法违纪案件。1989 年 8 月,国家监察部发布了《关于有贪污贿赂行为的国家行政机关工作人员必须在限期内主动交待问题的通告》。全省各级监察机关以贯彻通告精神为契机,审理了一批违纪违法案件。从 1988 年至 1992 年 11 月,全省监察机关共立案调查违纪案件 5305 件,给予行政处分 4470 人,其中县处级以上干部 90 人,移送司法机关处理的 427 人,为国家和集体挽回经济损失 3917 万元,促进了反腐败斗争的深入发展。

全省制订出台了《浙江省国家工作人员在公务活动中不得接受礼品的规定》《浙江省关于国家行政机关干部违法违纪建私房的政纪处分的规定》等廉政文件。积极协助有关部门在基层执法、行政管理和公用事业单位中开展了以思想建设、作风建设、制度建设和“两公开一监督”为主要内容的廉政制度建设,并对廉政制度的执行情况进行检查。积极开展纠正行业不正之风工作,对全省乱着装情况进行了清理整顿。全省共查出不符合国务院着装规定的人数 52919 人,收缴制装工料费 1022 万多元。此外,还对乱收费、乱罚款、乱摊派现象进行了整治,共清查“三乱”项目 852 个,涉及金额 600 多万元,收缴、退回金额 123 万元,废止不符合法律法规的文件 226 份。

八、1993—1997 年纪检监察工作的主要成就

浙江省以贯彻《廉政准则》和制止奢侈浪费行为“八条规定”为重点,切实加强了领导干部廉洁自律工作。对党政机关经商办企业进行了专项清理,注销、划转、脱钩、解除挂靠党政机关所办的经济实体,在企业兼职的党政干部按规定辞去了一方职务。清退了党政机关及其工作人员占用的企业钱物。对通过旅游渠道公费出国(境)问题开展了清理,制止了一批无实质性内容的团组出国(境)。通过实行“廉政灶”公务接待定点、财务单独列支等办法,加强对公务接待活动的管理和监督;对党政机关小汽

车实行了总量控制、定额配备、编制管理等制度；对公费移动电话和住宅电话进行了全面清理，对通话费用实行限额报销、超支自负的办法，公费支付的通话费明显下降。深入开展纠正部门和行业不正之风工作。在全省范围内先后对公路"乱设卡、乱收费、乱罚款"等十多个方面的突出问题进行了专项治理，撤除非法设置的各类公路检查站、收费站，查处公路"三乱"案件，使全省实现了国道省道基本无"三乱"。清理出行政事业单位及乡镇少报、不报的预算外资金，建立了预算外资金财政专户储存等制度。开展了村级财务清理，收回村级集体应收欠款。取消向农民不合理收费项目，减轻农民负担，查处了加重农民负担的违法违纪行为。取消涉及企业的各种收费项目，减轻企业负担，加强了对企业负担的监督和管理。对中小学乱收费、收受药品回扣等问题也进行了专项清理。

同时，在卫生、电力、公安、财税、工商等部门和行业开展了民主评议行业风气活动，促进了部门行业风气的好转。在公用事业单位实行了社会服务承诺制试点，在商业、供销等"窗口"行业开展了创建文明行业活动。各级纪检机关积极组织党员干部特别是领导干部学习党章、廉政准则和《中国共产党纪律处分条例》等党的法规，对中央颁布的礼品登记、收入申报、个人重大事项报告、国有企业业务招待费向职代会报告等制度，制定了具体的实施意见和办法。在总结经验的基础上，还建立了廉政档案、经济责任审计信访谈话、干部交流和岗位轮换等一系列制度，积极探索从源头上遏制腐败的有效措施和办法。

全省推行了政务公开和村务公开制度，县及县以下单位普遍实行政务公开制度，省、市（地）一些部门进行了政务公开工作试点。各市地建立了建设工程交易中心，初步形成了有形建筑市场。公安、检察、法院、工商、财政等七个部门已实行行政性收费和罚没收入"收支两条线"的规定，并向省计经委、民政厅等 20 个单位推开。据统计，全省各级监察机关共查办政纪案件 11527 件，其中涉及地厅级干部 29 人，县处级干部 374 人，乡科级干部 2410 人。处分违纪干部 8712 人，其中开除公职 1225 人，开除留用察看 516 人,撤销职务处分 1951 人,降级处分 680 人,为国家和集体挽回经济损失 5.97 亿元。开展执法监察 2964 项,查处违纪违法案件 571 件,违纪金额 6.6 亿元,给予党政纪处分 656 人。

九、1998—2002 年纪检监察工作主要成就

全省开展"三讲"教育、"双思"教育和"三个代表"重要思想学习教育活动,以"勤政、康政、优政"为重点,开展从政道德教育,党纪条规教育,组织广大党员干部认真学习,增强遵纪守法的自觉性。通过对新任领导干部进行党性党风党纪专题培训、举办反腐倡廉成果展、评选表彰"廉内助"、创建廉政教育网站、制作廉政广告、拍摄电视教育片等多种形式,增强了教育的针对性和有效性。纪检监察机关与组织、宣传、新闻等部门密切协作,整合多方面的宣教资源,努力形成党风廉政的大宣教格局,营造了反腐倡廉的良好舆论氛围。以县处级以上领导干部为重点,以自查自纠为主要形式,把自律与专项治理群众监督、建章立制等结合起来,认真落实中央和省委关于领导干部廉洁自律各项规定,重点解决了一些领导干部在廉洁从政方面存在的突出问题。先后开展了对领导干部用公款配备住宅电脑、违规收受礼金礼券礼卡、违反住房规定等清理工作,加强对领导干部公费出国(境)、公费配备通信工具、党政机关购置使用小汽车的管理,落实县处级以上领导干部配偶子女从业等规定,都取得了较为明显的成效。

在加强监督检查、抓好专项治理的同时,建立健全了领导干部个人重大事项报告、谈话诫勉、指定内容专题民主生活会、党风廉政"一票否决"、巡视、述廉评廉、经济责任审计等制度,进一步规范适应社会主义市场经济发展要求的从政行为。加强对企业负担的监测,取消了一批涉及企业的行政事业性收费,减轻了企业负担。对涉农收费项目分级进行清理,建立健全省市县三级农民负担监督管理网络,巩固了减轻农民负担工作的

成果。加强对中小学校收费行为的监督检查查处乱收费案件,清退乱收费,进一步规范了收费行为。撤销、归并了一批公路收费站,加强明察暗访,巩固了国道、省道基本无"三乱"的治理成果。开展清理整顿和规范报刊出版发行秩序工作,整合公开出版报刊,查处和纠正了一些强行征订、摊派等违纪违规行为,报刊出版发行中的不正之风初步得到遏制。取缔非法药品集贸市场和非法生产经营户,推行药品集中招标采购制度,医药购销中的不正之风有所遏制。深入开展行风评议活动,有力推动了行风建设。开展了粮食流通体制改革、行政审批制度改革、重点工程建设项目国债资金和社会保障四项资金管理使用等专项执法监察,积极参与整顿和规范市场经济秩序等工作,为保证政令畅通,促进经济和社会发展发挥了积极作用。

健全适应社会主义市场经济要求的体制、机制和制度,规范事权、财权和人事权。开展行政审批制度改革,削减审批事项,减少审批环节,逐步建立公开、公正、高效的审批体制。全省市、县(市、区)普遍建立了行政服务中心以(便民服务中心),提高了办事效率,加强了廉政建设,巩固和深化行政审批制度改革成果。省本级减少审批事项 1341 项,市、县的二轮审改工作也已基本完成。

深入推进财政制度改革,建立会计核算中心,推行"收费统一管理、财务统一核算、会计统一派遣、分配统一标准"的做法,对中央和省确定的20 个重点部门、222 项收费的票款分离,并延伸到实行部门预算的单位和其他有条件的部门。对行政事业单位银行账户进行了全面清理,共清理银行账户 38372 个,撤销 6364 个。加快建设工程项目交易、政府采购、经营性土地使用权出让等产权交易市场化的改革步伐,11 个市和 54 个县(市)建立了建设工程交易中心,全省应公开招投标工程项目公开招标率达到 98%;省市县分别建立政府采购中心,规范采购行为,资金节约率约为 12%;一些地方建立经营性土地拍卖和产权交易中心,对经营性土地使用权和国有资产产权实行市场化交易。全省多数市、县建立了经济发展环境投诉中心,结合"作风建设年"活动,认真受理企业和群众的投诉,促进经济发展环境的改善和机关作风的转变。加快干部人事制度改革,推行党政干部民主推荐、竞争上岗、任前公示、交流、轮岗等做法,省委和各地党委出台了全委会任用推荐重要干部表决办法,一些市县还建立了决定干部任免无记名投票表决制度,公开、平等、竞争、择优的用人机制逐步建立。省级机关政务公开全面推行,市、县、乡镇政务公开不断深化,村务公开进一步规范,国有、集体及其控股企业厂务公开的推行面达到91%。一些地方还将公开制度向学校、医院等事业单位及基层站所延伸。据统计,全省各级监察机关查办政纪案件 14723 件,涉及地厅级干部 61 人、县处级干部 859 人、乡科级干部 46206 人;处分违纪干部 9749 人,其中受开除公职处分 1575 人、开除留用察看处分 462 人、撤销职务处分 1574 人、降职降级处分 518 人,共为国家和集体挽回经济损失 3.73 亿元。

十、2003—2008 年纪检监察工作主要成就

2003 年 7 月,浙江省委出台了《浙江省反腐倡廉防范体系实施意见(试行)》,在全国各省(区、市)率先探索体系构建工作,修订出台《浙江省惩治和预防腐败体系实施意见》,建立了以省委实施意见为主干、以《2005—2007 年工作要点》为配套、以工作责任分解为保证的惩防体系制度框架。把体系建设工作分解为 30 个方面、315 项具体任务,逐项落实到牵头部门和协办单位。

2007 年 6 月,全省第十二次党代会又对体系构建做了新的部署,要求今后五年要基本建成具有浙江特色的惩防体系。2008 年 5 月,省委制订出台了《浙江省建立健全惩治和预防腐败体系 2008—2012 年实施办法》,体系构建由省市县向农村基层延伸,由党政机关向国有企业拓展,形成了纵横交错、点面结合的构建网络。经过全省上下共同努力,初步建立

了与社会主义市场经济体制相适应,以最大限度地降低腐败发生率为目标,以教育、制度、监督、改革和治理为主要内容,以整体构建、行业构建、专项构建、联合构建和科技促建"4+1"构建方式为主要途径,具有浙江特色的惩治和预防腐败体系基本框架。此外,制定出台《关于加强廉政文化建设的意见》,推动廉政文化进机关、进学校、进企业、进家庭、进社区、进农村,形成反腐倡廉的大宣教格局。

治理损害群众利益的不正之风,如教育乱收费、医药购销和医疗服务中的不正之风,土地征用、房屋拆迁、企业重组改制和农民工工资发放中损害群众利益的突出问题,查处涉农涉企的乱收费、乱罚款和各种摊派案件,治理公路的"三乱"、商业贿赂、党政部门报刊散滥和利用职权发行问题,全面清理评比达标表彰活动。开展对经济管理部门、行政执法部门和公用服务行业的"民主评议行风"活动。2007年全省开展基层站所行风民主评议暨创建"群众满意站所"活动,开设"行风热线"节目和"厅(局)长在线"栏目,听取群众对行风的意见,解决群众反映的实际问题,促进了与人民群众生产生活密切相关的实际问题的有效解决。制定出台《关于加强农村基层党风廉政建设的实施意见》《农村基层党员和干部廉洁自律若干规定(试行)》,推进了农村基层党风廉政建设。查处了湖州市委原书记徐福宁,省交通厅原厅长赵詹奇,杭州市委原常委、统战部部长徐松林,绍兴市委原副书记范雪坎,省信用联社原副主任周才康,宁波工程学院原党委书记何心展等大案要案。

全省认真贯彻落实党内监督条例。2005年6月,在全国省一级率先制定了《浙江省党内监督十项制度实施办法(试行)》,提高党内监督的制度化、规范化水平注重发挥纪委委员的作用、制定了《进一步发挥省纪委委员作用的意见》。为了探索落实党风廉政建设责任制的有效机制,在省本级试行的基础上,2006年在省市县三级全面建立了"三书两报告"制度,抓住责任分解、责任考核和责任追究三个重点环节,推动了党风廉政建设责任制的落实。严格执行"三谈一述"制度,广泛开展领导干部任职前廉政谈话。建立巡视制度，组建巡视机构，对 11 个市、19 个省直单位和 18 个县（市、区）开展了巡视，加强对各级领导班子和领导干部的监督。改革纪检监察领导体，对省市纪检监察派驻（出）机构实行统一管理，加强对驻在部门领导班子及其成员的监督，《国有企业领导人员廉洁从业若干规定（试行）》进一步落实。制定出台相关制度，规范党政干部在企事业单位兼职行为和辞职从事经营活动的行为，禁止在招商引资中领取奖金和在企业参股等行为。

深化行政审批制度改革，省直部门修订废止行政许可文件 225 个，全省取消和调整审批项目 2488 个，削减非行政许可审批项目 497 个，全省普遍建立行政服务中心，推行网上审批，着力构建便民高效的行政审批运行机制。深化财政体制改革，进一步规范"收支两条线"管理，实行部门预算和国库集中支付制度。深化投资体制改革，建立健全政府投资项目公示、代建和监管制度。深化干部人事制度改革，积极开展党政领导班子和领导干部综合考核评价试点工作并在换届考察中普遍运用，探索规范干部任用初始提名行为，推行党风廉政"一票否决"制。

充分发挥市场配置资源的基础性作用，认真落实工程建设招投标、土地使用权出让、产权交易和政府采购等制度，全省所有市、县（市）及 1051 个乡镇（街道）建立了统一招投标平台。为加强对行政监察工作的领导，出台了《关于进一步加强和改进行政监察工作的意见》，加强监督检查，加强行政问责，严格落实重特大安全事故和群体性事件的责任追究。落实省委、省政府《关于开展机关效能建设的决定》，所有地级市及大部分县（市、区）的纪检监察机关成立了效能监察室，制定《浙江省机关效能监察投诉中心工作办法（试行）》和《浙江省影响机关工作效能行为责任追究办法（试行）》等规范性文件，出台"四条禁令"，形成了效能建设、效能监察和效能投诉"三合一"工作机制。

五年来，全省各级监察机关共查办政纪案件 6754 件，涉及地厅级干部 21 人、县处级干部 508 人、乡科级干部 1761 人。处分违纪干部职工

6853 人,其中受开除公职处分 1365 人、开除留用察看处分 157 人、撤销职务处分 864 人。涉及违纪违法金额 12.9 亿元,其中涉及金额 1000 万元以上的 12 件,100 万元以上的 124 件。通过查办案件,共为国家和集体挽回经济损失 8.33 亿元。2007 年,全省有 4 个集体、5 位同志分别获得了全国纪检监察系统先进集体、先进工作者的殊荣,12 位同志受到了中央纪委、监察部通报嘉奖。

十一、2009—2012 年纪检监察工作的主要成就

浙江省经济的快速发展基本消除了由于短缺经济和"双轨制"长期并存导致的腐败因素,减少了因分配不公带来的消极腐败现象,为反腐倡廉提供了物质基础。

浙江省重视对食品药品安全、环境保护、土地管理、安全生产等法律法规执行情况的监督检查,对一批违法违规问题严格问责。协助省委连续五年开展深化作风建设活动,每年突出一个主题,2012 年以"振奋精神、狠抓落实,强化服务、助推发展"为主题,协助省委在全省开展"进村入企"大走访活动,组织各级干部走进矛盾、破解难题,开展创建"群众满意基层站所"活动。全省共有 19.6 万余名干部参与大走访活动,实现了对所有行政村、困难企业和农户走访的"三个全覆盖",帮助解决各类难题 57.8 万余个。落实党政机关厉行节约各项要求,着力规范公务接待、公车管理使用、因公出国(境)行为,推行公务卡制度,开展公务用车制度改革试点,大力整治奢侈浪费之风,"三公"经费得到有效控制。深入开展机关效能建设,推进政府绩效管理工作,形成效能建设、效能监察和效能投诉"三合一"的工作机制。

全面落实中央《建立健全惩治和预防腐败体系 2008—2012 年工作规划》和省委实施办法,制定落实惩防体系制度建设工作计划,完善整体构建、行业构建、专项构建、联合构建和科技促建"4+1"的构建方式,积极推

行项目化管理,每年开展专项检查。312 项重点任务和 73 项制度建设任务基本完成,反腐倡廉工作制度化、系统化、科学化水平不断提高。

认真学习贯彻《中国共产党党员领导干部廉洁从政若干准则》,针对浙江省民营经济发达、家庭从业行为多样化的实际,积极探索党员领导干部廉洁从政监督新机制。2010 年 12 月,浙江省在全国率先出台《党员领导干部防止利益冲突暂行办法》,建立利益隔离机制、利益申报和利益处置机制,2012 年 9 月,全省已有 850 多名领导干部因涉及利益冲突进行了回避,初步实现了从侧重防止贿赂等现实腐败风险向防止利益冲突等潜在腐败风险的转变。

以廉政风险防控机制建设作为惩防体系建设的新突破口,在各级党政机关、国有企事业单位和群团组织全面排查廉政风险,梳理权力清单,加强风险预警,完善防控措施。全省 30026 个单位、83.3 万名党员干部排查出廉政风险点 129.4 万个,制定防控措施 117 万条,基本实现廉政风险防控全覆盖。

加强反腐倡廉教育,出台专项实施意见,组织开展"六个一"等专题教育活动,推进廉政文化进机关、进社区、进学校、进农村、进企业、进家庭。严格执行民主生活会、述职述德述廉、新任职领导干部廉政谈话、诫勉谈话、函询等制度,创新省市联动的工作机制,完成对所有市、县(市、区)和部分省直部门、省属企业、高等学校的巡视。2012 年,在原有基础上新增两个巡视组,加强派驻机构统一管理工作,建立派驻机构管理室,完善制度,健全机制,对驻在部门领导班子和领导干部的监督进一步加强。

组建省预防腐败局,加强对预防腐败工作的组织协调和检查指导。推进行政审批、干部人事、财政金融、政府投资和司法等重点领域体制制度改革,大部分县(市、区)政府部门完成行政审批职能整合和集中改革,省、市、县、乡四级公共资源统一交易平台全面建立,建成全省联网的电子监察系统。执行"三书两报告"制度,严格责任考核,强化责任追究。2007 年以来,共对 1102 名党员干部实施了责任追究,各级纪检监察机关共受理信访举报 302145 件(次),立案 40993 件,处分党员干部 40116 人,其中地(厅)级干部 60 人、县(处)级干部 757 人,挽回直接经济损失 22.95 亿元。

省、市、县(市、区)三级全部建立以纪委书记为组长的同级党委反腐败协调小组,把纪检监察、司法、行政执法、经济监督等机关和部门的人力资源、信息资源、手段资源整合起来,制定出台《关于发挥查办案件治本功能的意见》,充分发挥查办案件的教育警示和完善制度功能。2007 年以来,共有 16 万多名党员干部到法纪教育基地接受警示教育,省纪委制作拍摄了《异化的权力》《通向监狱的别墅》等 240 余期廉政教育片。

开展商业贿赂、医药回扣、公路乱收费、"小金库"和评比达标表彰、庆典、研讨会、论坛过多过滥等问题专项治理。开展"三服务一满意"主题活动和"千局万站优环境促发展"专项行动,对公安、国土、卫生、环保、工商、质监等 21 个部门进行民主评议,以"行风热线"、创建群众满意基层站所(服务窗口)等为载体,推进政风行风建设。

全省大力实施"阳光工程"。2012 年 9 月,开工建设的保障性安居工程住房 109 万套,全面实行保障房源、申请条件、分配结果"三公开";全省实行入学择校及收费面向社会公开,绝大多数县(市、区)实现"零择校";在省、市、县、乡四级医院全部实行"阳光用药",对全省 731 家医院的门诊和住院平均人次费用等九项指标进行公示。为落实《关于深化政务公开加强政务服务意见》,浙江在省、市、县、乡全部建立行政服务中心的基础上,又在所有行政村(社区)建立便民服务中心,配备专兼职代办员 10 万余名,对与群众生产生活密切相关的社会保障、医疗计生、农资补助等 50 余项事务实行全程免费代办服务,至 2012 年累计办结服务事项 1390 余万件(次)。浙江省行政村和社区基本实现了便民服务全覆盖,覆盖城乡、上下联动的省市县乡村五级服务体系,创建"农村基层廉洁工程",开展"农村基层党风廉政建设示范村"活动,在乡镇普遍建立村级财务委托代理中心和小额工程招投标中心,建立健全县(市、区)、乡(镇)、村三级联网的农村财务计算机监管网络。统计部门民意调查结果显示,群众对我省反腐倡廉工作的认可度从 2006 年的 76.22% 上升到 2012 年的 85.9%。许多工作如惩防体系建设、作风建设、建立村务监督委员会、建立村级便民服务中心、廉政风险防控机制建设、加强工程项目监管、加强基层纪检组织建设等,得到中央领导同志的多次批示肯定,严明政治纪律和政治规矩。

十二、2013 年以来的纪检监察工作成就

浙江省第十三次党代会以来的五年,是党风廉政建设和反腐败斗争取得显著成效的五年。省委坚决贯彻习近平同志系列重要讲话精神和治国理政新理念新思想新战略,坚持以"八八战略"为总纲,把维护党的政治纪律和政治规矩作为首要职责,强化政治监督,确保全省各级党组织和广大党员干部始终在思想上政治上行动上同以习近平同志为核心的党中央保持高度一致。加强对党的路线方针政策和决议执行情况的监督检查,重点检查服务保障 G20 杭州峰会、"三改一拆"、"五水共治"、浙商回归等重大决策部署的贯彻落实情况,发挥政治保障作用。

同时强化纪律教育,将党章党规党纪作为各级党委(党组)理论学习中心组学习和党员干部教育培训的重要内容,开展专题集中轮训,促使广大党员干部增强党章意识和纪律观念。编印违纪违法领导干部忏悔录,挖掘整理优秀传统家规家训,充分发挥新媒体宣传教育作用,增强教育效果。为加强对党中央和浙江省委重大决策部署执行情况的监督检查,推动省第十四次党代会精神落到实处,浙江省纪委协助省委出台《关于进一步强化党风廉政建设党委主体责任和纪委监督责任的若干意见》,下发责任清单,制定出台《浙江省贯彻〈中国共产党问责条例〉实施办法》,加大"一案双查"力度,全省共对履行主体责任不力的 989 名领导干部予以责任追究,省纪委共通报典型问题 22 起 45 人。执行中央八项规定精神和

省委"28条办法""六个严禁"等规定,坚决防止"四风"反弹回潮,继续把违反中央八项规定精神问题列入执纪审查重点,对执纪审查对象存在"四风"问题的,一律先于其他问题查处;对违反中央八项规定精神受到党纪政纪处分的,都要点名道姓通报曝光。通过纠正"四风",有力整治了"酒局牌局"、"会所中的歪风"、奢侈浪费、违规收送购物卡和会员卡等突出问题,作风建设取得了显著成效。全省共查处违反中央八项规定精神问题6587起,处理党员干部7959人,党纪政纪处分1926人,省纪委通报典型问题89起126人。

全省各级纪检机关共接受信访举报300002件(次),立案60662件,党纪政纪处分59963人,移送司法机关2988人,其中立案查处地厅级干部91人,县处级干部1014人,为国家和集体挽回直接经济损失14.68亿元。全省各级纪检机关共谈话函询问题线索6331人(次),党纪轻处分和组织调整31158人,党纪重处分和作出重大职务调整30919人,为6255名党员干部澄清了问题。

持续开展国际追逃追赃工作,成功追回杨秀珠等三名"百名红通人员",共追回外逃党员和国家工作人员20名。出台浙江省巡视工作实施办法,健全了一批制度。省委巡视组共开展15轮巡视,发现违反"六项纪律"方面问题4159个,发现并移交领导干部问题线索5733件,党纪政纪处分7246人,组织处理2556人,移送司法机关919人。完成省市县三级派驻机构改革,实现派驻监督全覆盖,注重发挥派驻监督"探头"作用,全省各级派驻机构共立案5198件,党纪政纪处分5100人。全面设立纪检机关干部监督机构,严查违纪违规行为,坚决防止"灯下黑"。全省纪检干部被谈话函询483人,组织处理52人,党纪政纪处分116人。

五年来,党风政风明显改善,不敢腐的目标初步实现,不能腐的制度日益完善,不想腐的堤坝正在构筑,得到了广大人民群众的充分肯定。国家统计局浙江调查总队民意调查结果显示,群众对我省党风廉政建设和反腐败工作的满意度从2012年的85.9%上升到2016年的93.7%。

　　新中国成立70多年来,浙江省坚持一手抓经济建设,一手抓惩治腐败,在工作定位上自觉服从全局,关注经济社会发展大局,把握发展大势,把发展中的难点作为工作的重点,切实加强对党委、政府经济发展重大决策和措施执行情况的监督检查。围绕中央和省委历次全会等重要会议精神的贯彻落实,及时出台一系列文件,严明政治纪律,确保政令畅通。发挥纪检监察机关职能作用,加强监督检查,强化服务保障。严肃换届纪律,会同组织等部门开展专项督查,坚决纠正和查处违反换届纪律的行为,保障换届工作顺利进行。在工作思路上自觉融入全局,充分调动广大党员干部和人民群众参加改革和建设的积极性、创造性,维护社会和谐稳定,保证浙江经济的发展。改革开放后,从1978年到2008年,全省生产总值年均增长13.1%,由全国省(区、市)第12位上升到第4位;人均生产总值年均增长12%,由全国第16位上升到第4位;至2020年浙江省全省实现地区生产总值64613亿元,同比增长3.6%,增速比全国高出1.3个百分点。是以,浙江这些年的成就与反腐倡廉发挥的重要保障和促进作用是分不开的。

第三节　浙江省权力运行监督机制的重大改革

　　新中国成立70多年来,浙江省深入领会中央精神,在党内监督机制的实践创新方面作出了不少有益的探索,主要可以从党内监督体制改革、阳光工程建设以及地方各项改革措施这三方面的重要创新来分析总结经验,以进一步推动新时代党内监督的创新实践。

一、党内监督体制改革

　　70多年来,党内监督体制的改革经历了由受同级党委领导改为受同级党委和上级纪委双重领导,又从双重领导以同级党委领导为主逐渐过渡到上级纪委为主的过程。在这过程中,浙江省充分领会中央精神,结合浙江省实际,进行了一系列的创新改革。其中有几个重要的改革节点,较近的如纪委书记提名权改革的创新实践就是为了贯彻 2004 年 9 月党的十六届四中全会通过的《中共中央关于加强党的执政能力建设的决定》提出"减少地方党委副书记职数,实行常委会分工负责"的要求,逐步实现双重领导的管理重心由同级党委向上级纪委转移。

从 2006 年 1 月开始,在省级党委换届过程中,省委副书记这一职级开始削减,新任命的省纪委书记不再像过去那样担任省委副书记,而是只担任省委常委。纪委书记不再兼任省委副书记,对纪委书记能够减少工作干扰,集中精力抓好党风廉政建设和反腐败工作具有重要意义。根据这一精神,浙江省进行了纪委书记提名权改革,打破了过去由地方党委提名本地纪委书记的惯例,纪检干部双重管理的重心从同级党委逐步向上级纪委转移。又如浙江省纪委书记任职回避的改革实践是根据 2010 年 2 月中央纪委下发的《关于进一步加强和改进纪检监察干部队伍建设的若干意见》,其中对纪委书记的任职回避作出了更加明确的规定,要求"地方各级新任职的纪委书记一般应易地交流产生,纪检监察机关领导班子成员在同一班子任职满 10 年的,应当交流。地方县级纪委书记不得在本人成长地任职"。浙江省委常委会为此召开会议专题审议、研究部署,在纪委书记任职回避的基础上又进一步就职务回避和公务回避等问题进行了规范,避免了人情干扰,保障了党内监督的公平公正。

党的十八大后浙江省体制改革的重点是对纪检监察体制的改革。2014 年,中央纪委研究室在中央纪委监察部网站就十八届中央纪委三次全会精神进行解读,提出要通过落实"两个为主""两个全覆盖",推进党的纪律检查体制改革创新。浙江省为落实"两个为主""两个全覆盖",创新纪检监督体制改革。一是在查办腐败案件中以上级纪委领导为主,线索处置和案件查办在向同级党委报告的同时必须向上级纪委报告;二是各级纪委书记、副书记的提名和考察以上级纪委会同组织部门为主。全面落实中央纪委向中央一级党和国家机关派驻纪检机构,实行统一名称、统一管理,改进中央和省(区、市)巡视制度,做到对地方、部门、企事业单位全覆盖。2014年下半年在杭州、金华、舟山开展改革试点,2016年初在全国率先实现省市县三级派驻机构全覆盖。

2016年第十二届全国人大常委会第二十五次会议表决通过了《全国人民代表大会常务委员会关于在北京市、山西省、浙江省开展国家监察体制改革试点工作的决定》。作为全国监察体制改革的探索者,浙江省委、省纪委领导高度重视,经过审慎考虑,明确了监察体制改革试点工作的时间表和路线图:2017年1月底前完成省级监察委员会组建工作,2月底前完成县级组建工作,4月底前完成市级组建工作。在各方的努力下,浙江省的监察体制改革试点工作如期完成了省市县三级监察委员会组建转隶工作,实现了对行使公权力的公职人员监察全覆盖。2017年4月,省市县三级派驻机构名称从"派驻纪检组"调整为"派驻纪检监察组",赋予部分监察职能。9月,浙江省纪委共设置派驻机构35家(含省直机关纪工委),监督省级党和国家机关单位101家。市级层面,除宁波设置51家、杭州设置45家派驻机构外,其他市纪委一般设置32～36家。县级层面,有近2/3的县(市、区)纪委设置13～17家派驻机构。完成监察委员会组建只是浙江省改革试点工作的第一步,为尽早实现监委正常高效运转,浙江坚持把"全融合"理念贯穿改革试点工作,深化机构改革与人员融合。围绕机构设置,浙江省监委与省纪委共同设立综合部门、信访部门、案件监督管理部门、案件审理部门、执纪监督部门和执纪审查部门,履行纪检监察两项职能。改革内容为:一是调整纪检监察职能、增强监督执纪力量。执纪监督部门数量和人员力量增加。二是优化双重领导体制。在人事和办案上强化了系统领导为主,即查办腐败案件以上级纪委领导为主,各级纪委书记、副书记的提名和考察以上级纪委会同组织部门为主,并以责任清单的形式明确了党委(党组)、党委(党组)书记、党委(党组)其他班

子成员和纪委(纪工委)、纪委(纪工委)书记、派驻纪检组及其负责人六个
方面共 73 项具体要求,把责任分解到人到岗。三是修改法纪。通过这一
系列改革,为全面从严治党提供了有力支撑。

二、"阳光工程"的建设与完善

权力在阳光下运行,才能遏制腐败的滋生。20 世纪 80 年代末,在我
国全面推行政务公开等其他公开制度的基础上,党务公开在全国基层开
始出现。1993 年 9 月,浙江省制定了《浙江省监察厅聘请监察工作咨询
委员和特邀监察员办法》。同年 10 月,召开特邀监察员聘请大会,聘请李
济民等 12 名同志为特邀监察员。同时,建立咨询委员和特邀监察员例会
制度,不定期召开情况通报会、座谈会,组织特邀监察员参加调查研究、监
督检查等工作。各市、县(市、区)监察机关普遍建立了特邀监察员制度,
全省特邀监察员队伍达 2000 余人。党的十六届四中全会在总结各地经
验的基础上,把"逐步推进党务公开"提上了议事日程。浙江省响应中央
号召,在地方积极探索党务公开,推进党务公开的制度建设和保障。随着
认识的逐步深化,2013 年浙江省纪委、监察厅和省纠风办下发了《关于进
一步深化"阳光工程"建设的意见》,明确提出规范权力阳光运行,就是要
实现"部门全覆盖、事项全公开、过程全规范、结果全透明、监督全方位"的
工作目标,让权力在阳光下运行,让人民来监督权力。按照行政权力全公
开要求,省级各部门从决策、审批、执行、监督等环节入手,认真查找权力
运行的关键点、内部管理的薄弱点、腐败易发多发的风险点,并对照行政
许可、行政处罚、行政裁决等 13 大类界定,将行政权力事项真实全面地向
社会公开。

2014 年,浙江省"阳光工程网"开通运行,标志着浙江省政务公开和
权力规范透明运行迈上了新台阶。作为省政府门户网站的专题子网站,
阳光工程网是浙江省探索运用电子政务手段创新政务公开方式、健全对

权力运行过程的阳光监督和制约、实现权力规范运行的主要载体之一。网站按照"部门全覆盖、事项全公开、过程全规范、结果全透明、监督全方位"的要求，主要设置"阳光工程"动态信息、行政权力目录、重点公开事项、审批结果信息公开、决策信息公开、公共企事业单位"阳光工程"、网络问政、"阳光工程"数据榜、省级部门和各地市"阳光工程"等板块。

网站建成后，省级部门和各地区相继建立"阳光工程"专栏或专网，与省"阳光工程网"同步链接，打破了管理模式单一、公开程度不够、监督预警滞后的局面，加强对"阳光工程"建设的网上监督，更大程度地保障了群众的知情权、参与权、表达权和监督权。坚持以公开为原则、不公开为例外，及时、准确、全面地公开群众普遍关心、涉及群众切身利益的信息，进一步提高权力运行的透明度。充分发挥现代信息技术在党内监督工作中的作用，打造电子政务、电子监察和管理信息系统"三位一体"的权力阳光运行平台。至 2014 年初，全省已从最初确定的 14 个部门 21 个权力事项公开试点逐步扩展为省、市、县、乡、村五级全覆盖，省级 47 个部门共公开行政权力事项 2645 项，由群众点题公开重点民生事项 68 项。

三、浙江省各地的创新实践

纪检和监察体制改革推动全面从严治党向纵深发展，客观上要求积极推进理念思路、体制机制、方式方法创新，不断从体制机制上解决制约反腐败斗争向纵深发展的深层次问题。浙江省充分尊重各地根据本地实际开展各项创新监督管理措施，既符合各地党内监督的需要，又可以及时总结经验加以推广。如台州雷峰乡创新党内监督，实施党内监督员制度，增强了基层组织的凝聚力、公信力、创新力和执行力，是一项促进基层民主，实现群众满意的有效办法。对有"宗族化"现象的村级组织，该乡选派"家族"外的党员担任监督员，提高基层组织决策的公信力；对有"老龄化"现象的村级组织，选派年轻党员担任监督员，提升基层组织的创新力；对刚组建班子、缺乏工作经验的支部,选派老支书或工作经验丰富的老党员担任,解决支部工作"茫然化"问题;对于支委代表性不平衡的村,选派没有支委的自然村党员担任或由落选一方的党员代表担任,提高基层组织的凝聚力。再如义乌市针对重述职、轻述廉的现象,以"七个必述"来促进党内监督,内容主要包括:履行党风廉政建设主体责任情况;组织实施市委、市政府党风廉政建设责任书所列项目及完成情况;执行民主集中制及提拔任用干部的情况;遵守和执行领导干部廉洁自律有关规定的情况;执行领导干部个人重大事项报告制度的情况;年度经济责任审计中反映的问题和整改情况;信访中涉及本人或本单位的问题举报情况等。此外,还有武义首创村务监督新机制;富阳向村民发放权力清单;宁海的小微权力清单"36 条";瓯海的基层党务公开,将公开纳入村级目标责任制考核,定期开展群众满意度测评,测评结果同村干部的薪酬、奖惩、晋升、任用等直接挂钩等创新实践让权力在阳光下运行,促进党内监督工作的开展。各具当地特色的地方创新,为浙江省党内监督工作带来了活力和新气象。

四、浙江改革实践的经验启示

70 多年的历史波澜壮阔,70 多年的经验弥足珍贵,回首新中国成立以来浙江推进权力监督制约的辉煌历程,以下经验值得我们高度重视。

(一)贯彻中央精神,探索创新改革

习近平总书记说贯彻党中央精神不是喊口号,要结合当地实际、经过深入调研形成符合党中央精神的一系列具体举措。浙江省的党内监督工作在贯彻中央精神过程中始终紧密联系浙江实践,坚持服从浙江实施创业富民、创新强省的总战略,重在建设,惩防并举,与时俱进,改革创新,在任务的提出、政策的制定、工作的部署上都以服从和服务于发展为出发点和落脚点,增强工作的适应性、前瞻性和系统性,为实现经济平稳较快发

展、全面建设惠及全省人民的小康社会提供政治保障。在改革试点过程
中,浙江省始终把党的领导摆在首位,积极稳妥推进试点工作,才能圆满
完成试点任务,取得重要阶段性成果,为在全国推开试点提供可复制、可
推广的宝贵经验。

与此同时,创新改革还必须适应科学发展的要求,党内监督工作坚持
以科学发展观为统领,站在科学发展的高度和角度审视,把科学发展观的
要求贯彻到党内监督工作的各个方面,服务、保障、促进科学发展。在重
大改革措施出台时,注意研究可能出现的涉及反腐倡廉建设方面的问题,
提出防范对策,制定配套措施,保证各项改革顺利进行。对一些关系经济
建设和社会稳定全局的问题,在处理上既坚持原则,又审慎稳妥,正确把
握工作的策略、时机和节奏。选准为党和政府中心工作服务的切入点,不
断拓宽服务科学发展的有效途径,发挥纪检监察职能作用,促进和保障重
大项目和重点工程建设的推进,为经济平稳较快发展提供坚强保证。

(二)尊重群众实践,开拓创新源泉

在探索实践上,始终坚持立足基层、尊重群众的首创精神,不断解决
新问题、创造新经验、开拓新局面。群众实践是党内监督创新的源泉,是
工作开展的强大动力。浙江省地处改革开放前沿,市场取向改革起步早,
原有体制、机制、制度和管理方面的问题出现也早,基层和群众对解决新
问题、新矛盾的对策与途径的探索相对比较早。在浙江省的党内监督工
作中涌现出来的诸如政务公开、廉政文化建设、领导干部述职述廉、作风
建设、行政服务中心、统一招投标平台、会计核算中心、效能监察投诉中
心、村务监督委员会、党纪政纪案件公开审理等一系列新做法、新经验,都
来自群众的实践和基层的创新。浙江省委、省政府和省纪委充分尊重基
层和群众的首创精神,大力激发广大人民群众的创造力和参与改革的主
动性,坚持从实践中来,到实践中去,把全省各地创造的新做法、新经验不
断加以概括、总结、提炼,上升为规范和制度,积极在全省范围内推行,从

而形成浙江党内监督的工作特色和亮点,产生了良好的效果。在执纪理念上,始终坚持以人为本、执纪为民,切实维护人民群众的根本利益。这些年来,浙江省把以人为本、执纪为民的理念体现在指导思想、基本思路和工作措施之中。

(三)整合各方力量,融合创新智慧

在力量整合上,始终坚持整合各方资源,融合各方智慧,汇合各方力量,形成党内监督的整体合力。全面从严治党必须坚持党委统一领导、党政齐抓共管、纪委组织协调、部门各负其责、依靠群众支持和参与的党内监督与党外监督协调的工作机制。浙江省各级党委、政府坚持"两手抓、两手都要硬",把党内监督工作列入重要议事日程,切实加强对党内监督工作的领导。各级纪委加强组织协调,创新落实机制,通过"三书两报告"制度发挥各部门的职能作用,保证党内监督各项任务落到实处。同时充分发挥广大党员和人民群众的主体作用,通过开展民主评议,拓宽信访渠道,邀请人大、政协以及民主党派人士参加检查等多种形式,把专门机关监督和群众监督结合起来,形成了全党全社会参与监督的局面。

(四)突出浙江特色,落实创新实践

浙江省在惩防体系的构建上,坚持把市场化改革作为防治腐败的基本途径,以发展的思路和改革的办法遏制腐败的滋生蔓延。实践表明,完善社会主义市场经济体制所要解决的体制机制问题,很多方面正是反腐倡廉所要解决的问题;而现阶段反腐倡廉所亟须解决的许多深层次问题,也正是完善社会主义市场经济体制过程中必须研究解决的问题。浙江省始终坚持加大市场化改革力度,用发展的思路解决发展进程中的腐败问题。在发挥市场配置资源的基础性作用方面,把市场竞争机制引入公共资金使用、公共资产交易、公共资源配置、公共产品生产等领域,更多地依靠市场机制而不是政府的行政审批来决定资源的配置。在要素市场体系建设方面,深化土地、投资、金融、证券等体制机制改革,形成以价格为基础的竞争机制、供求机制、价格机制和利益机制,促进生产要素的合理流动和公平竞争。在完善招投标机制方面,加强全过程监督,坚决制止招投标活动中的违法违规行为。在政府职能转变方面,减少权力对微观经济活动的干预,推动服务型政府建设。加强对市场秩序的监督管理,大力治理商业贿赂,努力营造良好的经济发展环境。市场化改革是解决影响反腐倡廉的体制性、结构性、素质性等深层次矛盾和问题的关键。因此,只有坚持与社会主义市场经济发展进程相适应,把中央要求与浙江实际结合起来,才能在市场化改革进程中实现反腐倡廉工作与经济社会发展的良性互动,从根本上遏制腐败现象的滋生蔓延。

第八章

坚持创新社会治理，
维护社会稳定和谐

　　1949 年的浙江还是一个"穷山恶水难生产、流寇败将闹生活"的省份，年生产总值仅 15 亿元。70 多年的砥砺前行，浙江省实现了经济的飞跃，走在了全国前列。在这段时期里，浙江省始终不忘改革发展与稳定的辩证法，讲究经济进步与社会稳定两手抓，通过营造全省安定有序的社会秩序环境来促进和保障经济发展，让人民在良好的氛围里享受到发展所带来的成果。目前，浙江省已经成为中国最安全的省份之一。可以说，浙江省发展的 70 多年，是打造现代社会治安综合治理体系的 70 多年，诞生出享誉全国的"枫桥经验""杨村经验""平安建设"等一系列的优秀地方经验。在各届省委、省政府的带领下，始终不忘初心，努力把工夫做到家，同百姓亲如一家，形成了安定、和谐、有序的"社会大家庭"。

第一节　浙江省社会治理工作的历史回顾

　　新中国成立 70 多年来的浙江省社会治理工作历史，可以分为以下几个阶段。

一、基层政权体系建设时期（1949—1954 年）

　　三大战役的胜利，让人们看到了新中国的曙光。1948 年 9 月在西柏坡召开的中共中央政治局会议指出："夺取全国政权的任务，要求我党迅速地、有计划地训练大批能够管理军事、政治、经济、党务、文化教育等项工作的干部。缺乏这项准备,势必不能适应形势发展的需要。"会议通过了《关于准备五万三千个干部的决议》,从华北等五大战区抽调5.3万名干部以区党委为单位,配备整套班子,南下接管,开展工作。

而与其他南方省份不同的是,1949年之前的浙江经济与以上海为中心的封建买办势力和大资产阶级有着密切联系,并且,蒋介石、陈诚等许多国民党官员是浙江籍,对浙江有着难以割舍的感情。他们在败退的同时,依旧在浙江的部分地区布置着各种"应变"计划。

在此背景下,1949年6月中共浙江省委会宣布成立,但依旧沿用了军事委员会的形式以便即时、快速地处理各项事务。而其首要任务在于融合南下干部与浙江省群众,保证政权能够有效地深入基层,在二者之间发挥出良好的动员与合作效力。浙江省委先后发布《关于南下干部与坚持干部会师后处理团结问题的决定》等文件,根据中央"按照系统、整套接受、调查研究、逐步改造"的路线对浙江省基层进行摸底与接收。但在工作中,不少反动分子以及在旧政权里工作过的干部利用地域差异等各类借口挑拨南下干部同群众之间的关系。对此,省委多次组织南下干部学习了解浙江省情,并要求通过耐心的说教和共同工作等形式来消除隔阂。正是如此,政府同群众之间的关系自始就以合作为起点。

新中国成立初期的社会治安问题同时兼有军事命令和行政管控两种职能趋向。朱德在1949年全国第一次公安工作会议中指出:"一切任务无论城市和乡村,我们不另设军队,也不设宪兵,也不设警备队,只设一种军队,叫公安部队。"1949年8月,浙江省成立公安厅整体负责初期的政治稳定与社会稳定,通过外在权力的介入来维持公共秩序和提供安全需求。而在党委部分,1949年的《中央人民政府组织法》规定政务院需设立政治法律委员会,指导公安部、司法部、法制委员会等政法工作。1951年,董必武指出,"大行政区及省的政法委员会,应按照政务院关于省以上成立政法委员会的指示,迅速成立",由政法委负责"各部门的互通声气,互相帮助的工作"。后浙江省也成立了政治法律委员会分党组，并在下级成立了政法联合办公室来负责相关工作，实现党委对政法工作的统一领导。在这一体制安排下，具体通过以下四个方面完成对基层的改造与社会秩序的建立。

第一，肃清匪特，取缔反动党团。一方面，例如杭州原是蒋介石及其特务头子二陈（陈立夫、陈果夫）、一戴（戴笠）、三毛（毛人凤、毛森、毛万里）在浙江的重要活动基地，有许多反动组织机构及特务人员。另一方面，浙江的全省境内有武装匪徒三万余人，匪徒甚至攻占了于潜、开化、宣平等县城，仅 1949 年下半年，匪徒攻击和破坏县区乡各级人民政府机关达 120 余次。对之，省委发出《关于开展各市县公安工作的指示》，明确指出当年公安部门的主要任务是接管国民党警察局和取缔反动党团、特务组织，建立秩序。1949 年秋冬，全省公安机关在省委领导和浙江军区的统一指挥下，确立"军事清剿、政治瓦解和发动群众自卫"的方针，着力剿灭了数股大型匪徒，并教化群众分清敌我、联合群众共剿散勇。1950 年 1 月又发布《关于肃清反革命活动的指示》，要求打击首恶，分化次要，争取胁从，达到分化瓦解以及改造的目的。经过党政军同群众五个月的努力，在全省范围内基本实现了肃清。

第二，接管改造城市游散人员，营造良好风气。在杭州等城市，原国民党军政和其他组织的人员、乞丐、小偷、娼妓等充斥在城市的各个角落，并频繁活动。省委对之发布公告办理相关人员收容登记的工作，仅杭州市就收容遣散兵游勇 54877 人。同时，成立救济院感化习艺所、福利厂、劳教院、保育院等机构，收容无业游民，并将部分人员安置在五云山农场等地，让他们接受劳动和思想的改造，铲除旧社会留下的好逸恶劳、卖淫嫖娼等不良风气。

第三，保卫土地改革和镇压反革命。1950 年 10 月，浙江省委发布《关于贯彻执行中央坚决镇压反革命分子的指示》，在全省范围内开展全省动员、群众动员，吸收民主党派和各界人士参加。并于 11 月召开全省公安、法院等部门联席会议部署镇反工作。1951年,毛泽东同志先后三次批示浙江镇反运动吸收民主人士参加的做法。同年,浙江省委进一步将指导思想明确为:"凡介于可捕可不捕之间的一定不要捕,如果捕了就是犯错误;凡介于可杀可不杀之间的人一定不要杀,如果杀了就是犯错误。"对非首要分子等人员采取帮教说服的策略,帮助其融入社会。

第四,废除保甲制,建立完整的基层政权组织体系。1943年,毛泽东就提出了"组织起来"的口号。南下干部在进驻浙江基层的第一件事,便是在积极开展秋征工作的同时废除抗战时期民国政府的保甲制度,进行土地改革,重新分配基层的生产资源、恢复农民的自由身份。具体通过成立支前委员会,引导一家一户的农民诉苦、清算等方式,团结群众、摸清底细。而后成立以贫农、雇农为主的农民协会,到1950年初,浙江省内各个乡、村普遍建立农民协会,农会会员和其他群众组织人员达到378万人。1951年5月,浙江省委扩大会议指出,从6月1日起把逮捕权全部收到地委,死刑执行权全部收到省,并要求全省农村要建立武装治安委员会,城市则建立治安保卫委员会;各地必须把公安局、法院、人民检察署等人民民主专政机构充实、加强起来,没有建立的要迅速建立。而凡是已展开土改的区,其范围内的市镇工作必须加强,使市镇不至于变为地主逃避农民斗争的防空洞。加快建立起市镇上的专政机构——镇公所、派出所或公安员,在派出所或公安员之下组织居民委员会,把群众真正组织与武装起来。而各市县的政法委(办公室)则要负担起良好的沟通协调职能。

二、"枫桥经验"的诞生(1955—1965年)

1954年9月,新中国第一部《宪法》颁布,其按照党政分开的思路对政法工作有明确职能划分。以之为故,一方面,国务院撤销了政治法律委员会设置,其职能归为国务院第一办公室行使。同年的《关于撤销大区一级行政机构和合并若干省、市建制的决定》将大区、省、市、县建制内的政治法律委员会(办公室)撤销，按照事权的专业分工化设置，把社会治安问题归口到公安、司法、检察等政法机关负责。另一方面，颁布《城市居民委员会组织条例》《人民调解委员会暂行组织通则》等规范来调整基层社会的运转。

随着三大改造逐步完成，在城市方面，全省各市对居民委员会进行了调整和增设。具体按照居民的居住情况，参照公安户籍管辖区，以100户～600户的范围设一居民委员会。至1955年末，全省共设1854个居民委员会。同时，将城市居民归口到具体单位下进行管理、安排福利，而余出的部分则交由知青下乡的形式来进行。在乡村方面，毛泽东同志于1955年先后四次的浙江之行，重点考察了农村合作化运动的现状，并从调研中进一步归纳经验，主持编辑《中国农村的社会主义高潮》一书，在其中重点宣传推广浙江省慈溪县(今慈溪市)岐山乡五洞闸合作社的经验。

但前一阶段的政治稳定工作并没有全面完成，在中央对政法工作暂时的领导真空里，台湾国民党当局扬言要"反攻大陆"，煽动基层社会秩序，省内部分地区也依旧存有少部分残余势力，群众的思想改造也没有完成。对之，1955年10月《中共中央批准中央组织部1955年8月1日给中央的工作报告》中指出："中央及省委和大城市的市委在可能时，应设立政法工作部。"进而完善党中央及地方党委对各类事项的专业领导与调整。同年，中共浙江省委批转省公安厅党组的计划，要求党委加强对公安工作的指导与监督，并强调公安、法院与检察三者之间的互相协调。并于1957年，省二届二次党代表会议所作工作报告中指出，各级党委必须加强对政法部门的领导，注意审查和配备政法部门的干部，保持政法部门的纯洁性。由此，政法委员会的职能在协调沟通上还增加了核查监督政法工作与人员的职能。

机构调整完成后，浙江省内开展第二次社会镇反运动("肃反"运动)，进一步消除社会内部成员间的矛盾，通过外部权力的介入，巩固新生政权，建立起良好的社会意识与社会合作格局。这次"肃反"运动，遵循"提高警惕,肃清一切特务分子;防止偏差,不要冤枉一个好人"的方针和"一个不杀,大部不捉"的原则,采取分期分批、层层而下的方法逐步开展。为了加强对"肃反"运动的领导,省委和地、市、县委都成立了领导"肃反"运动的"五人小组"。1961年2月,省委批转了省公安厅《关于义乌县稠城公社杨村大队教育改造有小偷小摸行为的人》(又称"杨村经验")的通报。杨村大队教育改造有小偷小摸行为人的经验,是"如何采用说服教育的方法正确处理人民内部矛盾"的范例。

这一时期,浙江省委在社会治安工作的重点在于处理人民内部的"敌我"矛盾,但其实施路径的重点在于摒弃官僚主义作风,依旧按照发动群众、依靠群众的路子,尽可能地避免矛盾激化。虽然国家与社会已然高度一体化,但是应当保证各个层级的问题都在相应的范围内得到解决,不应当上升到国家层面,而这在枫桥镇体现得特别明显。其在"肃反"运动的过程中,将各类群众充分组织起来,并且坚持"少捕人、少杀人",努力把矛盾化解在基层,把"四类分子"尽可能地改造为"新人"。于是在1964年,毛泽东同志获知了枫桥的相关做法后,看到了党委领导的功效与基层群众的集体智慧,创造了解决人民内部矛盾的很好的典型,故批转"枫桥经验"要求各地好好学习相关做法。

三、社会治安综合治理的格局初现(1978—1990年)

1978—1990年的12年时间里,国家在基本面上处于初步描绘开放图景、供给内部改革基本制度环境需要的阶段,社会治安综合治理工作由于三个方面的原因没有被及时地提上建设议程:一是暂时让位于以经济建设为核心,地方工作着重于整合既有的经济发展要素、制定经济发展战略;二是国内意识形态尚没有完全转变,需要在"分清敌我"的基础上才能进一步地综合力量;三是当市场经济建设开始后,资本在社会分布中的扩张而导致追逐资本行为多样化、集聚化,产生了大量的负面效应,无法被既有的制度框架所承载与规制，但必须在短期内纠正到良好水平上才能够支撑经济的进一步发展。所以在这一阶段，社会治安综合治理工作处于酝酿阶段，在急剧的变革中寻找自身定位。社会治安综合治理工作在整体上一方面加强党对政法、治安工作的领导，于 1985 年 4 月，中共浙江省委决定成立浙江省社会治安综合治理联席会议负责整体的协调、沟通、监督等；另一方面把制度建设摆在了首要位置，合理、有序地弥补社会撕裂创口。具体通过四个方面去完成。

第一，重提"枫桥经验"，改造省内政治环境。在 1979 年伊始，浙江省召开六届二次全体（扩大）会议全面传达党的十一届三中全会的基本精神与基本要求，将诸暨枫桥区列为"四类分子"（地主分子、富农分子、反革命分子、坏分子）摘帽试点，重新发扬"枫桥经验"中的矛盾化解方式与群众路线精神。先后发布《关于对"四类分子"摘帽审批手续的通知》《关于右派摘帽人员社会救济问题的通知》，着力通过综治的路径，联合群众与公检法等政府机关化解社会矛盾，也保证相关人员能够维持基本的生活水平，该做法也被《人民日报》以长篇通讯的形式做全国宣传。而枫桥镇在彼时已完成"四类分子"的摘帽工作，适时地通过制定治安公约、做好防盗骗安全防范宣传、说教轻微犯罪分子等方式将"枫桥经验"扩展到整个社会秩序建构中去。

第二，开展专项整治，改善省内经济环境。1979 年底，浙江省委召开全省整顿城市治安动员大会，会议要求全省特别是杭州、宁波、温州三市和湖州、嘉兴、绍兴、金华、衢州等地区，实行全党动员，党政军民学一起参与，大力加强法制教育，坚决打击刑事犯罪分子的破坏活动，巩固安定团结的政治局面，保障广大人民聚精会神地进行"四化"建设。自此，浙江省在每年都召开全省地级市委分管政法工作的书记座谈会、省委工作会议、市级分院检察长座谈会、全省政法工作会议等会议整体部署对违法行为的专项整治行动。贯彻中央发布的例如《打击经济犯罪的紧急通知》《关于严惩严重破坏经济犯罪的决定》《关于打击经济领域中严重犯罪活动的决定》《关于严厉打击刑事犯罪活动的决定》等具体决定,力求在短时间内改善省内治安状况。而这种自上而下、运动式、针对化的行动缘起于1983年中共中央书记处同意印发的中央宣传部、中央政法委员会《关于严厉打击刑事犯罪活动宣传提纲》。该提纲指出:"严厉打击严重刑事犯罪活动与社会治安综合治理方针是一致的。综合治理的手段有很多,有专政的手段,有行政的手段,也有教育的、感化的手段。但运用专政手段,依法严惩严重刑事犯罪分子,是综合治理中的首要手段,只有在坚决打击严重刑事犯罪的同时,再辅之以其他手段,才能达到综合治理的目的。"在这种基调下,综治所综合的是政法口下的所有力量。换言之,其本身同"枫桥经验"之间是平行、共建的。

第三,落实基本制度,激发省内民主参与。一方面是建立基本的群众政治参与机制,有序引导人民行使政治权利,以主人翁的姿态参与到社会建设中来。1979年9月,省委决定在桐乡县(今桐乡市)进行县、乡人大代表直接选举试点。1980年2月,在桐乡县召开省选举工作现场会议后,全省各市、地有11个试点县(区)开展县、社两级选举工作,相继在全省范围内建立基层民主,保障公民参政议政权。另一方面是建立完整的党领导社会治安综合治理机制。1981年8月,中共浙江省委印发《地、市委政法书记座谈会纪要》,强调要逐步充实、整顿、加强政法队伍,配齐、配好、配强政法干部,凡未建立司法局的县(市、区),要尽快组建起来;农村要以区为单位建立公安派出所和人民法庭,配齐司法助理员。同时,完善基层组织,重新调查、整理全省范围内的居民委员会,完善城市空间内的"细枝末节"。

第四,采用说理帮教,优化省内生活环境。在社会剧烈转轨的期间,必须首先向群众普及新情境下的正确价值观,帮助树立基本的价值判断体系。一是1981年4月,浙江省暨杭州市联合开展"五讲四美"活动以及"四整顿"(整顿市容卫生、城市道路、交通秩序、社会治安)动员大会。会后,以搞好"四整顿"为重点的"五讲四美"活动在杭州迅速开展起来,并逐步发展到全省其他城市。二是对于轻微犯罪分子、劳教人员、服刑人员，要求劳动教养机关认真观测"教育、感化、挽救"的方针。在改造方法上，主要对新收容的劳教人员进行入队教育；深入发动坦白检举活动，还开设了相应的教育班次对通识知识、社会主义法制知识、共产主义人生观等进行重点教育。并邀请社会各界人士来队演讲和联欢，邀请解放军英模做英雄事迹报告，请当地政府和单位领导来讲形势政策，并组织犯人家属参观监舍和做规劝、帮教工作。再次，对青少年的重点教育。在改革开放初期的犯罪人员构成比例中，青少年占有极大比重，因此，1985 年 10 月中共中央发出关于进一步加强青少年教育、预防青少年违法犯罪的通知，明确提出关心和教育青少年、预防青少年违法犯罪是一项综合治理的系统工程。浙江省在多次会议中强调对青少年进行教育、感化、挽救工作。最后，于 1985 年开展"一五"普法行动，加强法制宣传教育，普及法律常识。1986 年 5 月，在《关于浙江省第七个五年计划的报告》中指出民主法制教育、普及法律常识，是预防犯罪和"综合治理"的一条根本途径。经过准备、实施、考核验收三个阶段，浙江省"一五"普法教育工作于 1990 年底结束。

四、以平安建设为转折点的社会治理升级（1991—2008 年）

整体来看，上一时期的治安综合治理中出现了治安联防、青少年帮教等具有综治特色的工作方针，但依旧以"打"为主，"防"的一面则在青少年教育方面体现。而运动化打击在取得良好成效时，也导致治理成本的急剧增加，且不利于后续社会良好秩序的平稳形成。基于此，1991 年 3 月第七届全国人大常委会第十八次会议通过了《关于加强社会治安综合治理的决定》，强调：为了维护社会治安秩序，维护国家和社会的稳定，保障改革开放和社会主义现代化建设的顺利进行，必须加强社会治安综合治理。同年,中央成立了社会治安综合治理委员会,指导和协调全国社会治安综合治理工作。1993 年,中央综治委等五部委出台《关于实行社会治安综合治理领导责任制的若干规定》。两份文件对社会治安综合治理的意义、内涵、任务、原则、体制等重要方面作出明确,更将社会治安综合治理工作从即时性的政策产物上升为国家常态化的工作体制机制。对之,浙江省不仅在 1991 年 5 月,将社会治安综合治理联席会议改为浙江省社会治安综合治理委员会,作为协助省委、省政府领导全省社会治安综合治理工作的常设机构,而且在继续发扬"枫桥经验"的基础上进行了对原有范围的拓展与工作机制的创新。

一方面在全省范围内开展"学枫桥、赶枫桥"的活动,在各个区域建立起互相学习、竞争的创设示范区,在 1993 年纪念毛泽东主席诞辰 100 周年和批示"枫桥经验"30 周年大会上将推广、发展"枫桥经验"列入社会治安综合治理五年规划,力求在未来的两三年内使全省 70% 的农村、50% 的城镇、30% 的单位实现"枫桥化"。在这一阶段,"枫桥经验"开始走出枫桥,在省内空间范围内"播种"综治的种子,激发了"民主恳谈制"等新机制的出现。

另一方面建立责任体制与评比机制。1994 年 4 月,省委办公厅、省政府办公厅转发省社会治安综合治理委员会等五个单位联合制定的《关于实行社会治安综合治理领导责任制的实施办法》和《浙江省社会治安综合治理一票否决权制实施办法(试行)》。通过签订责任书,将社会治安综合治理各项任务和目标逐项分解,列入各级领导的任期责任目标,并规范考核制度,把考核结果与领导干部的职级晋升、工作奖惩等结合起来,建立党政一把手负总责,分管领导具体负责,各级社会治安责任人一起抓的格局。

2004 年 5 月,中共浙江省委十一届六次全会审议通过《关于建设"平安浙江"促进社会和谐稳定的决定》,决定指出形势越好,越要保持清醒的头脑,居安思危,增强忧患意识,切实做到"为之于未有,治之于未乱,防患于未然"，紧紧围绕"八八战略"这一主线，实现"六个确保"。随后，省委政法委下发《关于贯彻〈中共浙江省委关于建设"平安浙江"促进社会和谐稳定的决定〉的意见》，提出政法系统再建设"平安浙江"工作中要"创造两个环境"、做到"五个有效"的具体目标，即"创造和谐稳定的社会环境和公正高效的法制环境""有效防范境内外各种敌对势力的渗透破坏"等问题。同年 6 月，中央在杭州召开全国社会治安综合治理工作会议，分析社会治安综合治理工作面临的形势和任务，贯彻《中共中央国务院关于进一步加强社会治安综合治理的意见》，坚持"打防结合、预防为主"的方针，推进社会治安防控体系建设，重点研究部署矛盾纠纷排查调处工作，推动社会治安综合治理措施落在基层。

2004 年 9 月，党的十六届四中全会通过的《中共中央关于加强党的执政能力建设的决定》中将"打防结合、预防为主，专群结合、依靠群众"确定为社会治安综合治理工作的指导方针。而浙江省在前两个阶段的发展脉络同其完全一致。在这种先发的建设优势下，浙江省提供了许多良好的样本，既有整体代表的"枫桥经验"，也有以协商为重的"民主恳谈制"等。可以说，在这一年基本确立了浙江省社会治安综合治理工作的政治正确性与机制合理性，成为了浙江省对外的"金名片"之一。但应当注意的是，从该年度所发布的这一系列文件都透露出了对国内情势的判断，即国内的生产生活环境已经基本从 1978 年的急剧变革中缓和、过渡到了一个相对平缓的阶段。这时，相应矛盾种类不会在质与类上发生较大变化，反而是由量增加所引起的治理压力与治理难度。这时候就亟待确立观念，进一步巩固前两个阶段的结构设置，使之能够承载这种变化特性。具体而言，浙江省通过以下几个方面进一步地发展。

第一，基本观念从维稳向"大平安"观念的过渡。2004 年 5 月，省委下发《关于认真贯彻胡锦涛同志重要讲话精神，全面推进"干在实处、走在前列"的意见》，明确要求实施"八八战略"，努力在全面落实科学发展观方面走在前列，以"平安浙江"为载体，努力在构建社会主义和谐社会方面走在前列。"平安浙江"中的"平安"正是一种对社会治安综合治理工作全方位的界定。因为以往工作中所强调的稳定往往在实践操作时更多地会被转化为工作的量化报告,而这很难同真切的社会感受相联系。同时,"平安"也是一种对社会治安综合治理工作在价值导向上的明确,代表了综治的目标与判准。所以,"平安"实质上是一个有着内在合理性、建构性、导向性的"大平安"观念,是一种既含有稳定化,也含有秩序化、理性化、和谐化的社会运行状态,强调了各主体在其中的获得感。正如孟建柱同志指出:"既包括犯罪行为大大减少,又包括社会秩序明显好转;既包括社会大局和谐稳定,又包括社会充满活力。"

2004 年,例如浙江省各地开始转换建设策略,追求更高层次的治理体系建设。例如杭州市委、市政府号召全市人民把共建共享贯穿于建设"生活品质之城"全过程,包括后续的全省社会治安综合治理工作会议,都按照"公平对待、合理引导、完善管理、搞好服务"的要求进行布置,服务逐渐成为主题。

第二,更加注重以制度化的路径构建稳定、常态化的体制机制。进入这一阶段后,可以明显发现浙江省在专项整治行动的编排上更少,并且主要针对"除旧"的内容,例如"百日破案大会战"等行动。当从运动式管理转向常态化治理后,浙江省的主要工作内容就在于通过法律来明确各个机构的权能与行为规范,将之确定、巩固下来。

一是推行法治。在 2005 年,浙江省积极谋划"法治浙江"建设,把《建设"法治浙江"对策研究》列为省委、省政府领导年度重点调研课题,由习近平主持,省委办公厅牵头,省委政研室等 11 个部门和单位参与研究。在省委十一届九次全会上,建设"法治浙江"正式写入《中共浙江省委关于制定浙江省国民经济和社会发展第十一个五年规划的建议》,作为浙江省发展社会主义民主政治的有效途径和建设社会主义法治国家在浙江的具体实践,成为党的十六大以来省委继续深入实施"八八战略"、全面建设"平安浙江"和加快建设"文化大省"之后作出的又一重大战略决策部署,从而形成了全省经济、政治、文化和社会建设的"四位一体"总布局。在综治层面进一步出台《关于贯彻落实全面推进依法行政实施纲要的意见》《浙江省村级组织工作规则（试行）》《关于进一步健全完善村务公开和民主管理制度的通知》《浙江省平安市、县考核办法》《杭州市人民调解条例》《关于加强农村法律援助工作的意见》《浙江省社会治安综合治理条例》等针对综合治理的具体规范。其中有些规范由于浙江省综治工作一直走在全国前列，相对情势发展地较为超前，而在规范设立上都领先于全国的其他省市，较快地在根本上确立了社会治安综合治理的依据。

二是在基层推进综治机构的设立，做到上下互通有无。省委办公厅、省政府办公厅转发省综治委《关于加强乡镇（街道）社会治安综合治理工作中心建设的意见》，明确综治工作中心的设置、职责和工作机制等。各级综治办依托综治、司法、信访、警务、安全生产等部门，推广建立乡镇"综治工作中心"，建立健全联调、联防、联勤、联治、联创的工作体系，全省乡镇（街道）综治工作中心建成率达到了90％以上。在此基础上，综治工作中心成为民情信息的手机中心、矛盾纠纷的调处中心、群防群治的指挥中心、重点人群的服务管理中心以及法治教育的宣传中心，对维护基层稳定发挥了重要作用。同时加强乡镇综治基层组织和"两所一庭"的建设，形成全方位的联动体制。

第三，从强调某一专项的量变化到培育机制的效能。2004年伊始，浙江省委、省政府召开全省加强机关效能建设电视电话会议，部署在全省乡镇以上各级机关和有行政管理职能的单位开展以"勤政廉政、提高效率、优化环境、促进发展"为主要内容的机关效能建设，努力形成行为规范、运转协调、公正透明、廉洁高效的机关工作运行机制。这反映出浙江省开始跳出既有的唯量化、唯指标化的逻辑，扭转运动式追求"账面成绩"的做法，将社会治安综合治理工作真正做到实处。

在这一基调下，浙江省一是通过廉政建设来提高领导力量的整体效能。2004年3月，全省各级纪检监察机关把构建惩治和预防腐败体系作为反腐倡廉工作的主线来抓,推动《浙江省反腐倡廉防范体系实施意见(试行)》的落实,着力构建具有浙江特色的教育、制度、监督并重的惩防体系。坚持教育、制度、监督三者并重并进,构建"不想腐败"的思想防线,建设"不能腐败"的制度体系,形成"不敢腐败"的权力运行机制。并召开"作风建设年"活动总结大会,下发《关于建立健全作风建设长效机制的意见》等将廉政巩固下来。

二是稳步扩展社会治安综合治理的改革范围。结合具体的省情需要,逐步加强综合治理在基层的辐射面以及在地域范围上的扩展。逐步从生活安全向具体事项的安全稳定扩展。例如省委办公厅、省政府办公厅转发《省委宣传部、省编委办、省财政厅、省文化厅、省广电局、省新闻出版局、省政府法制办关于建立文化市场综合执法机构的实施意见》,积极稳妥地完成"建、并、分"改革任务,省、市、县三级均建立集中统一的文化市场综合执法机构。推进"综治进民企"工作,推行企业治安法人责任制,落实调处化解、治安防控、法律服务、预防犯罪、平安创建等各项措施,营造企业内部及周边良好的发展环境。

三是在空间范围的扩展上进一步构建社区、社会面、单位内部和边际地区四大社会治安防控网络,总结推广治安防控"柯桥经验""鹿城做法""义乌模式",积极推进科技创安,在重点要害部位和公共复杂场所推广安装视频监控等设施,与公安110指挥中心联网,有效减少了可防性案件的发生。完善重点人群服务管理,探索做好流动人口、归正人员和青少年等重点人群管理、教育和服务工作的思路和办法,扩大社区矫正试点范围。

四是建立科学的工作机制与工作标准。积极同大学等科研机构保持合作。2005年,余杭区与浙江大学法学院课题组共同制订完成《法治余杭评估体系研究报告》。2008年,余杭区正式运用"量化考核评估体系",成为中国内地首个"法治指数"评级城市。同年,全省政法综治系统以开展"走进矛盾、破解难题"等专项行动为契机,建立健全重大决策、重大项目社会稳定风险评估机制,深化落实领导干部下访、约访、联合接访制度,完善矛盾纠纷排查调处工作机制,形成了人民调解、司法调解、行政调解有机结合的"大调解"工作格局。积极推行重大群体性事件隐患"专案经营"机制,提高预防处置群体性事件能力。坚持既往的维稳工作责任制和责任追究制,促进各项维稳措施的落实。

从整体上看,这一阶段的社会治安综合治理前进方向正如同时任浙江省委书记习近平同志在《加强基层基础工作,夯实社会和谐之基》一文中所说,"加强基层基础工作,是构建社会主义和谐社会之基","基层既是产生利益冲突和社会矛盾的'源头',也是协调利益关系和疏导社会矛盾的'茬口'"。具体要通过加强基层组织建设,形成全方位覆盖基层的工作网络;开展群众工作,理顺情绪,把握矛盾,通过改善服务来获得满意等。而这也就直接促成了"社会治安综合治理"这一概念在"综什么、治什么"这两个基本问题上的解答,即要综合政府、群众、企业等一切力量通过良善完整的机制达到治理共同家园的目的。

五、社会治理更高起点的现代化(2009 年至今)

2009 年初,宁波市发布《关于进一步加强平安基层基础规范化建设的实施意见》要求落实基层政法综治建设,实现组织建设网络化、工作机制系统化、硬件设施标准化、领导保障制度化、经费来源多元化的平安基层基础规范化要求,确保建立健全覆盖基层、整体联动的平安基层基础规范化组织体系,强化乡镇综治工作重心的平台优势和辐射功能。建立完整的辅助综治工作室议事、例会、报告、通报等方面的工作制度。从这份文件可以看出,浙江省在社会治安综合治理工作方面已经逐步走向成熟,有着明确的工作目标、完整的工作机制以及规范保障体系。于是,在这一阶段,浙江省受益于前一阶段的发展,开始巩固既有经验,全面推动社会治安综合治理工作的落实。

（一）全面推进体制机制科学化、现代化

一是延续既有成就。在面对奥运会、世博会、G20峰会等重大国际活动时，浙江省都以维护活动期间社会安定为基本，刺激整体创新。例如通过推进领导干部大接访、组织万名干部下基层、开展"两排查一促进"专项活动，实行"一周一排查"、每日"零报告"等制度，并大力推广落实"网格化管理、组团式服务"，以及社会稳定风险评估机制、社会应急联动救助平台、社会公共服务平台、矛盾纠纷大调解体系、社会组织服务平台、网络舆情研判导控服务平台、乡镇（街道）社会管理服务中心建设等八个方面。在活动结束后，又以"回头看"的形式积极总结经验，把产生的新机制延续下去。

二是以科学定位为基础，做到工作有的放矢。例如《浙江省社会管理重大项目建设"十二五"规划》《"十二五"时期加强和创新社会管理规划纲要》等建设性文件都对社会治安工作进行了拆解，划分出重点项目、重点事项、重点体系等内容，有针对地对新情势下的新问题进行重点防范。

三是成立专项工作组发挥各自能动性。2011年11月，根据中办〔2011〕30号文件精神，浙江省委、省政府下发通知，在省综治委下成立了10个专项组，围绕流动人口、特殊人群、"两新组织"、信息网络等服务管理问题，以及社会治安防控、公共安全保障、突发事件处置、社会诚信建设等问题，组织各方面力量深入调研，集中攻关，探索实践。当年，各专项组就牵头推动解决制约社会治理和平安建设深入开展的瓶颈问题，推进流动人口综合信息平台建设、IC卡式居住证试点工作，落实"以房管人、以证管人、以业管人"等措施。

（二）全面促进各具体经验的交融

一方面，在各机构间形成合力。自2009年后，在社会治安综合治理

上，少有"政法口"的专项事务，多的是各部门之间形成合力共同协商、共同推进。例如针对"大调解"工作是由省综治委等 16 个部门联合下发实施意见，把诉调、检调、警调同行业性专业组织建设衔接起来。另一方面，在各空间范围内开始互相借鉴。以往是各个地方依托于自身所形成的经验自主发展，各个地方谋求创新，以项目的形式对地方优良作风"贴标签"，进而获取上级奖励。但在这一阶段，对于综治经费的问题都做了相应的统筹分布，并在各个县市中推广"温岭模式""传化做法"等。而这样的好处便在于针对同种经验可能由于各个地方具体情况不同会产生出新内涵，而其中不变的部分又能够在具体实践中形成良好的横向比较，总体上推动协同创新局面的形成。

（三）全面构筑合理的省域规范体系

早在 2007 年，浙江省就在全国范围内率先发布了《浙江省社会治安综合治理条例》(试行)，但面对国内情况阶段性的转变，以及国家对治理能力的更高要求，浙江省于 2017 年重新修订《浙江省社会治安综合治理条例》，对综治的定位与性质做了更进一步的修订，以提高社会治理社会化、法治化、智能化、专业化为目标对综治工作进行了层层细分与明确。在该条例的统率下，各部门结合自身所具有的工作机制又分别发布了《关于完善矛盾纠纷多元化解机制的实施意见》《G20 杭州峰会社会矛盾纠纷排查化解工作方案》《〈关于加强青少年事务社会工作专业人才队伍建设的意见〉的工作规划(2015—2020 年)》《关于进一步推进户籍制度改革的实施意见》(浙政〔2015〕42 号)、《关于加快推进现代社会组织建设的意见》等文件与规范，全面保障和规范综治工作的开展，基本实现了综治工作于法有据。

（四）全面利用新技术打破信息壁垒

互联网时代是一个人人都有"麦克风"的时代。而迎合这一技术进步有助于打破既有在信息传输上的壁垒,破解信息不对称,解开"塔西佗"陷阱,促进官民整体联动。一方面,政府主动在省市县三级全面建立常态化的社会治安形势分析研判机制,围绕重要节点、重大活动、敏感事件、热点问题、突发性事件等,实时组织开展动态研判和专题研判。比如,衢州市建立"大数据监测治安问题,闭环导航综治工作"机制,较好地做到"用数据说话,用研判决策"。另一方面,以"雪亮工程"为基础,开设政务网站,形成"互联网+综治"的信息平台;建立视频监控系统,打造良好的监控防范平台等,做到及时了解群众需要,及时解决群众问题,及时掌握群众情况。同时,也依托于此加强部门与部门之间的勾连程度。

第二节　浙江省社会治理工作的基本理念

回顾浙江省社会治理工作走过的 70 多年辉煌历程,我们深深地感到,浙江省的工作之所以能够始终走在前列,在于始终坚持正确思想的指导和先进理念的引领。

一、以"大平安"为指引的观念树立

综观浙江省这 70 多年的六个阶段,可以发现,前三个阶段处理建设与稳定的关系,后三个阶段处理改革发展与稳定的关系。但前一"稳定"趋向于相对简单的平稳,要求人民生活、国家建设能够按照一套基本的秩序运转,仅关联到盗窃率、抢劫率等几个基本指标。而后一"稳定"则立足于更高的起点与更为复杂的社会情势,追求生活与精神上的富裕富有,是涉及经济社会发展各个领域、全方位的"大平安"观念。习近平同志在《干在实处走在前列——推进浙江新发展的思考与实践》中指出,"国际经验表明,在人均 GDP 处于 1000 美元到 3000 美元这一阶段,既是加快发展的黄金时期，也是各类矛盾的凸显时期""我们一定要站在政治和全局的高度，充分认识建设'平安浙江'，促进社会和谐稳定的重大现实意义和深远历史意义"。抓经济促发展是政绩，抓稳定保平安同样也是政绩，富裕与安定是人民群众的根本利益，致富与治安是领导干部的政治责任。

在体制机制转轨与社会转型的新历史背景下所提出的"大平安"观念，既是肯定以往在稳定基础上搞建设所取得的成绩，更是将社会稳定放在了今后政治与全局上更高的位置。"'平安浙江'中的'平安'，不是狭义的'平安'，而是涵盖了经济、政治、文化和社会各方面宽领域、大范围、多层面的广义'平安'。"

围绕"平安浙江"建设，浙江省委提出了"五个更加"的总体目标和"六个确保"的具体目标，即经济更加发展、政治更加稳定、文化更加繁荣、社会更加和谐、人民生活更加安康，确保社会政治稳定、确保治安状况良好、确保经济运行稳健、确保安全生产状况稳定好转、确保社会公共安全、确保人民安居乐业。在此之中，平安就不能简单地等同于刑事犯罪率或某一方面指标的降低，而应当是涵盖了政治、经济、文化和社会各方面领域，追求更大范围、更多层面、更多主体共建的"大平安"观念。这是一项综合、系统的社会建设工程，具有深刻的理论认识，突出强调了社会建设、社会安定有序在全方位建设时的基石性作用。必须着眼于基层，发动群众，联系群众，想群众之所想，政府与人民合理共建、共治，共同享有发展所带来的成果。

二、以政法委（综治委）为核心的组织体系建设

事实证明，基于犯罪控制的简单的刑事打击方式不能从根本上解决社会治安问题和保障社会安全。发扬中国特色社会主义制度的优越性，设立政法委（综治委）来进行对乡土中国的政法改造、引导、协调是必要的选择。一方面，20世纪六七十年代，省内缺乏对政法的统一领导组织机构，导致全省对国家安全等特殊问题无法有效地进行控制，而后续由省至

县设置政法委(小组)很好地实现了党对政法工作的领导,统合了党政在政法工作上的力量。依托于信息报送制度、调查研究制度,政法委在整体上把握省内对和谐稳定的政法需要,并对政法执行机构进行监督,而在涉法涉诉信访案件、群体性事件等具体事务上的处理,则是交由政法委负责对法律的生活立场进行还原,校正过渡程序主义下的权利救济失衡,竭力让每个人都能够感受到公平正义,实现了"书本上的法"向"实践中的法"的转变。

另一方面,出于社会治安综合治理的需要,浙江省成立了专门的治安综合治理委员会与政法委一起办公,并吸取早年政法委工作的经验,推进乡镇(街道)综治工作中心和村(社区、企业)综治工作室规范化建设。在2011年全省就树立了100个省级"示范综治工作中心",并推动工作网络和机制向村、社区、企业、学校等方面的拓展与延伸。这一组织机构体系在形式上充分符合"大平安"观念。充分发挥工会、共青团、妇联等人民团体,海外侨胞、台胞、归侨、侨眷等的参与作用,推进城乡社区民主,调动一切积极因素参与"平安浙江"建设。而综治委的设立就打通了党政、政社、政法三重关系分立的格局,有效地促进了政法、综治等相关政策由强制性向容纳性、由社会治安向社会管理的转变,联合各方力量为了人民的美好生活、安定有序而奋斗。

在政法委(综治委)的领导下,首先,在整体上,"平安浙江"建设被进一步细化为组织保障机制建设、专项整治经常性工作机制、社会治安防控机制、矛盾纠纷排查调处机制和建设监督考核机制。各机制又针对具体的社会问题与需要做划分。如2012年底,全省11个市89个县(市、区)中,就已有92.1%的县(市、区)建立矛盾纠纷大调解中心,建立行业性专业人民调解组织3641个;10个市、94.4%的县(市、区)建成社会组织服务平台;10个市、86.5%的县(市、区)建成社会公共服务平台;11个市、88.8%的县(市、区)依托110指挥中心建成社会应急联动救助平台;11个市、97.8%的县(市、区)建成网络舆情研判导控服务平台,为群众提供了全方位、多样化的管理服务。

其次，各地各部门把加强和创新社会管理纳入经济社会发展总体规划，并施行项目带动，即在深入调研的基础上，将基层基础建设、信息平台建设、流动人口服务管理等 14 个社会管理创新重点项目纳入省"十二五"规划。而后逐项明确任务分工，研究制定实施方案，按照"面上工作有进展、重点项目有亮点、体制机制有突破"的要求，层层建立完善目标管理责任制，制定出台考核办法，加大检查考评力度，形成逐级负责、逐级抓落实的良好局面。

最后，注重对政法机关工作人员进行思想上和技术上的两方面培训。在旗帜鲜明地把政治建设放在首位的基础上，努力打造一支党中央放心、省人民满意的高素质政法队伍，全面提升政法机关工作人员法律政策运用能力、防控风险能力、群众工作能力、科技应用能力、舆论引导能力的提升。针对特殊领域的需要，发挥退休职工余热，共同开展相关工作。

三、以"枫桥经验"为特色的基础建设与试点建设

习近平同志在《干在实处走在前列——推进浙江新发展的思考与实践》中指出，"'枫桥经验'是浙江加强政法综治工作的有效载体，也是浙江正确处理改革发展稳定关系的重要经验"。"枫桥经验"凝聚了浙江省广大干部群众在社会治安综合治理工作实践中的智慧和创新，是浙江省加强基层基础工作、推进社会治安综合治理的有效经验。从第一阶段开始，浙江省的南下干部就十分注重团结和发动群众，通过说教、互助等形式帮助基层建立良好的政社互动氛围。而后"枫桥经验"的出现进一步强化了省内氛围，经过 56 年的历程，"枫桥经验"不仅成为浙江省在社会治安综合治理方面的"金名片"，并且在每一阶段都绽放出了不同的色彩。然而其不变的"魂"就是在党的领导下，依靠广大人民群众，抓基层、打基础，将矛盾、风险规避在前、预防在前，充分发动各界力量帮助当事人就地解决

矛盾纠纷,既"案结事了",更感受到实质的公平正义。

在"枫桥经验"的引领下,一方面,浙江省按照"巩固成功做法、完善薄弱环节、创新欠缺项目、健全长效机制"的思路,围绕"八大体系建设""二十项重点工作"开展试点,摸索经验,争取率先破题。各个地方在试点工作中,将继承与创新这一对范畴作为工作重点,在巩固既有成功经验的同时,又加大对重点领域、关键环节的改革创新力度,力求形成特色。并且围绕新兴试点,各地建立健全了相关的协调会商、情况通报与考核评价等试点工作制度,及时校对工作方向与工作成效。另一方面,高举新时代"枫桥经验"的旗帜,不断深化和推动"枫桥经验"向学校、商场、楼宇,以及城市等各类空间的延伸,强化服务的最后一公里,将管理蕴涵于服务之中,大力推进重心下移、保障下倾、工作下延。将"枫桥经验"发挥到社会治安综合治理工作的方方面面。

四、以"网格制"为基础的工作阵地

在以往的"条块结构"中,面临相对简单的社会情势与社会需要时能够有效、有针对地进行管理和协调。而在社会进入转型期后,浙江省委多次召开会议、出台相关文件,在全省深入推进"网格化管理、组团式服务"工作。将"网格"作为融贯"条块"的重要空间,更将之列为拉近政社距离的重要抓手。各地在此引导下,结合开展群众工作,按照属地性、整体性、适度性的原则,合理划分网格,将政府对社会的服务单元细化,实现管理服务向社会末端的延伸,确保服务的全覆盖。同时,进一步调整优化责任单元,最大限度地整合和利用各方面资源,科学组建团队,完善管理服务机制,根据每个"网格"单元人员构成、具体环境等因素有针对地提供多样化、精准化的服务。在 2011 年就实现全省所有乡镇(街道)和 98.1% 的村、98.3% 的社区推行"网格化管理、组团式服务",共建立网格 30.4 万个,组件服务团队 9.6 万支,覆盖企业和基层单位 21.7 万家。每个网格落实一名专职或兼职管理人员，通过各服务团队经常性的走访和网格员信息报送平台，并激发群众参与，保证能够将"网格"效能拓展为民情信息"网"，全面掌握关于社会稳定、民生热点等方面的信息。其中更涌现了宁波市海曙区81890服务平台、诸暨市公共服务中心等各具特色的"网格化"管理和服务机制。并且，完善"网格"同乡镇（街道）社会服务管理中心等基础平台的对接，实现整合，提高管理服务效能，初步形成了城乡统筹、各方联动、源头治理、服务优化、动态管理的基层社会管理服务新模式。

五、以"法治浙江"建设为保障的体制机制

在新中国成立初期，浙江省就十分重视对南下干部的制度化管理，通过发布各项工作细则、组织细则建立起相对完整的体制机制，进而实现有序化。同时巩固新生基层组织，鼓励农村、社区"建章立制"，促进从"自我"生发的制度化管理。在改革开放后，浙江省始终将制度建设作为开展各项工作的"前站"，尤其是在习近平同志担任省委书记期间，明确提出"法治浙江"战略，将之作为"平安浙江"建设的重要抓手。

习近平同志在《干在实处走在前列——推进浙江新发展的思考与实践》中指出："省委提出并推进'法治浙江'建设，是对浙江现代化建设'四位一体'总体布局的进一步完善，其中，全面建设'平安浙江'是构建和谐社会的主要载体，而建设'法治浙江'则是发展社会主义民主政治的有效途径。"这一法治也不仅是对形式法治的要求，而且应当把依法治省同以德治省结合起来，做到德法相济，为人民群众创造出平等发展、安居乐业、和谐稳定、能够充分发挥聪明才智的社会环境，真正地让社会治安综合治理等各项方面、领域中的创新与成果惠及广大人民群众，让他们既是社会和谐稳定的受益者，更是"平安浙江"的建设者。

在此要求下，浙江省于2002年就颁布了《浙江省社会治安综合治理条例》，并于2017年12月重新修订，对社会治安综合治理的基本概念、综

治组织、体制机制与措施、社会参与、责任追究等部分做了明确,将共享共建共治的理念融入其中。既规定了谁主管谁负责和属地管理原则,也将治理空间进一步明确到海上,把网格治理等经验通过法规的形式固定了下来。

此外,围绕"平安浙江"建设,浙江省相继颁布了《浙江省信访条例》《浙江省预防处置群体性事件若干规定》《浙江省矛盾纠纷排查调处工作规程》《全省重大建设项目社会稳定风险评估试点工作方案》《关于加强社会治安防控体系建设的实施意见》等一系列法规文件,对整个建设方式和参与途径都进行明确,使之长期化。基于法规安排,浙江省从省至街道,都层层建立了完善的领导责任制、单位责任制,以及明察暗访制、模拟测试通报制、领导干部下访制度。出台《浙江省平安市、县(市、区)考核办法》,不仅确保平安市县、乡镇、街道的考核有据可循,明确将平安建设作为各级党政领导"两张报表"之一,是对领导干部考核、晋升的重要评定依据。而且围绕"平安建设"每年开展平安市、县创建命名工作,对达标地区予以通报表扬并授牌,对连续 3 年、6 年、9 年、12 年达标的地区,分别授予平安鼎、平安铜鼎、平安银鼎、平安金鼎。通过规范引领、规范、激励各地区、单位、人员围绕社会治安综合治理贡献自己的力量。

六、以"互联网十"为支撑的技术升级

步入 21 世纪之后,社会管理和服务所依托的数据都不再能以过去简单的纸面"数目式管理"承载,必须插上科技的翅膀,提升智慧化水平。浙江省不断强化互联网思维,实现互联网、物联网、大数据、人工智能和社会治安综合治理的深入结合。一方面,建设全省统一的综治工作信息化平台等载体,并将之同"雪亮工程"建设对接。进而不仅让"人在网中走",通过"网格"对每个人的物理性"定位"来适时地发现问题,而且,集合基层治理体系"四个平台"建设,运用"互联网十网格治理""互联网十政务"等思

维，建立综合信息指挥平台，为之接入平安建设信息系统网、公共安全视频监控系统和综治视联网，使之成为社区"大脑"，具有数据库、瞭望台和调度室的功能。充分地调动起网上与网下，以及各个部门、单位、团体，缩短信息上报和流转的时间。并依托平台真正实现每个事件、行为的追踪、督办与追责。另一方面，浙江省综治办先后与省电信公司合作开发浙江省基层社会管理综合信息系统，建立全省统一的云计算平台，并将之同党政专网、电信 VPDN 联通，为基层社会管理汇聚基础资源、规范业务流程、联动部门职能、提升工作效率供给有效的技术支撑。

浙江省通过以"互联网＋"为重点的技术手段同平安建设相结合，不断提高服务的预见性、精准性与高效性，推动覆盖面从城市向乡村、从市县到街道的空间覆盖，重点围绕"数据强省""云上浙江"等工程，大力推进社会治安综合治理智能化，信息基础设施建设一体化，部门之间的数据交流顺畅化。依托于"雪亮工程"建设，按照"全域覆盖、全网共享、全时可用、全程可控"的要求，将社会治安综合治理工作全面地进行数字化转型，节约既有的执法成本、交流成本，让信息收集既可以通过网格员的定期寻访，也可以通过群众随时发现、随手上传的方式获取，确保安全风险降到最低，也确保各项举措能够真正落到实处。以技术化、智能化的建设为倒逼，促进职能部门服务升级、流程再造，以最为适合、最为便捷的方式实现防患未然，并有效提升治安防控能力、社会治理水平和司法办案能力。

七、以"攻坚破难"为重点的效能提升

社会的每一个阶段都有影响平安情势的突出问题，但对问题的解决并不是一劳永逸的，而是新问题会取代旧问题，甚至以更为复杂的面貌出现。正因如此，浙江省在每个五年计划期间都会分析出当期最为关键、重要的问题，进而将之作为主要任务、重点项目进行攻关克难。

同时,每个地区还会将自身具体情况与省委部署相结合,进一步探索具有当地特色的、符合当地需要的新型社会管理体系。例如宁波市的《"十二五"时期加强和创新社会管理规划纲要》等文件就将人口服务管理、综合治理措施等八个方面主要任务进行明确,并进一步梳理出今后五年重点突破的 48 个指标和 68 个项目。

浙江省依托于其他方面所获取到的信息基础,建立健全社会稳定风险评估机制,全省在 2012 年共对 3683 件重大事项进行社会风险稳定评估,真正做到防范在前。并结合分析结果和全省省情之需要,在对应中央综治委 8 个专项组的基础上,增设了公共安全和信息网络管理两个专项组,有针对性地围绕流动人口、特殊人群、"两新组织"的服务管理问题,以及社会治安防控、公共安全保障等问题,进行深入调研、集中攻关、摸索实践。在新时代下,有效地探索构建了矛盾纠纷大调解工作体系;创新非公有制经济组织管理服务,初步形成了"企业协商谈增长,行业协商谈标准,区域协商谈底线"的工资协商模式,推广了义乌市工会社会化维权模式经验,创新社会化劳动争议调处机制和服务关爱机制;组建社会组织服务中心,为社会组织提供相互交流、孵化、登记和项目运作等全方位服务,努力帮助社会合理、合法、有效地组建自己的力量,共同参与到社会治理上来。

第三节　浙江省社会治理工作的历史经验

浙江省社会治理已经走过了 70 多年的不凡历程,70 多年来浙江秉持改革创新的精神,各项工作取得了令人瞩目的历史成就,同时也积累了弥足珍贵的宝贵经验。

一、坚持党的领导,整合资源、重点攻关,在共建共治共享的格局里不断深化改革

70多年的风雨历程不会是简单的线性发展过程。综观浙江省社会治理的风雨历程,可以发现,每一阶段都会产出优良的经验,而这就得益于党的领导。尤其是在改革开放之后,浙江省正式成立专职于政法建设、平安建设的政法委、综治办、平安办等一系列带有中国特色的职能部门,有效地实现了"条块"之间在具体事项上的联动,充分地整合资源,不断适时且又有力地依照省情变化调整社会治安综合治理的策略、重点。

在战略和全局的高度上把握住了社会治安、平安建设之于整体发展的重大意义,统筹规划,坚持"大平安"观念不动摇,始终将"平安"作为"一把手"工程,不断完善党领导的形式与体制机制,形成了党委领导、平安办组织协调、成员单位共同参与的组织工作模式,进而在内部促成了上下联动、条块协同、齐抓共管、整体推进的良好格局与风尚。

在浙江,省市县三级都相应建立了"平安建设"领导小组,党委主要领导担任组长,政府主要领导、党委分管领导任副组长,负责组织领导、统筹协调和督查指导平安建设工作。2005年以来,浙江省委、省政府每年都召开高规格的建设"平安浙江"工作会,研究部署"平安浙江"建设工作,总结表彰平安市、县(市、区),社会治安综合治理优秀市和省级平安创建先进单位。省市县各级都建立社会形势分析会、平安综治工作会等,研究、部署平安建设工作。2018年,浙江省发布"高水平建设平安浙江,打造平安中国示范区三年行动计划(2018—2020)",更是彰显出浙江省在平安建设、社会治安这件事上,始终"咬定青山不放松",不断结合社会变迁所产出的新问题与新需要,以更高的标准、更严的要求、更实的举措落实相关建设活动,争取走在全国前列。

浙江省不断绽放出"后陈经验"等优秀治理经验。这也进一步说明,

只有坚持党在事业上的统一领导,才能够打破"德治""自治""法治"之间的秩序壁垒,使各种秩序"各司其职",有效地浸润人心、搭建出有序的基层社会生态;在多维度契合分配正义,最大限度地提升全社会价值认同的目标下促成各方力量共同建言献策,形成良好的共建共享共治基本格局。

在这一格局中,党领导的形式也不断转变,尤其是政府在社会治理中实现了角色上从管制到管理再到治理的转变,从全职妈妈转变为了掌舵者,从"主导"变为"负责"。依托于"全科网格""四个平台"建设、社会组织孵化中心制度等具体举措,保证全体社会成员集思共创、群策构建;仰赖社会成员共同维系、联动融合、协同推进,充分将社会治理的治理资源、治理利益和治理秩序的红利交由社会成员共同保有和转化。社会治安综合治理是一项系统工程,既需要科学谋划,也需要适时的扶助与协调,而这些任务必须交由党的领导来引领、谋划与推动。

70多年来,浙江省在党委领导下,首先,既有效地激发社会组织和社会成员参与社会治理的愿景,提升社会治理社会化的水平,更消除了各种隐性壁垒,培育起了社会组织力量,又让其避免了"空转",将公众参与落到实处。

其次,切实改进民生,凝聚民心,进而集结民力。各种社会治安综合治理中的具体问题,特别是那些我们以往想解决但没能解决或没能解决好的突出社会问题均源于民生建设的不到位。只有让百姓拥有基本的生产氛围与生活环境,才能够间接催生社会治理的建设需要与参与需求。

再次,社会治安综合治理是一项相对具体的工作,要结合所要解决的核心问题展开。而这一展开过程,既涉及对问题的综合治理、系统治理、源头治理,更要有鲜明的重点与问题感,不能滥用治理、浪费社会力量。浙江省始终以"大调研,大实践"为基础,深入挖掘相应的省情,适时地调整相关政策,在党的领导下,精细部署、精准施治,既节约了资源,也提升了治效。

最后,浙江省始终在探索"放管服"改革,寓管理于服务之中,以"最多跑一次"建设为契机，倒逼政府进行内部的自我革命，在党的领导下，不断整合资源，优化资源、包括权力在政府与社会之中的分配，真正让社会有能力参与到社会现代化的建设中来，将政府需要直接开展的有关社会治理的公共行政，尽量交由对社会主体治理行动的促进来开展。

二、贯彻群众路线，依靠群众、发动群众，在"枫桥经验"的旗帜下不断夯实基层服务

1949年，在南下干部帮助下，浙江省基层广泛建立起居委会、合作组等基层单元，有效地为今后工作树立起了"前哨站"，帮助政权深入社会。而这项工作的成功除了依靠南下干部不忘初心、牢记使命的信念之外，还在于彼时就始终坚持了党的群众路线。一切从群众出发，尽量满足群众需要，帮助基层在国家初创期的动荡中建立起了有效的秩序。而后，这一基本路线的始终贯彻成了一个基本信念，即要以老百姓都能接受、社会动荡最小为基本标准，竭力调动社会资源，密切协作，这也促成了"枫桥经验"的出现。社会治安综合治理所要面对的问题始终在基层，其所要依靠和能够发动的力量更是应当从基层中去挖掘。在政府实现从管制、管理到治理的角色转变之时，更意味着基层社会同政府间的互动身份不应当是简单的接受者，而应当是积极的实践者、参与者、开拓者。只有通过不断的工作发动群众、联系群众，把基层建强、把力量打实，才能够形成社会治安综合治理牢固的根基。这是浙江省70多年来在建设时始终坚持的方向。

事实上，在20世纪90年代初期，中央决定采纳社会综合治理的方式来解决稳定问题时，就透露出在国家层面上一方面吸取"文化大革命"的惨痛教训，期望改变从由上至下、一以贯之的动员模式过渡到共享共治共建的开放互动模式；另一方面基于对具体事务的治理经验，感受到了政府本身的"有限理性"，需要更多参与主体来提升整体决策的科学度、契合度

以及执行的效能。但囿于既有的央地分权体制以及行政命令化传统,使得前述认识难以有效转化为具体实践。

而在21世纪后,不仅中央开始大幅下放权力,尤其向群众、向基层下放了更多权力(利)。在双层下放权力政策的背后就是基层在改革中地位的提升。其更加被作为具体制度的"晴雨表"以及群众日常生活状态的"指示器"。具体在浙江实践中,我们可以发现其明显的特点,即其既注重省委、省政府层面的顶层设计,但也更注重对农村、乡镇、街道等基层空间的动员。整体组织建设的重点始终是由下往上的。包括"枫桥经验"在当前新时代的空间拓展都表现为从村镇逐步推广到市域。这一方面同浙江省早期存在省直管县的权力安排有关,但更为关键的还是在于浙江省始终注重对政策执行"最后一公里"的发掘。从另一方面来看,浙江省在推动综治过程时的空间扩张特点还体现为在具有特殊功能的空间上的扩展。例如,从生活空间扩展到企业空间、海上空间等。始终保持着自身政策地全方位延伸与全领域覆盖。依托于治理空间的不断拓展与细微化,实现与每个个体的紧密对接。进而及时地发现风险、化解风险;了解需要、满足需要,推动整个社会治安综合治理建设重心下移、力量下沉、资源下倾,保证建设成果能够同人民群众的幸福感、获得感联系起来。依托于群众路线所取得的可喜成绩,浙江省进一步发扬"党政动手,依靠群众,预防纠纷,化解矛盾,维护稳定,促进发展"的精神,一手抓民生建设、经济建设,另一手抓平安建设,深化"基层治理四个平台"建设,全面推广和打造自治、法治、德治"三治融合"的基层治理体系,确保人们的行为能够得到有效指引与教化,竭力实现在每一个案件中的公平正义。

三、依托技术升级,打破壁垒、提升效能,在"云"上实现服务的精准化、智能化、技术化

新中国成立70多年来,随着技术的不断发展,产出了许多改变人们

生产生活的新技术与新问题。尤其是步入信息时代后，互联网等社交媒体全面渗透的社会是一个信息生产与传播日益互动化和扁平化的时代，是一个人人都有"麦克风"的时代，也是一个权威被削弱，既有控制机制和表达机制遭受瓦解，对既有秩序进行挑战的时代。

对之，浙江省首先建立健全省市县三级互联网管理统筹协调机制，积极构建服务、管理与引导并重的信息网络管理体系，建立完善网络监测、抄告督查、快速调查、互通反馈、公开回应等工作机制，化解信息时代的社会风险。

其次，浙江省积极融入、迎合技术进步，通过引进新技术来倒逼自身改革，进而提升自身工作效能。按照理念一致、功能协调、结构统一、资源共享、基层为主、方便实用的建设原则，完成应用系统整体设计，确定信息系统的总体架构为：一个平台、两层使用、五级网络。"一个平台"是指全省建一个云计算平台，各地不再另设服务器建立分平台，各市、县（市、区）乡镇（街道）、村（社区）通过既有的党政专网或中国电信 VPDN 加密网入网运行。"两层使用"是指系统设计在功能上的偏重，县（市、区）以下重在实务操作，主要满足信息收集、情况反映、互动交流、日常工作开展和具体事件处理的需要；省、市两级重在督导、研判、决策，主要满足数据传递、分析研判、工作指导和考核监督的需要。"五级网络"是指系统同时适用省、市、县（市、区）、乡镇（街道）、村（社区、企业）五级社会管理工作的基本需求。"五级网络"在网下也可在网格、楼宇、村民小组等小单元设立移动信息终端（手机），及时采集、更新信息。

再次，积极同阿里巴巴、海康威视等企业联合，有效地开发出信息管理、人脸识别、定位、天眼、大数据、云平台、"城市大脑"等方式，掌握社会治理方面真实的、前瞻的、深层次信息，切实提升监测、检测、评估风险、化解矛盾的能力，提高违法发现概率。不断完善预警机制和处置机制，推动技术同矛盾应对、风险防范等方面的融合。并通过技术变革实现治理效能的提升与成本的降低。

最后,在开通运行前,省综治办、民政厅、公安厅等 12 个部门联合下发《浙江省基层社会管理综合信息系统数据整合暂行规定》,明确规定互通共享的数据种类和方法,将已建立数据库的 7 个部门 16 大类信息数据,通过导入的方法输送到社会管理综合信息系统;尚未建立数据库的 5 个部门和其他数据,按照共建共享的原则,依托乡镇(街道)社会服务管理中心、村(社区)综治工作站(室)和网格管理员、各类信息员等,进行定期采集,录入社会管理综合信息系统,并定期进行基层采集信息与部门数据库原有信息的比对,增强数据的全面性和一致性。并针对当前部门单项系统多、地方区域系统杂的特点,积极协调县以下社会管理服务领域的应用系统逐步融合。通过信息融合导入、整合单项系统、同化区域系统等方式,与相关横向平台实现信息互通、数据共享;与区域性平台实现内容摆渡、功能相接,实现多网融合"一网式"服务管理。

四、通过制度建设,建章立制、明责确权,在法治的轨道内推动各项工作稳步进行

一方面,在德治、法治、自治的体系里,随着更多社会成员的参与,会提升社会的活跃度。但是单纯的活跃社会却未必是有效的社会治安综合治理的中坚力量,相反,以往在制度不完整、不实际的情境下所出现的"诉求优先"社会成员行动模式则往往会成为共享共建共治格局运转的障碍。另一方面,社会治安综合治理非是一日之功,必须拥有一股力量能够在强制制约社会成员移风易俗、规范党政人员行为方式的同时浸润人心,才能够保证整体发展的稳定性与长期性。所以,浙江省始终重视法治建设在平安建设中的支撑与保障功能,将"规则优先"作为社会长治久安的基本遵循。尤其是在 2006 年浙江省决定建设"法治浙江"时开始,从各级平安办、党政"一把手"到每一位"网格员"的权责都首先在《浙江省社会治安综合治理条例》中作出了明确,其次是各主体的参与方式与程序规范等都得

到了规定。而后在每一项重点事项取得突破或是有优秀经验的产出时，都会通过规范的形式予以固定，例如《浙江省矛盾纠纷排查调处工作规程》《全省重大建设项目社会稳定风险评估试点工作方案》《关于加强社会治安防控体系建设的实施意见》等规范都是在重点事项、重要问题的基础上经由实践摸索而形成的。

在某种程度上讲，社会治安综合治理的现代化就是要解决在社会力量被激发、政府角色转变的背景下，如何通过法律确定二者合作的平台与程序，在法律的框架内确保公权同私权重叠时的社会治理信息、权能、成本分布的问题。浙江省不断探索在特殊领域、特殊事项所对应的平安需要，通过"法治体检"找经营管理与生产生活中的痛点、堵塞法律风险的漏点、依法维权的堵点。把法律知识带到各个具体的领域，例如帮助企业围绕金融法律风险防范、知识产权保护运用等主题进行知识宣讲与问题查找，将矛盾预防在前。只有依靠制度、发挥制度，才能够保证某一优良的经验、机制能够具有长期性。同时能够在某一时期增强行为的可预见性与可信赖性的同时，进一步发挥其长效作用，促进法律与经验的共同进步与提升。在浙江省70多年的实践中，既注重发挥法律的功效，不断完善相关奖惩制度、黑名单制度、信息公开制度，也注重通过"德"来增强秩序的效能，通过德法合治为平安建设打下了坚实的基础。此外，还注重对社会的普法，通过建设省级法治宣传教育基地，同时借助"之江法云""抖音普法"等新形式，让普法接地气、入人心，让法律走进千家万户，真正地发挥应有效能。

参考文献

中共浙江省委党史研究室编:《中国共产党浙江历史大事记(1949 年 5 月—1993 年 12 月)》,中共党史出版社 1996 年版。

章健主编:《浙江改革开放 20 年》,浙江人民出版社 1998 年版。

中共浙江党史研究室、当代浙江研究所:《当代浙江简史》,当代中国出版社 2000 年版。

浙江省政府志编撰委员会编:《浙江省政府志》,中华书局 2005 年版。

浙江省人民代表大会志编撰委员会编:《浙江省人民代表大会志》,中华书局 2005 年版。

《浙江改革开放史》编写组:《浙江改革开放史(1978—2003)》,中共党史出版社 2006 年版。

郑志耿等:《法治浙江:发展社会主义民主政治》浙江人民出版社 2006 年版。

陈一新、徐志宏等:《浙江改革开放 30 年辉煌成就与未来思路》,浙江人民出版社 2008 版。

林吕建主编:《浙江省改革开放 30 年大事记》,浙江人民出版社 2003 年版。

朱新力、蓝蔚青主编:《"法治浙江"与和谐社会建设》,浙江人民出版社 2008 年版。

沈建明、陈柳裕等:《民主法治看浙江》,浙江人民出版社 2008 年版。

姜彦君:《历史性突破:浙江法治建设的价值探索》,浙江大学出版 2008 年版。

孙笑侠等:《先行法治化"法治浙江"三十年回顾与未来展望》,浙江大学出版社 2009 年版。

《当代中国的浙江》编辑委员会编:《当代中国的浙江》(下),当代中国出版社 2009 年版。

金延锋主编:《历史新篇:中国共产党在浙江 1949—1978》(上、下),浙江人民出版社 2011 年版。

王祖强主编:《红船扬帆远航:中国共产党在浙江 90 年纪事》,浙江人民出版社 2011 年版。

胡虎林主编:《法治浙江》,西泠印社出版社 2012 年版。

齐奇主编:《"八项司法"的发展与深化:浙江法院司法创新成果》(上、下),法律出版社 2013 年版。

谭劲松、金一斌主编:《中国特色社会主义在浙江的实践》,浙江大学出版社 2013 年版。

浙江省公安志编撰委员会编:《浙江省公安志(1995—2014)》,浙江古籍出版社 2014 版。

陈东升:《浙江法治十年观察》,法律出版社 2014 年。

何跃军、孙晋坤编著:《地方立法与法治浙江》,浙江工商大学出版社 2016 年版。

李娜:《政府法制与法治浙江》,浙江工商大学出版社 2016 年版。

尹力:《多元化纠纷解决模式之人民调解在浙江的实践》,浙江工商大学出版社 2016 年版。

赵意奋:《法律服务与法治浙江》,浙江工商大学出版社 2016 年版。

朱全宝编著:《基层民主与法治浙江》,浙江工商大学出版社 2016 年版。

叶肖华:《全面建成小康社会的法治进路——基于法治浙江的实证研究》,法律出版社 2016 年版。

钭晓东、曹可亮:《两美浙江:地方环境法治的先行与推进》,浙江工商大学出版社 2016 年版。

何永红:《地方治理创新与法治发展的浙江经验》,浙江工商大学出版社 2016 年版。

林学飞、褚国建主编:《全面深化法治浙江读本》,浙江工商大学出版社 2016 年版。

陈柳裕:《依法治国:浙江的探索与实践》,中国社会科学出版社 2018 年版。

潘捷军主编:《浙江改革开放 40 年大事记》,浙江人民出版社 2018 年版。

褚国建:《全面依法治国:顶层设计与浙江实践》,浙江工商大学出版社 2019 年版。

浙江通志编纂委员会:《浙江通志—检察志》,浙江人民出版社 2019 年版。

后　记

　　本书主要聚焦于新中国成立以来浙江省法治建设的历史脉络、基本成就和重大改革三大主题，按全面依法治国的基本工作格局进行了专题式的研究。它的雏形是笔者主持的浙江省法学会 2018 年度重点课题"浙江法治改革 40 年经验研究"的结题成果。

　　2019 年，鉴于当时尚未有系统梳理新中国成立 70 年来浙江省法治建设的专题书籍，我与研究团队的成员商量后又将其扩展为目前的面貌，后因种种原因，延沓至今出版。

　　参与本书写作的人员有：褚国建（中共浙江省委党校法学部，序言、第一章）、林龙（《浙江人大》杂志社，第二章）、王晓杰（中共浙江省委党校法学部，第三章）、陈婴虹（中共浙江省委党校法学部，第四章）、吴道富①、宋国峰（浙江省高级人民法院，第五章）、曹顺宏（中共浙江省委党校法学部，第六章）、倪颂文（中共浙江省委党校法学部，第七章）、谢遥（中共浙江省委党校法学部，第八章）、冯兴涛（中共台州市委党校，第一章），全书由

---

　　①　本书作者，原国家法官学院浙江分院常务副院长、高级法官，浙江省文化艺术研究院艺林书画院执行院长，中国书法家协会会员。吴道富先生不幸于 2021 年 5 月 13 日因病辞世，在此谨致无限怀念与追思！

褚国建统稿、定稿。

　　本书写作过程中,得到了诸多领导、师友的关心与帮助,特别是何小华、乐绍光、钟瑞友、魏新璋、田斌君、贺伟军、李忠强、陈增宝对本书资料收集、文稿写作给予了大力支持,在此谨致以真诚的谢意。感谢浙江省法学陆剑锋会长、董服民主任和冯珊女士对本书前期课题研究的支持。本科时代的同学、浙江大学出版社钱济平女士为本书的出版付出了大量的心血,因为她的鼓励和督促,本书最终得以出版。由于我们的水平有限,本书纰漏不足之处难免,恳请各位读者批评指正!

褚国建

2021 年 7 月 23 日

图书在版编目（CIP）数据

迈向善治：浙江法治建设与改革专题研究 / 褚国建
等著. —杭州：浙江大学出版社，2022.3
ISBN 978-7-308-22385-0

Ⅰ.①迈… Ⅱ.①褚… Ⅲ.①社会主义法治—建设—
研究—浙江 Ⅳ.①D927.55

中国版本图书馆 CIP 数据核字(2022)第 040173 号

迈向善治：

浙江法治建设与改革专题研究

褚国建 等著

责任编辑	钱济平　蔡圆圆	
责任校对	许艺涛	
封面设计	项梦怡	
出版发行	浙江大学出版社	
	（杭州市天目山路 148 号　邮政编码 310007）	
	（网址：http://www.zjupress.com）	
排　　版	杭州青翊图文设计有限公司	
印　　刷	杭州钱江彩色印务有限公司	
开　　本	710mm×1000mm　1/16	
印　　张	17.5	
字　　数	243 千	
版 印 次	2022 年 3 月第 1 版　2022 年 3 月第 1 次印刷	
书　　号	ISBN 978-7-308-22385-0	
定　　价	78.00 元	